Exercices de programmation neurolinguistique

POUR LES NULS

Exercices de programmation neurolinguistique

POUR LES NULS

Romilla Ready

Kate Burton

Adaptation par
Béatrice Millêtre

FIRST Editions

Exercices de programmation neurolinguistique pour les Nuls
Titre de l'édition originale : *Neuro-linguistic Programming Workbook for Dummies*
Publié par
John Wiley & Sons, Ltd.
The Atrium
Southern Gate
Chichester
West Sussex
PO19 8SQ
England

ISBN : 978-2-7540-1593-6
Dépôt légal : 1er trimestre 2010

Édition : Marie-Anne Jost-Kotik
Traduction : Nathalie Garsuault
Correction : Jacqueline Rouzet
Mise en page : Catherine Kédémos
Couverture : Catherine Kédémos
Production : Emmanuelle Clément

Imprimé en Italie

Éditions First
60, rue Mazarine
75006 Paris – France
Tél. : 01 45 49 60 00
Fax : 01 45 49 60 01
E-mail : firstinfo@efirst.com
Internet : www.editionsfirst.fr

À propos des auteurs

Romilla Ready travaille en tant que formatrice et coach. Après avoir réalisé que le dénominateur commun à toutes les interactions – qu'elles soient génératrices de stress ou de plaisir – était les individus impliqués dans ces interactions, elle a développé la méthode *Relationship Wizardry® in Business*. Dans le cadre de ces ateliers professionnels, ses clients apprennent à bâtir des relations profitables par le biais de la compréhension de la psychologie de la communication. Romilla propose également un puissant cocktail de PNL et de métaphysique dans son programme *Breakthrough Coaching*, destiné aux cadres dirigeants auxquels ils permettent de bénéficier de résultats aussi rapides que remarquables, dont la réduction du niveau de stress et l'accroissement de l'efficacité personnelle constituent les « effets secondaires » les plus appréciables. Par ailleurs, Romilla se plaît à jouer les entremetteuses dans le cadre des ateliers *Relationship Wizardry® for Singles* qu'elle anime pour le grand public. C'est là que vous pouvez apprendre à bâtir la relation de couple de vos rêves.

Kate Burton est coach et formatrice en PNL. Passionnée de communication, elle travaille avec des particuliers et des équipes, à qui elle apprend à améliorer sans effort leurs méthodes de communication et orienter leur parcours professionnel de façon positive et durable. Kate a débuté sa carrière dans la publicité d'entreprise et le marketing chez Hewlett-Packard. Elle fait maintenant profiter ses clients, prestataires de services et cabinets d'experts de par le monde, de ses trente années d'expérience.

Son activité de prédilection est d'aider les individus à accroître leur motivation, leur conscience de soi et leur confiance en soi. Elle est persuadée que chacun possède des talents, des capacités et des valeurs qui lui sont propres. L'essentiel est de parvenir à les exploiter au mieux.

Avec Romilla Ready, Kate a coécrit le best-seller *La Programmation neurolinguistique pour les Nuls* et, en collaboration avec Brinley Platts, *La Confiance en soi pour les Nuls*.

Remerciements des auteurs

Romilla : À ce jour, la PNL s'est révélée pour moi une expérience fantastique. Non seulement elle m'a permis d'apprendre une foule de choses sur ma famille, mes amis et mes clients, mais surtout, sur moi-même. Le plus précieux enseignement de la PNL a été d'apprendre à apprécier chaque personne qui a croisé mon chemin parce qu'au fond, chacune d'elles a enrichi mon existence au travers de l'amour qu'elle m'a prodigué ou les leçons de vie qu'elle m'a offertes. C'est en gardant à l'esprit ce principe essentiel que je souhaite remercier les fondateurs de la PNL pour ce qu'ils m'ont apporté, ainsi que tous les gens extraordinaires dont j'ai tant appris au fil des années. Plus j'apprends et plus je pratique la PNL, plus j'apprécie les bases solides que m'ont enseignées David Shephard et Tad James.

J'aimerais également remercier Kate de s'être associée à moi dans ce projet, et l'ensemble de l'équipe des Éditions Wiley, avec une mention particulière pour Alison, par qui est arrivée cette opportunité ; Rachael, tu as été un délice ; Kathleen, tu m'as ouvert les yeux.

Il est parfois tentant de prendre comme un dû ceux qui nous entourent au quotidien. C'est pourquoi j'aimerais remercier ma famille, et particulièrement Derwent, d'avoir tenu le miroir de la métaphore et d'avoir maintenu la technique à niveau. Merci à Maman pour ses encouragements sans faille, à Derek pour avoir partagé la moitié de sa vie avec moi, et à Angela, pour m'avoir maintenue dans le droit chemin. Os, merci d'avoir été là. Carol, merci à toi, comme toujours. Rintu, mes connaissances de la PNL ne seraient pas ce qu'elles sont si tu n'avais pas été à mes côtés pour partager mes explorations.

J'adresse de chaleureux remerciements à nos formidables lecteurs de par le monde, qui nous envoient leurs retours et prennent le temps de garder le contact et dire bonjour. Recevoir de vos nouvelles est toujours très réconfortant.

Kate : Avec votre soutien et vos encouragements si nombreux, j'ai attrapé le virus de l'écriture, et vous tenez aujourd'hui ce manuel terminé en main. Merci aux milliers de lecteurs de *La Programmation neurolinguistique pour les Nuls et La Confiance en soi pour les Nuls. C'est grâce à vous que nos amis chez* Wiley nous ont conviées à écrire un nouveau livre.

Je remercie tout particulièrement Romilla pour sa joie de vivre et son enthousiasme en tant que coauteur de cette suite, et tous nos éditeurs, notamment Alison, Rachael, Kathleen et Christine, qui ont patiemment lissé notre prose.

J'aimerais également mentionner Bob, Rosy et Jessica pour leur affection et leur loyauté – les auteurs se doublent rarement d'une fée du logis. Merci à mes parents, Gina et Tony, qui m'ont inculqué les valeurs auxquelles je suis attachée. Et pour finir, je tiens à saluer mes formidables clients, collègues et formateurs qui, par centaines, constituent une inépuisable source d'inspiration. Je suis persuadée que cette sagesse collective fera école et se révélera sans prix tout au long de votre voyage au sein de ce livre.

À propos de l'adaptatrice

Psychothérapeute, en charge d'un cabinet de thérapie comportementale et cognitive à Paris, docteur en psychologie et neurobiologiste, **Béatrice Millêtre** a travaillé en collaboration avec plusieurs centres hospitaliers universitaires.

Outre sa pratique de psychothérapeute, elle est fondatrice et directrice du Groupe Francophone d'Échange sur la Pratique des TCC, participe à des congrès régulièrement, ce qui lui permet de maintenir et de faire évoluer ses compétences en fonction des nouvelles avancées.

Elle garde toujours présente à l'esprit la frontière ténue entre le conseil et l'opinion personnelle, ce pour quoi elle participe à l'atelier « Éthique et psychothérapie » de l'AFTCC.

Elle a à coeur de transmettre ses connaissances, ce qu'elle fait notamment par ses publications qui ont toujours comme but d'aider le plus grand nombre à aller mieux.

Sommaire

Introduction

Au même titre que l'hypnose, la programmation neurolinguistique (PNL) est de nos jours largement acceptée, et ce, grâce aux travaux de Milton Erickson, qui lui ont permis de pénétrer le champ thérapeutique, et la conscience du grand public tout comme le monde du travail. À son apparition au début des années 1970, les premiers à intégrer la PNL à leur pratique furent les formateurs et les thérapeutes – qui utilisaient la PNL de façon très ciblée, dans le cadre d'applications spécifiques. Depuis peu, nous assistons à l'émergence d'un intérêt tout nouveau pour la PNL, de la part d'adultes mais aussi d'enfants qui font preuve d'un vif intérêt pour le sujet.

La conversation relatée ci-dessous a lieu entre Dave, Charlotte, sa fille de 10 ans – remarquablement mature – et leur voisin, formateur et coach en PNL. Elle illustre typiquement l'engouement que suscite actuellement la PNL.

> **Dave :** Alors, c'est quoi la PNL ? Charlotte m'a posé une foule de questions sur le sujet.
>
> **Le voisin :** « Programmation » concerne la façon dont on répète des schémas comportementaux qui s'inscrivent en nous sous forme de bonnes et de mauvaises habitudes. « Neuro » fait référence au système neurologique commun à tous les humains. C'est grâce au réseau neuronal qui parcourt notre corps que nous sommes en mesure de voir les images, d'entendre les sons, de reconnaître le toucher de quelqu'un, ou de ressentir des émotions. Pour finir, « linguistique » fait référence au langage. Mais la PNL recèle des implications beaucoup plus vastes que le simple fait de s'intéresser aux mots. On la retrouve également dans le langage corporel qu'arbore chacun de nous.
>
> **Dave (mi-figue, mi-raisin) :** Incroyable ! C'est exactement ce que j'ai expliqué à Charlotte. N'est-ce pas ma chérie ?
>
> **Charlotte (pince-sans-rire) :** Ce que tu m'as dit était quand même beaucoup plus proche de « Je n'en ai pas la moindre idée ».

La raison qui explique la popularité croissante de la PNL est qu'elle nous permet de comprendre la psychologie humaine d'une façon aisément applicable à différents aspects de nos vies, et aussi d'apporter des changements dans la façon dont nous gérons nos vies.

Pourquoi ce livre ?

Nous avons souhaité écrire *Exercices de programmation neurolinguistique pour les Nuls* afin de vous aider à acquérir la compréhension des notions de base de la PNL, dans un format facile à comprendre et à utiliser.

Pour emprunter à Confucius, on oublie ce qu'on entend, on se souvient de ce qu'on a vu, on comprend ce qu'on a fait.

Dans ce cahier d'exercices, nous expliquons les principes de la PNL au moyen d'anecdotes permettant d'illustrer certains points précis, et nous expliquons à l'aide d'exemples comment aborder les exercices. Si cela vous semble impliquer un trop gros EFFORT (que d'aucuns considèrent comme un gros mot…), vous pouvez vous représenter la démarche comme un jeu. Armez-vous de crayons ou de feutres de couleur, revêtez votre tablier d'écolier, et amusez-vous avec les exercices.

TRUC

Apprendre pour le plaisir d'apprendre est très louable. Cependant, si vous souhaitez faire cet apprentissage de façon active et atteindre des résultats, nous vous suggérons de vous approprier le contenu de ce manuel d'exercices en y faisant figurer vos anecdotes personnelles, émanant de situations vécues, que vous mettrez en scène dans les exercices.

À qui s'adresse ce livre

Comme vous le savez sans doute, il est essentiel de tout remettre en cause, sans jamais présupposer. Eh bien, il nous a semblé raisonnable de présupposer certains faits qui s'appliquent vraisemblablement, en tout ou en partie, à vous, cher lecteur :

- Vous êtes cultivé.
- Un jour ou l'autre, vous vous êtes dit : « La *programmation neurolinguistique*, ça a l'air très savant, mais de quoi s'agit-il exactement et en quoi cela pourrait-il m'aider ? »
- Vous avez envie de savoir en quoi la compréhension de la psychologie humaine peut éclairer votre réflexion.
- Vous souhaitez améliorer vos relations avec votre entourage.
- Vous aimeriez améliorer certains aspects de votre vie.
- Vous visez la santé, la richesse et la sagesse.

Alors pour rester dans le registre des suppositions hasardeuses, nous vous offrons un ensemble d'outils qui a changé nos vies pour le mieux, et souhaitons sincèrement qu'il en soit de même pour vous.

Les personnages que vous rencontrerez dans ce livre

Vous ne trouverez pas ici la mention qu'on rencontre fréquemment au générique des films : « Toute ressemblance ou similitude avec des faits et des personnes existant ou ayant existé est purement fortuite et involontaire. » Les exemples et anecdotes cités dans *Exercices de programmation neurolinguistique pour les Nuls* sont basés sur des personnes réelles, dont l'identité, dans la plupart des cas, a été protégée afin de n'impliquer personne involontairement.

Comment ce livre est organisé

Ce livre d'exercices se décompose en cinq parties, dont chacune comprend un certain nombre de chapitres traitant du concept global de la PNL.

Première partie : Préparation au voyage au cœur de la PNL

Cette première partie vous permet de démarrer en identifiant les raisons qui vous ont amené à acquérir ce livre, et la façon dont vous allez utiliser ce manuel pour apprendre à appliquer la PNL à votre vie quotidienne ou à votre environnement professionnel. Comme c'est le cas pour n'importe quel périple, vous devez connaître votre point de départ et savoir comment y parvenir. La vocation de cette première partie est donc de vous amener à analyser la façon dont vous vivez votre vie, et de vous faire prendre conscience de votre mode de vie, afin d'identifier les orientations que vous souhaitez choisir.

Deuxième partie : Être en phase avec la réalité

Les chapitres qui composent cette seconde partie vont vous aider à comprendre très concrètement la manière dont vous, et vos pairs, raisonnez. Vous allez comprendre comment vos pensées prennent forme, en termes d'images, de sons et d'émotions. L'accès à cette compréhension va vous permettre d'entrer en relation avec vous-même et de maîtriser votre façon de penser. Lorsque vous maîtriserez cette méthode de connexion, vous serez en mesure de commencer à communiquer plus efficacement avec les autres, par exemple en développant votre rapport personnel dans tous les domaines de votre vie. Le fait de découvrir comment être à l'écoute des autres, et d'adapter vos structures de langage à celles de vos interlocuteurs facilite la connexion avec les modes de pensée des autres et leur compréhension.

Troisième partie : Affûter ses outils de PNL

Nous voici au cœur du débat : le kit d'outillage de la PNL. Par exemple, au Chapitre 9, nous vous expliquerons comment gérer et transformer vos émotions, indépendamment de ce qui se passe autour de vous afin de modifier votre perception des « événements négatifs » émanant de votre passé. Le Chapitre 10 démontre les façons d'enregistrer et de gérer votre vécu, en transformant les expériences difficiles en expériences positives. Le Chapitre 11 fournit un modèle vous permettant de vous aligner sur le sentiment d'avoir un but et le fait de donner du sens aux choses. Vous découvrirez au Chapitre 12 comment utiliser les outils permettant de décrypter votre propre comportement et de modifier vos habitudes agaçantes, ainsi que la façon de modéliser des individus de tous horizons. Pour finir, le Chapitre 13 vous fera découvrir le schéma nécessaire pour donner naissance aux souvenirs et les raviver. Vous apprendrez également beaucoup sur votre ligne de temps et la manière de l'utiliser à bon escient afin de rendre vos objectifs incontournables.

Quatrième partie : Emprunter l'escalator de la communication

La quatrième partie traite des moyens de communiquer efficacement. Vous y découvrirez la magie des mots et comment utiliser le langage à votre avantage. Nous vous y montrerons comment pénétrer profondément au sein du psychisme en étudiant en détail la pensée de votre interlocuteur, et comment faire passer – et faire entendre – votre message. Enfin, nous étudierons les méthodes qui feront de vous un conteur hors pair – compétences à exploiter dans un contexte professionnel autant que personnel.

Cinquième partie : La partie des Dix

Dans la partie des Dix, nous vous suggérerons dix façons d'introduire la PNL dans votre environnement professionnel. Nous y offrons également des astuces pour développer vos compétences en matière de PNL, et les affiner en pratiquant et en étoffant vos talents.

Icônes utilisées dans ce livre

Afin de mettre en évidence certaines rubriques, nous avons recours à une iconographie que vous trouverez en marge gauche. Ces icônes sont les suivantes :

Cette icône pointe vers les anecdotes et les incidents qui illustrent et clarifient l'application des procédés de PNL.

Cette icône désigne l'explication d'un terme spécifique à la PNL ; il est vraisemblable que sans cette précision, le terme en question vous semblerait plus proche du charabia que du français.

Cette icône suggère qu'il est temps de mettre en pratique la théorie en l'appliquant à un exercice.

Cette icône fait office d'aide-mémoire. Elle rappelle les principes et les pratiques de la PNL.

Cette icône vous rend un service concret en attirant votre attention sur des *trucs* et des petites infos précieuses qui vous aident à optimiser votre courbe d'apprentissage de la PNL.

Et maintenant...

Comme son nom l'indique, *Exercices de programmation neurolinguistique pour les Nuls* constitue un manuel pratique qui laisse peu de place aux explications fouillées. Alors, comme pour n'importe quelle discipline, pour vous y mettre, le mieux est de vous jeter à l'eau ! Vous étofferez vos connaissances au fil de votre cheminement. Naturellement, certains d'entre vous préféreront aborder le livre par son début et étudier les chapitres l'un après l'autre, dans l'ordre dans lequel nous les présentons. D'autres opteront pour une utilisation plus fantaisiste, au gré de leurs envies. (Peut-être, comme nous, commencez-vous vos romans par la dernière page !)

Si, à l'heure actuelle, la confusion règne sur certains pans de votre vie, peut-être serait-il bon d'aller directement au Chapitre 3, qui vous donnera la possibilité d'évaluer votre degré de satisfaction concernant votre job, votre situation financière, sentimentale, votre santé, ainsi que d'autres facettes importantes de votre vie personnelle. Si vous traversez une phase de changement, sur le plan privé ou professionnel, et souhaitez prévoir la meilleure approche possible, vous pouvez commencer par le Chapitre 11, pour revenir ensuite vers le début du livre. Si vous avez entendu parler des structures classiques de langage de PNL et que vous souhaitez vous y exercer, optez pour les Chapitres 14 et 15, où vous pourrez expérimenter le métamodèle et le modèle Milton. Quant au Chapitre 16, il vous permettra de concocter quelques histoires de votre cru.

Et quitte à prêcher pour notre paroisse, nous recommandons la lecture de *La Programmation neurolinguistique pour les Nuls.* Avec ses travaux applicatifs, ce cahier d'exercices vous permettra de capitaliser sur ce que vous connaissez déjà de la PNL. Il existe également des formations à la PNL, et d'autres ouvrages à lire sur le sujet – pour les références, rendez-vous au Chapitre 19. Sachez néanmoins que rien ne vaut les séances de coaching en tête à tête avec un spécialiste.

Lorsque vous aurez éprouvé les exercices proposés dans ce livre, il est possible que vous surpreniez votre entourage, et vous-même peut-être plus encore. Lorsque vous vivrez l'un de ces moments magiques – ceux où l'on se dit « Tiens, tiens… » –, ne manquez pas de nous envoyer un e-mail – nos coordonnées figurent dans la section des références – afin que nous puissions, nous aussi, célébrer l'instant !

Première partie

Préparation au voyage au cœur de la PNL

« J'ai essayé l'Ayurveda, la méditation et l'aromathérapie, mais rien ne semble fonctionner. Les nausées persistent, et j'ai décidément l'impression d'avoir perdu mes repères. »

Dans cette partie...

Nous vous aidons à comprendre comment appliquer la programmation neurolinguistique à votre vie de tous les jours, sur le plan professionnel comme personnel. C'est ici que vous allez découvrir votre point de départ et envisager votre destination. La vocation de cette partie du livre est de vous amener à analyser plus clairement la façon dont vous vivez. Elle va vous aider à reconnaître la manière dont s'articulent vos schémas de pensée et de comportement, de façon à vous permettre d'envisager de nouvelles options pour l'avenir.

Chapitre 1

Où en êtes-vous actuellement ?

Dans ce chapitre :

- Savoir ce que vous attendez de la PNL
- Découvrir la puissance de vos pensées
- Faire le compte des pépites que vous découvrez
- Vous engager personnellement par rapport à votre apprentissage
- Vous amuser en travaillant

Vous vous situez à un carrefour de votre vie ? Vous vous demandez où vous en êtes et où vous voulez aller ? « Dois-je m'orienter dans telle ou telle direction ? », vous demandez-vous peut-être lorsque vous devez prendre une décision. Ou peut-être vous surprenez-vous à penser « Pourquoi la vie est-elle si dure ? » lorsque vous vous trouvez en situation difficile. Que vous soyez face au choix d'un nouveau job, aux prises avec un projet, ou sur le point de vous engager dans une relation personnelle, vous n'êtes pas certain de savoir faire le meilleur choix lorsqu'une opportunité se présente. Peut-être avez-vous acheté *Exercices de programmation neurolinguistique pour les Nuls* parce que vous avez envie de changer d'approche, ou d'améliorer un aspect particulier de votre vie. Votre vie est peut-être plutôt morne en ce moment et vous avez envie de pimenter un peu tout ça, ou au contraire, vous êtes soumis à un rythme de fou et vous aimeriez pouvoir prendre le temps de mieux profiter de la vie. Ou plus simplement, le mot PNL a piqué votre curiosité et vous vous demandez ce que recèle la PNL, et comment améliorer vos relations avec votre entourage – et c'est très bien.

Nous allons dans ce premier chapitre prendre le temps de vous ancrer solidement dans la PNL. Pour commencer, vous allez faire le point et vous mettre en condition de vous demander ce que vous attendez de ce livre. L'une des présuppositions essentielles de la PNL est que « La carte n'est pas le territoire » – pour plus d'informations sur les présuppositions essentielles de la PNL, reportez-vous au Chapitre 2. Vous possédez peut-être actuellement une « carte », c'est-à-dire une idée de ce que vous souhaitez, ou de ce qu'est la vie. Et pourtant, au fur et à mesure que vous avancez sur le chemin de l'existence, vous vous apercevez que le « territoire » n'est pas conforme à ce que vous attendiez. Et comme, selon le vieil adage, « on ne fait pas toujours ce qu'on veut », votre vision du monde évolue au fil de votre cheminement.

Au fur et à mesure que vous pénétrerez dans le monde de la PNL, vous vous apercevez que votre apprentissage vous emmène de plus en plus loin – de plus en plus profondément au sein de votre vie personnelle et professionnelle. Vous découvrez comment créer vos propres « cartes » de ce que vous souhaitez, plutôt que de naviguer à l'aide d'une carte obsolète ou d'avoir recours à la carte de quelqu'un d'autre.

La curiosité est un excellent point de départ. Débarrassez-vous de vos vagues notions et préjugés sur la PNL. Arrivez l'esprit ouvert, déterminé à vous montrer désormais attentif aux facteurs que vous voulez intégrer à votre vie. Nous explorerons très bientôt le sujet de façon plus détaillée, c'est promis !

Les fondamentaux de la PNL

Einstein disait qu'il y a deux façons de concevoir sa vie : l'une est de penser que les miracles n'existent pas, l'autre est de considérer chaque chose comme un miracle. Cela dépend vraiment de vous. Ce sont vos pensées qui déterminent les résultats que vous obtenez. Avez-vous déjà réfléchi à la qualité de vos pensées ? La PNL peut être le point de départ qui va vous permettre de vous engager dans un nouveau mode de réflexion, et susciter chez vous la curiosité nécessaire à analyser la force de votre processus de pensée. Lorsque vous aurez identifié votre façon de penser, vous pourrez la traduire en actions choisies, à l'aide des outils de PNL que nous allons vous présenter dans ce livre.

Tout d'abord, le concept de la PNL peut être difficile à saisir – un peu comme essayer d'attraper avec les doigts une bouchée de confiture. La PNL est définie comme « l'étude de l'expérience subjective » ; elle traite de votre façon de communiquer avec vous-même et vos pairs. En PNL, plus vous serez attentif à votre *façon de penser*, et non pas uniquement à *ce à quoi* vous pensez, plus les résultats que vous visez seront accessibles.

La PNL repose sur la notion que votre expérience du monde est essentiellement sensorielle, et que vous traduisez ces informations sensorielles en processus de pensée à la fois conscients et inconscients. Les processus de pensée activent le système neurologique (d'où la partie « *neuro* » *de* la désignation *PNL*) qui affecte votre fonctionnement physiologique, émotionnel et comportemental.

L'aspect *linguistique de* la PNL fait référence à la manière dont le langage vous aide à comprendre le monde, à capturer et à conceptualiser vos expériences, et à les communiquer à votre entourage. Le langage corporel est ici aussi important que les mots que vous énoncez. La partie programmation traite de la façon dont vous codez ou vous représentez mentalement vos expériences. Votre programmation personnelle est constituée des processus et stratégies internes (schémas de pensée) auxquels vous faites appel pour prendre vos décisions, résoudre les problèmes, apprendre, évaluer et obtenir des résultats.

Vous positionner sur les « starting-blocks »

La PNL offre des outils et des modèles visant à vous aider à résoudre vos problèmes de diverses manières. Par exemple, le modèle de Roberts Dilts, basé sur les « niveaux logiques de changement », que nous étudions au Chapitre 11. Cette approche décompose votre expérience en parties distinctes – donc « gérables » individuellement – qui peuvent aller du regard que vous portez sur l'environnement dans lequel vous évoluez à la notion d'objectif qui habite votre quotidien.

Vous disposez également des structures classiques de langage conçues à l'origine de la PNL par ses cofondateurs : le modèle de Milton, inspiré par l'étude du travail de Milton Erickson, et le métamodèle, qui permet d'accéder à une plus grande clarté en allant au-delà du langage et en creusant plus avant le sens sous-jacent des mots. Nous vous montrons comment filtrer votre pensée selon les croyances et les valeurs ancrées le plus profondément en vous, sans même réaliser consciemment ce que vous faites. La PNL agit comme une immense fenêtre ouverte sur votre processus de pensée, et elle vous réserve une énorme récompense.

Peut-être avez-vous déjà quelques idées assez précises de ce que vous souhaitez retirer de la lecture d'*Exercices de programmation neurolinguistique pour les Nuls :* conférer une plus grande efficacité à votre rôle d'enseignant, de présentateur, de coach, de parent, ou d'intervenant dans votre créneau professionnel ?

Peut-être êtes-vous à la recherche des derniers courants de pensée. Au fur et à mesure que vous progresserez dans la lecture de ce livre et le travail qui va l'accompagner, il est possible que le territoire s'avère plus ample que ce que vous aviez anticipé, et que vous découvriez de nouvelles applications que vous n'aviez pas même envisagées jusqu'à ce jour.

L'Exercice 1-1 est un simple exercice qui consiste à vous positionner dans les *starting-blocks*, prêt à tirer le maximum de cet ouvrage. Cela signifie commencer par ce que la PNL désigne par *état désiré*. Enfilez vos chaussures de coureur et prenez le départ sans plus tarder.

La PNL parle d'*état présent* et d'*état désiré*. La façon la plus claire de définir ces notions est de faire l'analogie avec le voyage. Votre *état présent* est l'endroit où vous vous trouvez actuellement, aujourd'hui, tandis que votre *état désiré* est le point auquel vous souhaitez arriver : l'objectif ou le résultat que vous souhaitez pour le futur.

Nous vous invitons dans l'Exercice 1-1 à considérer votre état présent au moment où vous commencez à vous familiariser avec les idées contenues dans ce livre. L'un des objectifs de l'exercice est de vous faire réfléchir à ce que vous souhaitez retirer de la lecture de ce livre, parce que, par cette démarche, vous vous positionnez dans une orientation proactive, en faisant preuve de curiosité (disposition idéale pour un apprentissage) et en assumant la responsabilité de votre apprentissage. Posez-vous la question de savoir si vous êtes simplement intéressé par la PNL dans le cadre d'un enseignement académique, ou si vous désirez en appliquer les effets à un domaine particulier de votre vie. Êtes-vous aux prises avec un choix professionnel, un problème de santé, des soucis affectifs ? Ou estimez-vous que la vie pourrait être plus agréable et plus gratifiante ?

Quelques notes préalables feront office de repère auquel vous pourrez revenir dans les mois à venir, afin d'observer vos progrès.

Exercice 1-1 : Mes starting-blocks de PNL

Quelle motivation a principalement joué dans l'achat d'*Exercices de programmation neurolinguistique pour les Nuls* ? Et qu'espérez-vous retirer de ce manuel d'exercices ?

Souhaitez-vous tirer de ce livre quelque chose de très précis – pour vous-même ou votre entourage ? Par exemple, un événement particulier a-t-il récemment induit des changements vous amenant à identifier l'essentiel dans un ou plusieurs aspects de votre vie ?

Vous trouvez-vous actuellement face à un challenge particulier ? Par exemple, la recherche d'un emploi, la réalisation d'un projet, ou le fait de manquer d'assurance et d'allant ? Avez-vous dernièrement connu un échec ? Le temps, l'argent ou l'énergie vous manquent-ils pour mener à bien vos projets ?

Si ce livre se révèle pour vous d'un grand secours, que souhaiteriez-vous qu'il vous permette de changer dans votre vie (en termes de qualité de vie ou sur le plan de l'amélioration des résultats liés à un domaine particulier) ?

Citez un aspect de votre vie auquel vous aimeriez appliquer la PNL : par exemple, le coaching, la formation, l'encadrement, le développement personnel, ou bien la mise en œuvre de certains changements dans votre vie privée ou professionnelle ?

N'OUBLIEZ PAS !

Vous trouverez le suivi de l'Exercice 1-1 au Chapitre 18, où, après avoir travaillé sur l'ensemble du livre, il vous sera demandé d'évaluer le degré de maîtrise que vous pensez avoir acquis en PNL.

Commencer par une intention

On entend souvent parler en PNL de définition d'intentions, car c'est en formulant une intention que vous situez vos priorités. À l'occasion d'une nouvelle rencontre, vous pouvez définir l'intention de devenir ami avec cette personne. De votre intention émanent la façon dont vous considérez cette personne et votre comportement envers elle. Au rebours, si vous estimez instantanément que vous préféreriez ne jamais la revoir, cette intention affecte votre relation à elle dès le premier jour.

Une intention n'est pas aussi spécifique qu'un objectif, mais elle concerne votre attitude, en ce sens que votre position informe vos actions. Lorsque, au cours de sessions de formation ou de coaching, nous définissons nos intentions, nous abordons généralement des concepts assez larges, du type « Nous allons partager des connaissances », « Nous allons écouter attentivement et débattre avec modération », ou encore « Nous ferons preuve d'ouverture d'esprit dans toutes les situations impliquant nos clients ». Il est fréquent de résumer une intention à un ou deux mots comme « Être présent », « Partager », « Écouter ».

ANECDOTE

« Pensez-vous être à la hauteur de ce poste, ou préféreriez-vous une fonction moins élevée permettant un niveau de pression moindre ? » Maddy n'était pas heureuse dans son job, qui impliquait une pression telle qu'elle était rendue à un point d'épuisement physique. Elle avait pris de nouvelles fonctions en qualité de responsable des services à la clientèle dans une institution financière, et son premier entretien annuel d'évaluation arriva à un moment où l'activité était en baisse. Les décideurs poussaient pour exporter l'activité de production, réduisant ainsi les coûts salariaux afin de rester compétitifs. Bien qu'elle ait atteint ses objectifs, le patron de Maddy lui offrait la possibilité de prendre un poste moins bien rémunéré mais moins stressant. La même année, la mère de Maddy était tombée sérieusement malade. Pour aider son père, un week-end sur deux, Maddy rentrait en train chez ses parents sur la côte ouest. Pour couronner le tout, elle découvrit en rentrant tard chez elle un dimanche que son compagnon s'était mis à fréquenter une autre femme en son absence. Il lui annonça qu'il souhaitait mettre un terme à leur histoire de cinq ans, vendre leur appartement et partager leurs biens. Maddy se retrouva en pleurs dans le métro en partant travailler le matin, prête à envoyer son job aux orties. Elle commença à s'intéresser à la PNL après qu'une de ses amies l'eut invitée à participer à un séminaire de PNL sur les relations de couple. La jeune femme y apprit que même soumise à un fort degré de stress, elle était capable de maîtriser ses émotions. Ce séminaire mena à un autre, suivi de lectures, de l'écoute de CD, qui à leur tour procurèrent à Maddy le courage d'introduire dans sa vie privée et professionnelle des changements importants.

Lorsque Maddy se rendit à son premier atelier de développement personnel, son but était de réduire son niveau de stress, de vivre et de travailler avec une pression moindre, et de redécouvrir ses capacités naturelles à profiter de la vie comme auparavant. L'Exercice 1-2 illustre son intention personnelle concernant son apprentissage de la PNL, suivi d'un mot, d'une idée lui rappelant ce à quoi elle souhaite parvenir.

Exercice 1-2 : Définition de l'intention personnelle de Maddy

Mon intention	*Parvenir à me concentrer dans le calme*
L'idée qui résume mon intention	*Prendre du recul*

À l'Exercice 1-3, mettez par écrit l'énoncé de votre intention concernant votre apprentissage au fil de ce livre, puis résumez-la au moyen d'un mot qui s'applique à votre cas.

Exercice 1-3 : Définition de mon intention personnelle

Mon intention
Le mot qui résume mon intention

Les intentions sont un puissant moyen de focaliser votre attention et d'apaiser votre esprit. Inscrivez votre « mot » en couleur sur une fiche ou un morceau de papier et placez-le en évidence, à un endroit où vous pourrez fréquemment le visualiser et le consulter. Essayez d'écrire votre mot sur la page de garde de votre agenda, de l'afficher au mur de votre bureau, sur votre écran d'ordinateur, la porte de votre réfrigérateur ou votre miroir de salle de bains.

Assumer la responsabilité de votre apprentissage

Nous ne vivons pas tous nos apprentissages de la même façon. Certaines personnes adorent la théorie, d'autres ont besoin de s'essayer à de nouvelles idées ; là où certains d'entre nous doivent être assurés du côté pratique et utile d'une idée, d'autres auront besoin d'y consacrer de la réflexion. L'apprentissage de la PNL se fera pour vous dans les conditions qui vous conviennent, et ce livre fait partie intégrante de votre cheminement. L'un des concepts clés de la PNL est d'imprimer de la souplesse à votre comportement. À cet effet, abordez cet apprentissage avec un esprit ouvert, et soyez prêt à faire l'expérience de méthodes nouvelles.

Vous pouvez affiner votre connaissance de la PNL de diverses façons :

- En plongeant dans le vif du sujet, et en vous prêtant aux exercices de ce manuel.
- En trouvant des opportunités pour mettre en pratique vos talents, et en les appliquant à des situations du quotidien.
- En vous documentant sur le sujet et en vous livrant à des recherches sur les théories inhérentes à la PNL.
- En prenant régulièrement du recul et le temps de réfléchir aux outils et aux exercices de PNL qui peuvent faire la différence pour vous et votre entourage.
- En notant les conditions les plus favorables à votre apprentissage. Êtes-vous tenté de passer du temps avec un copain, ou préférez-vous vous retirer pour travailler seul, au calme ?
- En faisant le choix de votre propre méthode d'apprentissage, et en utilisant ce manuel comme support.

À 14 ans, Claire jugeait la vie au lycée profondément ennuyeuse et morose. Se sentant limitée par le contenu du programme, elle séchait les cours, préférant retrouver ses amis au café du coin plutôt que d'assister à des cours qu'elle ne comprenait pas, et s'exposer aux critiques sur ses piercings aux oreilles et sa tenue négligée. Les cours étaient pour elle dénués de toute utilité et aller au lycée ne l'amusait plus le moins du monde. Elle abandonna sa scolarité à la première occasion, pour entreprendre un apprentissage de coiffeuse dans lequel elle devint la préférée des clientes du salon. Dix ans plus tard, lorsqu'elle décida de partir vivre et travailler à l'étranger, Claire s'inscrit à des cours de portugais. Elle s'était fixé un objectif – motivée au plus haut point par la possibilité de communiquer dans leur langue avec les gens du cru une fois installée au Portugal. Elle réfléchit à la meilleure méthode pour apprendre cette langue de manière rapide et facile. Elle chercha le nom des objets l'entourant au quotidien, chez elle, dans sa voiture ou sur son lieu de travail, et plaça sur chacun une étiquette de couleur afin de mémoriser le terme portugais correspondant. Elle acquit également des livres pour enfants écrits dans cette langue, et se mit à écouter sur son iPod de la musique et des émissions de radio en portugais. En outre, Claire découvrit qu'une de ses clientes était portugaise et lorsqu'elle se rendait chez cette dernière pour des prestations à domicile, Claire demandait à sa cliente et à ses amies de parler portugais. Elle se rendit ainsi compte qu'elle pouvait apprendre vite et à des conditions qui lui convenaient. Pour Claire, le point névralgique tenait au fait d'identifier le type d'apprentissage qui lui était le mieux adapté, tout comme au fait de s'approprier la maîtrise de son apprentissage – deux facteurs dont elle était la seule à pouvoir décider.

Ce n'est que lorsqu'on est motivé pour les raisons qui nous sont propres, et non parce qu'on nous l'impose, qu'un apprentissage se déroule dans les meilleures conditions. Ainsi, si quelqu'un vous a donné ce livre, ou vous a dit de travailler sur cette méthode, trouvez-vous-même en quoi cet apprentissage peut vous rendre service. Pensez avant tout à vous, et fixez vous-même vos objectifs.

À l'Exercice 1-4, vous allez utiliser trois exemples de moments où vous avez pris plaisir à apprendre quelque chose de nouveau à différentes périodes de votre vie. Remémorez-vous ces expériences, en vous souvenant de ce qui a le mieux fonctionné dans votre cas.

Exercice 1-4 : Mes meilleures conditions d'apprentissage

Enfant, j'ai appris à :	
Comment j'y suis parvenu :	
Adolescent, j'ai appris à :	
Comment j'y suis parvenu :	
Adulte, j'ai appris à :	
Comment j'y suis parvenu :	

Sachez que si vous réalisez les exercices de ce livre avec ouverture d'esprit et bonne volonté, c'est vous qui en récoltez les fruits.

Consigner les joyaux qui jalonnent votre parcours

Au fil de la lecture d'un livre, vous rencontrez parfois un mot ou une phrase qui retient votre attention et vous fait vous dire : « Il faut que je me souvienne de ça. » Espérons que cela se produira fréquemment au cours de la lecture de ce manuel de PNL. N'hésitez pas à jalonner votre périple de prise de notes, à même les pages, à l'aide de stylos de couleur ou de stickers multicolores – quelle que soit la méthode que vous jugez la plus adaptée. Photocopiez les exercices, accrochez-les sur vos murs, découpez-les – faites-en ce que vous voulez. Après tout, il sera toujours temps de racheter le livre si vous souhaitez en conserver une copie « présentable » ! Gardez à l'esprit que c'est de votre périple au sein de la PNL qu'il s'agit, et sentez-vous libre d'en faire ce que bon vous semble.

Nous avons l'habitude de noter nos réflexions et nos impressions dans un carnet dédié à la PNL. Vous pouvez, vous aussi, avoir sur vous lors de vos déplacements un carnet ou un cahier de petite taille – suffisamment petit pour tenir dans votre poche ou votre sac, et rester à portée de main sur votre table de nuit. Ainsi, vous pourrez y noter les « joyaux » qui, dans ce manuel, retiendront particulièrement votre attention. Lorsque vous consignerez par écrit vos découvertes, commencez par écrire votre intention, puis notez vos repères au fur et à mesure que vous les rencontrez, un peu comme si vous dessiniez une carte au trésor ; d'ailleurs, vous aurez peut-être envie de tracer votre propre projet de PNL pour voir comment les principaux axes de travail se rejoignent entre eux.

Avant tout, s'amuser en travaillant

C'est le seul impératif de ce livre. Prendre du bon temps est l'une de nos valeurs phares, que nous aimerions partager avec vous ; et profitons-en puisque la vocation des livres « pour les Nuls » est de rendre les apprentissages ludiques. Alors que nous nous apprêtions à écrire notre premier livre dans cette collection, *La Programmation neurolinguistique pour les Nuls,* nous nous sommes accordées sur le fait que le processus d'écriture devait être plaisant. Nous avons été ravies de constater, au vu des retours de nos lecteurs sur l'ouvrage, que cette démarche se ressentait à la lecture du livre, au travers des anecdotes et des idées que nous y partagions. De même, dans ce manuel, partager et apprendre ensemble au travers du travail d'écriture sur la pratique de la PNL nous a permis de passer de bons moments. Vous ne percevrez pas forcément haut et fort l'humour au travers des mots que nous écrivons, mais sachez qu'une formation de PNL ne se conçoit pas sans plaisir.

Faites ce que bon vous semble pour rendre votre apprentissage aussi plaisant que possible. Emportez votre manuel à la plage, ou au zoo. Dansez au milieu de votre cuisine, dessinez des petits bonshommes rigolos, ou piquez à votre chien son jouet préféré. Offrez-vous un milk-shake au chocolat ou un smoothie, ou accompagnez vos exercices d'un verre de votre nectar préféré. Vous pouvez débusquer l'humour, même dans les situations les plus sérieuses – si, si, en cherchant, on peut trouver à toute chose un bon côté.

Ainsi, le corps et l'esprit attentifs et bien disposés, vous êtes fin prêt pour votre voyage en PNL.

Chapitre 2

Avec la PNL, trouver le bon mode

Dans ce chapitre :

- Se positionner en mode *cause*
- Trouver chaussure à son pied parmi les présuppositions de la PNL
- Reconnaître la carte du monde utilisée par les autres
- Tenir un miroir devant soi

Avez-vous déjà éprouvé le sentiment que la terre entière vous en veut, que le pire n'arrive qu'à vous ? Dites donc, vous ne seriez pas en train de vous apitoyer sur votre sort ? Pauvre petite chose… À l'inverse, il y a des jours où vous vous sentez élu entre tous. Quelle chance ! Pas d'affolement. Ces expériences sont normales. Le célèbre psychologue Carl Jung est à l'origine du concept selon lequel « percevoir c'est se projeter » : les gens projettent sur le monde extérieur ce qui se passe dans leur tête. Jung disait que le monde est comme un miroir, et que si l'on change ce qui se passe dans notre esprit, le monde vous paraît changé.

ANECDOTE

Vikram, un jeune Indien de 12 ans à la tête bien faite émigra en Australie, où son professeur lui demanda un jour : « Ne trouves-tu pas que les gens ici sont racistes ? » à quoi le garçon répondit : « Non, pas du tout, mais il faut dire que je suis très occupé à m'acclimater à ma nouvelle vie dans ce pays pour être à l'affût du racisme. »

La morale de cette histoire est la suivante : du fait de sa confiance en lui, et parce qu'il n'est pas enclin au racisme envers les autres, Vikram n'est pas sujet au racisme de la part des autres. De ce fait, il fait peu fréquemment l'objet de manifestations de racisme et entretient de bons rapports avec tout le monde.

Avec les outils de PNL, vous pouvez maîtriser pleinement la façon dont fonctionne votre pensée, et éviter de vous trouver submergé par une débâcle d'émotions. C'est simple si vous savez comment procéder. Les exemples que vous trouverez dans ce chapitre illustrent le fonctionnement des outils de PNL.

Étudier la relation de cause à effet

Vous pouvez supposer sans risque qu'à tout effet correspond une cause sous-jacente. Cela signifie que les résultats que vous obtenez aujourd'hui sont causés par une action passée induite par vous ou quelqu'un d'autre. Par exemple, si vous vous sentez serré dans votre jean aujourd'hui, peut-être est-ce parce que vous avez trop fait bombance ces derniers temps ! Ou si vous vous sentez seul et isolé, peut-être avez-vous agi de manière à provoquer cette situation (par exemple, en refusant trop souvent les invitations qui vous étaient adressées).

N'OUBLIEZ PAS !

L'*effet* peut ne pas être le résultat d'une action passée émanant directement de vos actions. Si votre poste est supprimé parce que la société qui vous emploie transfère votre fonction à l'étranger, par exemple, la cause sous-jacente se situe dans la situation économique, sur laquelle vous n'avez aucun contrôle. Vous revenez à la *cause* en prenant en main les options qui s'offrent à vous professionnellement.

VOCABULAIRE

En langage de PNL, on dit que les gens fonctionnent soit en *mode cause* soit en *mode effet.* Voici quelques explications :

- **Le mode *cause* :** Lorsque vous fonctionnez en mode *cause*, vous ne cherchez pas d'excuses. Vous agissez de manière responsable, en demandant « Que dois-je faire ? » ou « Quelles leçons dois-je apprendre ? ». Vous êtes aux commandes de votre destinée.
- **Le mode *effet* :** Lorsque vous fonctionnez en mode *effet*, vous avez perdu le pouvoir, vous trouvez des excuses, vous vous justifiez et vous accusez les autres. Vous n'avez pas l'impression de disposer d'alternative ou d'avoir le choix, et êtes potentiellement en position d'assumer le rôle de la victime, ou de vous positionner en observateur passif de vos expériences.

Comment vous situez-vous face aux différentes situations dans lesquelles vous êtes actuellement impliqué ? Êtes-vous en mode *cause* ou en mode *effet* ? Le plan de jeu de ce manuel d'exercices est de vous permettre d'être en mode *cause* sur le plus grand nombre de plans, c'est-à-dire de vous approprier le contrôle des événements et d'étendre votre démarche aux autres.

John a réservé un séjour de dernière minute en Espagne avec trois de ses vieux copains d'école. Il est de nature calme et artiste, et aime visiter les sites historiques et les galeries d'art. Ses amis, plus extravertis, ont convaincu John de passer leurs vacances dans une station de bord de mer où ils fréquentent bars et boîtes de nuit jusqu'à des heures avancées, boivent beaucoup et passent la majeure partie de la journée à dormir sur la plage. John a passé la semaine contrarié d'avoir accepté cet endroit pour leur séjour, et regrette de ne pas avoir insisté de façon plus convaincante pour aller à Barcelone, où il aurait pu profiter des nombreuses distractions culturelles tout en rejoignant ses amis le soir pour sortir. Il s'est placé dans le mode *effet* en n'affirmant pas ses préférences de façon plus ferme.

Le Tableau 2-1 illustre certains des éléments à identifier et à prendre en compte dans un mode comme dans l'autre.

Tableau 2-1 : Signaux révélant la cause et l'effet

Signaux caractéristiques du mode cause	*Signaux caractéristiques du mode effet*
Vous sentez que vous vous trouvez dans un environnement confortable.	Vous vous sentez stressé dans cet environnement.
Vous pouvez dire et faire ce qui vous semble naturel.	Vous avez l'impression que les autres contrôlent ce que vous pouvez dire ou faire.
Vous agissez en vous laissant guider par vos compétences.	Vous remettez en cause vos capacités et pouvez vous mettre à paniquer.
Vous savez que vous pouvez agir de façon spontanée.	Vous vous demandez : « Suis-je à la hauteur ? »
Vous prenez vos décisions en fonction de ce que vous souhaitez.	Vous agissez « pour le mieux » ou « comme il se doit » plutôt que selon ce que vous avez envie de faire.
Vous appréhendez les difficultés avec sérénité.	Vous avez du mal à dire « non » et essayez de satisfaire les autres.
Vous vous sentez à l'aise, plein d'énergie et en forme.	Vous avez l'air fatigué, dépassé et manquez d'énergie.

L'Exercice 2-1 vous fournit l'opportunité d'observer dans quelles circonstances vous adoptez le fonctionnement *cause* ou *effet*.

1. Repensez à un exemple de situation dans laquelle vous pensez avoir agi dans le mode *cause* et une autre dans laquelle vous avez agi dans le mode *effet*.
2. Choisissez des situations dans lesquelles vous vous êtes trouvé avec d'autres personnes. Il peut s'agir d'un épisode de votre vie sociale, en famille ou avec vos amis, ou dans un contexte professionnel, avec des collègues, des supérieurs ou des fournisseurs.
3. Comparez les deux types de situations avec le tableau pour identifier de façon spécifique ce qui s'est produit et les événements qui vous ont placé à l'un ou l'autre bout du spectre cause/effet. Remarquez-vous que certaines personnes exercent sur vous un effet positif ou négatif ? Le temps dont vous disposez affecte-t-il votre niveau d'énergie ? Vous jugez-vous compétent dans certains domaines, ou vous trouvez-vous généralement inapte ?
4. Quels éléments ces situations révèlent-elles, qui pourraient vous servir à l'avenir pour vous placer plus volontiers dans le mode *cause* ?

Revenons à l'exemple de John cité plus haut. John a réalisé qu'il avait réservé ce séjour à la hâte parce que très occupé par son job. Il a donc décidé qu'à l'avenir, il planifierait ses vacances à l'avance, sélectionnerait des voyages correspondant à ses goûts, et informerait ses amis du type de vacances qu'il souhaite. De même, il est convenu qu'il devait avoir la volonté de décliner une invitation ne lui correspondant pas, sachant que ça ne mettrait pas ses amitiés en danger. Ainsi, il repasserait en mode *cause*.

Exercice 2-1 : Mes observations concernant une situation de *cause* et d'*effet* mettant en scène d'autres personnes

Une situation de cause :	*Une situation d'effet :*
Comment je sais que j'étais en mode cause – quels étaient les signaux ?	*Comment je sais que j'étais en mode effet – quels étaient les signaux ?*
Quels enseignements puis-je tirer de cet exemple, susceptibles de m'aider à l'avenir ?	*Quels enseignements puis-je tirer de cet exemple, susceptibles de m'aider à l'avenir ?*

Décrypter ce qui se cache sous les mots

Afin d'affiner votre capacité à déceler chez les autres le fonctionnement en mode *cause* ou *effet*, soyez attentif aux mots qu'ils emploient. Regardez attentivement chaque phrase de l'Exercice 2-2, afin d'identifier le point de vue de la personne qui parle.

Exercice 2-2 : Quiz *cause/effet*

Énoncé	Cause	Effet
1. Pas maintenant, je m'accorde du temps pour préparer ma réponse.		
2. Qu'est-ce que tu peux me mettre en colère. Pas étonnant que je sois stressé !		
3. Désolé. Je n'avais pas le choix.		
4. Merci, je viendrai avec plaisir. Je dois juste me renseigner sur les horaires de train.		
5. Je dois passer tous les week-ends chez mes parents, sinon ils me font culpabiliser.		
6. Je vais prendre des congés dès que j'aurai terminé ce projet.		
7. Compte tenu du montant de mes échéances mensuelles, je dois garder ce job – c'est le seul moyen de boucler les fins de mois.		
8. C'est une belle journée, je vais lire le journal au jardin.		
9. Je ne suis pas parti avant d'être fin prêt, même si les enfants s'impatientaient.		

L'auteur des énoncés 1, 4, 6, 8 et 9 est en mode *cause*. L'auteur des énoncés 2, 3, 5 et 7 est en mode *effet*. Remarquez que lorsque la personne est en mode *cause*, elle prend le contrôle de la situation et base ses choix sur ce qu'elle veut faire et le moment auquel elle souhaite le faire. Vous entendez donc des énoncés du type « Je veux », « Je peux », « J'ai choisi de ». À l'inverse, lorsque la personne est en mode *effet*, la maîtrise de la situation a échappé à l'auteur de la phrase, et vous entendez alors des phrases comme « Il faudrait que », « Je devrais », « Je dois ».

Passer à la loupe votre dialogue intérieur

Vous arrive-t-il de vous repasser mentalement certaines conversations, la nuit, lorsque vous ne dormez pas ? Peut-être passez-vous parfois en revue les événements de la journée, en repensant à ce que vous auriez pu faire, ou en prévoyant ce que vous ferez et direz le lendemain. En qualité d'être humain normal, vous vivez à la fois au sein d'un monde intime de dialogue intérieur, et dans le monde extérieur fait de langage et de conversations d'autrui. Cette capacité au dialogue intérieur se développe pendant l'enfance, avec la création d'amis imaginaires, et il est intimement lié à votre processus de raisonnement basé sur la notion du « et si » – c'est-à-dire la capacité à répéter mentalement certains scénarios.

C'est grâce à ces conversations avec vous-même que votre monde intérieur tient debout. Selon l'écrivain américain mystique contemporain Carlos Castaneda, nous réitérons sans cesse les mêmes choix parce que notre dialogue intérieur se répète sans cesse, jusqu'au jour de notre mort. Ce bruyant papotage demande une incroyable quantité d'énergie, et il est terriblement gênant si votre dialogue intérieur concerne des situations dans lesquelles vous êtes en mode *effet*.

TRUC

Écoutez votre dialogue intérieur, remerciez-le pour ses intentions pures, puis rompez le schéma et faites taire les mots de façon à pouvoir réfléchir au calme et accéder à la partie la plus créative de votre moi intuitif – la part de vous qui peut vous suggérer de nouvelles options. Vous pouvez couper court au dialogue intérieur par le biais d'activités comme des exercices de respiration, la méditation, la tenue d'un journal intime ou bien encore la pratique de la méthode Coué. Des phrases affirmatives simples comme « Je vais bien », « Je vis dans un corps sain » et « C'est moi qui décide de ma vie » peuvent vous aider à enrayer le cycle. Le fait de remplacer le babillage bruyant par un dialogue intérieur clair, simple, en mode *cause* peut vous permettre de reprendre la main.

Vous allez voir à l'Exercice 2-3 qu'Andrew a un patron difficile à contenter. Son supérieur lui met la pression pour qu'il fasse de très longues journées et demande un rapport très détaillé en temps réel. Notez la différence dans le dialogue intérieur d'Andrew, lorsqu'il remplace ses énoncés négatifs en mode *effet* par des affirmations en mode *cause* qui le mettent aux commandes.

Exercice 2-3 : Le dialogue intérieur d'Andrew, en mode *cause* et en mode *effet*

Dialogue intérieur en mode effet	*Dialogue intérieur de substitution en mode cause*
Aujourd'hui encore, je ne vais pas pouvoir partir avant 19 heures parce qu'il va me demander de revoir les chiffres.	J'ai travaillé dur et je mérite de partir à l'heure.
Il suffit d'un regard de sa part et je sens un poids immense sur mes épaules.	Je suis la personne la plus compétente pour ce poste. Travailler ici est mon choix.
J'ai vraiment hâte qu'il parte en vacances pour pouvoir souffler un peu et faire ma clôture mensuelle au calme.	Je suis tout à fait en mesure de me ménager un peu d'espace à tout moment, afin de pouvoir réfléchir tranquillement.

À VOUS DE JOUER

Pensez à une situation qui vous semble potentiellement difficile et réfléchissez à ce que vous vous diriez dans ce cas – votre dialogue intérieur. Identifiez trois remarques que vous seriez susceptible de penser en mode *effet* et trois autres que vous pourriez vous dire en mode *cause*. Essayez ces exemples à l'Exercice 2-4, en pensant simplement à une situation donnée et en changeant les mots que vous utiliseriez. Vous remarquerez l'effet qu'a sur vous cet exercice.

Exercice 2-4 : Mon dialogue intérieur en mode *cause* et en mode *effet*

Dialogue intérieur en mode effet	*Dialogue intérieur de substitution en mode cause*

Revisiter les présuppositions de la PNL

VOCABULAIRE

La PNL offre un certain nombre de prédicats de base, ou croyances pratiques connues sous le nom de *présuppositions*. Essayez-les donc pour voir si elles vous vont, et si l'une d'entre elles trouve chez vous un écho. Il n'existe aucune preuve scientifique de la véracité de ces présuppositions, mais amusez-vous avec ces idées comme si vous vous appropriiez l'un de ces principes :

- **La carte n'est pas le territoire.** Le monde à l'intérieur de votre tête est un endroit étrange, qui demeure en bonne partie inexploré. Votre carte du monde est différente de toute autre, et il est possible qu'elle ne soit que partielle. Par exemple, vous démarrez dans un nouveau poste avec une description du poste (la carte) et il s'avère que les mots inscrits sur le papier ne reflètent qu'en partie vos attributions (le territoire). Il est possible que vous ayez prévu sur papier la célébration de votre mariage, et cependant, une fois sur place, l'événement prend une dimension supérieure à tout ce que vous aviez pu imaginer, du fait du degré d'énergie et de la joie par lesquels l'ensemble des invités contribuent à ce moment si émouvant. Ou encore, vous êtes en train de vous faire construire une maison, et c'est sur le terrain que vous vous apercevez que les plans doivent être adaptés au site.
- **Chacun réagit en fonction de sa carte du territoire.** Chaque fois que quelqu'un se conduit envers vous de façon différente, reconnaissez que cette personne peut avoir une carte différente de la vôtre, pour le même territoire. Chacun est sensible à différentes choses et possède ses expériences propres. Respectez la carte qui n'est pas la vôtre, et tentez de découvrir le monde d'un point de vue autre que le vôtre. Si vous êtes enseignant ou parent, prenez le temps de vous demander comment vous réagiriez dans cette situation, si vous étiez enfant ou ado.
- **L'échec n'existe pas – il s'agit plutôt de feedback.** Imaginez qu'il n'existe ni erreur ni échec ; chaque expérience fait partie de l'apprentissage. Vous remarquerez combien cette façon de voir peut changer votre point de vue sur les moments de votre vie passée que vous considérez comme des erreurs, et la façon dont vous aborderez les situations nouvelles à l'avenir. Le simple fait de savoir que vous ne pouvez pas échouer peut vous donner le courage de tenter une entreprise risquée ou de vous débarrasser de croyances limitatives vous concernant. Cela peut également vous rendre moins critique et plus indulgent à l'égard des efforts que font les autres.
- **Le sens du message se situe dans la réponse qu'il suscite.** Ce prédicat place sur vous, en tant qu'émetteur du message, l'entière responsabilité de faire passer sa signification jusqu'à votre interlocuteur. Cela implique que, si vous avez déjà été à l'origine d'un malentendu, c'est à vous, et non aux autres, que la responsabilité est imputable. À l'avenir, si vous avez un très important message à faire passer de façon claire et intelligible, gardez à l'esprit la personne à qui vous vous adressez, et cela aidera votre interlocuteur à recevoir votre message de la façon dont vous souhaitez qu'il l'entende. Pensez aux besoins et aux intérêts de la personne en face de vous avant de réfléchir à ce que vous allez lui dire.

  N'OUBLIEZ PAS !

  Vous communiquez également en mode non verbal. Les mots que vous employez ne jouent que pour partie dans votre message, comparativement à votre gestuelle et au ton sur lequel vous vous exprimez.
- **Si votre façon de procéder ne fonctionne pas, essayez autre chose.** Êtes-vous en train de vous taper la tête contre les murs, en continuant à répéter chaque fois les mêmes choses de la même manière ? On est parfois si absorbé par une situation qu'il nous manque le recul nécessaire pour remarquer nos travers ou voir que les blessures anciennes peuvent induire des comportements négatifs et des débordements d'émotions superflus. Pris par la routine, vous vous contentez de répéter les mêmes erreurs, ou de partir au quart de tour. Essayez d'identifier quelles sont pour vous les situations négatives auxquelles vous pourriez apporter certains changements – le moment est peut-être venu de changer de job ou de vous faire de nouveaux amis ?
- **C'est celui qui affiche la plus grande souplesse qui influence le résultat de toute interaction.** Vous verrez que dès que vous aurez commencé à modifier certains de vos comportements, les autres s'engouffreront dans la brèche. C'est ainsi que vous rompez certains schémas comportementaux. Regardez autour de vous et trouvez des exemples de gens dont la flexibilité suscite autour d'eux le changement. Accepter temporairement une expatriation peut permettre d'accéder à un meilleur poste, ou accepter des responsabilités peut procurer une expérience intéressante. Et pourquoi, plutôt que de

râler parce que la pelouse n'a pas été tondue par celui à qui incombait la tâche cette semaine, ne pas avoir recours aux services d'une société spécialisée ?

- **Il est impossible de ne pas communiquer.** Même rester coi est une forme de communication. Votre silence, qu'il s'accompagne d'un gentil sourire ou d'un départ inopiné, constitue en soi un message.
- **Vous possédez les ressources nécessaires pour parvenir aux résultats que vous visez.** Les croyances intérieures, l'énergie et les capacités propres à chacun constituent des ressources dans lesquelles on peut puiser au même titre que les personnes, les possessions matérielles ou l'argent.
- **Tout comportement est motivé par une intention positive.** Ce postulat est applicable à tous les types de comportements – y compris les mauvaises habitudes dont vous aimeriez vous distancer, comme le fait de fumer ou de toujours tout remettre à plus tard. Cette présupposition revêt une valeur particulière si vous la mettez en corrélation avec des moments où vous conduisez mal, ou faites une action que vous ne souhaitez pas mais entreprenez tout de même. Dans ce cas, demandez-vous quelle intention positive cache ce comportement. Quel est le positif que je retire de cette situation – le fait de fumer vous permet peut-être, au bureau, de faire une pause, ou, à la maison, de vous éloigner des enfants quelques instants ? En jargon PNL on appelle ça le *bénéfice secondaire*. (Vous en apprendrez plus sur le sujet au Chapitre 3, lorsque sera venu le moment de définir clairement vos objectifs.) Lorsque vous faites la somme de tous les points positifs d'un comportement, vous parvenez à imaginer de façon créative de nouveaux moyens de satisfaire vos besoins. Par exemple, un fumeur trouvera un autre moyen pour s'isoler et réfléchir ou s'éloigner temporairement des enfants.
- **Les gens sont bien plus que leur comportement.** Lorsque vous voyez un acteur à la télévision, vous savez qu'il ne fait que jouer un rôle, et qu'il est vraisemblablement très différent dans la vie. Il peut vous arriver de juger quelqu'un sur l'un de ses comportements, en passant complètement à côté d'autres aspects très significatifs de sa personnalité. Cela peut avoir des conséquences délicates si, en tant que manager, vous faites une évaluation négative des performances d'un des membres de votre équipe. Le fait que cette personne connaisse des difficultés dans un domaine n'en fait pas un incompétent.
- **Le corps et l'esprit sont liés, et influent l'un sur l'autre.** Soyez plus à l'écoute de l'influence qu'a votre état mental sur votre condition physique, et vice versa. Par exemple, lorsque vous pensez à quelqu'un que vous aimez beaucoup, ou au contraire pas du tout, comment votre corps réagit-il ? Vous remarquerez la façon dont certains événements semblent vous donner un regain d'énergie, ou vous vider d'un coup. Les gens qui souffrent de mauvaises habitudes alimentaires sont fréquemment tellement absorbés par leur dialogue intérieur qu'ils ne prêtent aucune attention à ce qu'ils mangent et boivent.
- **Avoir le choix est mieux que de ne pas avoir le choix.** Cette présupposition peut se révéler fort utile lorsque vous êtes perplexe. Peut-être vous êtes-vous déjà dit : « Je n'ai pas le choix, il faut que je fasse ça. » Souvenez-vous que vous avez toujours le choix, par exemple celui de lâcher votre job ou de partir vous installer à l'étranger. Vous prenez cette décision en fonction de l'évaluation des risques et des conséquences qu'impliquent vos actions.
- **Imiter le succès mène à l'excellence.** Aux débuts de la PNL, ses fondateurs, Richard Bandler et John Grinder, faisaient appel à des personnages hors du commun comme exemples à suivre. La PNL part du principe que lorsque quelqu'un excelle dans un domaine, il atteint un niveau de compétence inconsciente – c'est-à-dire qu'il ne parvient pas aisément à expliquer comment procéder. Il est possible d'apprendre de quelqu'un d'exceptionnel en observant de très près ce qu'il fait et comment il s'y prend – cela va de sa façon de respirer à ses valeurs et ses croyances, en passant par son comportement.

L'Exercice 2-5 présente différentes façons dont la PNL peut modifier votre façon de pensée et, à terme, les résultats que vous obtenez. Les trois étapes ci-après vous aideront à réaliser l'exercice :

1. **Lisez le résumé de chaque présupposition pour vous assurer que vous les avez bien comprises.**
2. **Pensez à des situations dans lesquelles ce prédicat aurait pu vous aider, par le passé, ou à des circonstances futures dans lesquelles il pourrait vous servir, et décrivez ces situations dans les colonnes correspondantes.**
3. **Notez toute idée que vous inspire la présupposition.**

   Si vous avez des difficultés à trouver en temps réel un exemple pour chaque présupposition, pas de problème. Vous pourrez revenir à l'Exercice 2-5 plus tard, en avançant dans votre lecture du livre ou quand les exercices suivants susciteront chez vous de nouvelles idées.

Exercice 2-5 : Présuppositions de la PNL – Travaux pratiques

Présupposition et questions correspondantes	*Situation passée correspondante*	*Situation future correspondante*	*Réflexions associées*
La carte n'est pas le territoire. Où sont vos cartes incomplètes ?			
Chacun réagit en fonction de sa carte du territoire. Comment respectez-vous la carte des autres ?			
L'échec n'existe pas – il s'agit plutôt de feedback. Que feriez-vous s'il vous était tout bonnement impossible d'échouer ?			
Le sens du message se situe dans la réponse qu'il suscite. Comment faire plus clairement passer vos messages ?			
Si votre façon de procéder ne fonctionne pas, essayez autre chose. Quels sont les domaines de votre vie qui laissent à désirer, auxquels vous aimeriez apporter des changements ?			
C'est celui qui affiche la plus grande souplesse qui influence le résultat de toute interaction. Comment faites-vous preuve de flexibilité ou, au contraire, comment agissez-vous lorsque vous manquez de flexibilité ?			
Il est impossible de ne pas communiquer. Quels messages faites-vous passer de façon non intentionnelle ?			

Exercice 2-5 : Présuppositions de la PNL – Travaux pratiques *(suite)*

Présupposition et questions correspondantes	*Situation passée correspondante*	*Situation future correspondante*	*Réflexions associées*
Vous possédez les ressources nécessaires pour parvenir aux résultats que vous visez. Pensez à un but que vous essayez d'atteindre et notez toutes les ressources dont vous disposez pour cela, sans oublier de faire figurer dans votre liste les qualités personnelles qui vous avantagent.			
Tout comportement est motivé par une intention positive. Quelle intention positive se cache derrière votre comportement négatif ?			
Les gens sont bien plus que leur comportement. Quels jugements portez-vous sur les autres ?			
Le corps et l'esprit sont liés, et influent l'un sur l'autre. Votre respiration se trouve-t-elle modifiée ?			
Avoir le choix est mieux que de ne pas avoir le choix. Si vous sentez que vos choix sont limités dans les domaines liés à l'argent, les relations affectives, le travail, ou les engagements vis-à-vis de votre famille et vos amis, demandez-vous quelles sont réellement vos options.			
Imiter le succès mène à l'excellence. Qui possède des qualités extraordinaires sur lesquelles vous pourriez prendre modèle ?			

Compléter les cartes

Dans cette rubrique, vous allez explorer plus pleinement la présupposition de la PNL selon laquelle « la carte n'est pas le territoire », telle qu'elle s'applique à votre quotidien. Vous vous montrerez particulièrement attentif à l'idée que les mots que vous dites constituent une description limitée de votre expérience, ne faisant qu'effleurer la surface de ce qui se passe réellement en vous. Vous deviendrez également plus conscient des cartes limitées dont vous disposez actuellement, de la façon dont elles diffèrent de celles des autres, et de la manière dont vous pouvez compléter vos cartes et en faire des guides plus précieux.

Identifier les différentes cartes

À VOUS DE JOUER — À votre tour

La PNL met en relief le langage que vous utilisez et vous rappelle que n'importe quel mot peut faire convoquer à l'esprit plus d'une image. Un mot ne représente pas tous les faits relatifs à une situation donnée. L'Exercice 2-6, dans lequel vous allez écrire toutes les expériences personnelles que le mot « balle » évoque pour vous, vous permettra de saisir cette idée.

Exercice 2-6 : Les associations que représente chez moi le mot *balle*

Prenez un mot simple, comme « balle », pensez à vos expériences vécues en relation avec une balle, et écrivez ce qui vous vient à l'esprit :

Demandez maintenant à quelqu'un d'autre ce qui lui vient à l'esprit en entendant le mot « balle » et écrivez ses réponses :

Notez la différence entre vos réponses :

Vous vous apercevrez que chacun possède typiquement une interprétation légèrement différente d'un simple mot. Le mot *balle* peut faire appel à tout type d'image et de souvenir – balle de tennis, balle de paille, balle de revolver, balle de match, balle perdue ou trou de balle. Voire aucun de ces exemples.

Si vous prenez maintenant un autre exemple, comme le mot *argent*, une foule d'autres associations remontent à la surface et il est possible que certaines émotions se fassent également jour. C'est là que vous réalisez que votre carte du territoire et celle d'un autre diffèrent totalement.

Voyager au sein du territoire

Fort de l'idée que la carte n'est pas le territoire, vous pouvez prendre conscience des moments auxquels vous pouvez passer à côté d'informations cruciales. Parce que les mots ne relèvent que d'une partie de l'histoire et que vous n'êtes pas en possession de toutes les informations, vous avez en main une carte incomplète.

Pensez à quelque chose que vous aimeriez faire faire à quelqu'un d'autre et laissez à cette personne une carte de ce que vous souhaitez. Expliquez d'abord le contexte – la situation particulière que vous avez à l'esprit. Écrivez ensuite un énoncé simple qui résume votre consigne. Regardez les mots que vous avez écrits, ajoutez des détails, de façon à rendre la carte plus précise. Regardez de nouveau la carte et ajoutez d'autres détails pour la rendre plus précise encore. Zoomez sur la carte et faites en sorte que vos mots disent vraiment ce que vous voulez. Comme lorsque vous cherchez quelque chose sur un site Web et qu'en ajoutant des mots de plus en plus précis à vos critères de recherche, vous trouvez ce que vous cherchez.

Dans l'exemple ci-dessous, Jon, manager, laisse à son collaborateur une note concernant un dossier client. L'Exercice 2-7 illustre sa carte.

Exercice 2-7 : Les représentations de la carte de Jon

Contexte : Délégation d'une tâche à mon assistant

Énoncé carte 1 : *Peux-tu t'occuper de ça ?*

Énoncé carte 2 : *S'il te plaît, regarde le dossier qui est sur mon bureau et vois ce qui a besoin d'être fait d'ici vendredi.*

Énoncé carte 3 : *Frank, s'il te plaît, regarde le dossier de la société ABC et saisis les notes que j'ai prises afin qu'elles soient prêtes à être distribuées en comité de direction. Prépare-moi trois transparents PowerPoint, sur les chiffres, les problèmes et le planning, que je puisse présenter en résumé de la situation.*

Écrivez maintenant votre propre carte à l'Exercice 2-8.

Exercice 2-8 : Mes représentations de ma carte

Contexte :

Énoncé carte 1 :

Énoncé carte 2 (soyez plus précis – quoi, quand, où) :

Énoncé carte 3 (soyez encore plus spécifique sur ce que vous souhaitez) :

Vous remarquerez si vous parvenez aisément ou difficilement à être très précis dans les mots que vous utilisez, et gardez cet exercice à l'esprit lorsque vous vous entraînerez à l'utilisation du métamodèle et du modèle de Milton aux Chapitres 14 et 15.

Changer de focalisation par le biais de vos projections

Si vous êtes impliqué dans une relation de couple depuis un certain temps, il vous est vraisemblablement arrivé, par moments, de ne plus supporter votre compagnon. Votre dialogue intérieur s'est peut-être alors transformé en spirale infernale qui vous entraîne vers le fond à force de « Et pourquoi est-ce moi qui dois penser à mettre de l'huile dans la voiture ? » ou de « Pour l'amour de Dieu, est-il si compliqué de reboucher le tube de dentifrice ? ». Dans ces moments-là, vous appelez de tous vos vœux jugement de divorce et départ à l'autre bout du monde. Jusqu'à ce que, consciemment ou pas, reviennent à votre esprit les gentilles attentions ou les gestes de tendresse, et c'est alors que d'un coup, les raisons pour lesquelles vous formez un couple resurgissent comme une évidence. Que s'est-il passé ? Votre point de focalisation est passé de tous les points négatifs à tous les points positifs.

Le même principe s'applique aux amis, aux patrons et aux collègues. Dans les situations délicates, il peut être utile de toujours garder à l'esprit l'issue que vous souhaitez ou que vous préféreriez.

Une grande part du travail de PNL consiste à tenir un miroir face à soi, et à étudier ses propres pensées et comportements. C'est seulement ainsi que vous êtes en mesure de comprendre que ce que vous percevez et ce sur quoi vous vous focalisez peut n'être qu'une projection de vos besoins sur un tiers, plutôt qu'une carte exhaustive de la situation. Vos projections peuvent fréquemment fournir des indices précieux sur vos points de focalisation et la façon dont ils reflètent vos besoins réels, que vous pouvez ne pas avoir exprimés.

À l'occasion d'un rendez-vous chez une esthéticienne, Kate a été accueillie à la porte par la jeune femme avec ces mots : « Entrez, ne vous inquiétez pas. » Kate a été surprise par ce commentaire, jusqu'à ce qu'elle réalise que la jeune femme avait récemment ouvert son affaire et en était à son galop d'essai. Le commentaire traduisait en fait le besoin de l'esthéticienne de se rassurer par rapport à son entreprise.

Le psychanalyste Carl Jung pensait que le processus de projection est essentiel en ce sens que nous avons tendance à accuser l'autre de ce que l'on n'aime pas ou qu'on ne reconnaît pas en notre propre personne. Pour le citer : « Les projections transforment le monde en une réplique de notre moi inconnu. » Comme mentionné précédemment, Jung est l'auteur de la phrase « la perception est la projection », ce qui signifie que ce que l'on perçoit chez les autres est souvent ce que l'on recherche, ou un trait de notre propre personnalité que l'on possède dans notre propre carte du monde. Par exemple, si vous vous surprenez à pester à propos des « conducteurs du dimanche », n'est-ce pas parce que vous conduisez vous-même parfois trop lentement, ou sans prêter suffisamment d'attention à la route ?

Le Tableau 2-3 propose des façons d'exprimer à votre entourage vos besoins au travers de votre comportement. Vous noterez que chaque comportement comprend une intention positive, mais il y manque l'expression ouverte de vos besoins. À vous de vous entraîner en énonçant à l'adresse de vos interlocuteurs ce que vous voulez plutôt que de satisfaire vos besoins en les projetant sur autrui, en particulier s'ils impliquent un jugement ou une critique.

Tableau 2-3 : Exemples de projection de vos besoins sur les autres

Comportement	*Besoin sous-jacent potentiel*
Vous vous plaignez auprès de vos collègues de ce que votre supérieur ne vous aime pas parce qu'il ne reconnaît pas la valeur de votre travail.	Vous voulez vous sentir reconnu et estimé.
Vous dites à votre ami qu'il dépense trop pour sa garde-robe.	Vous avez envie de sécurité financière.
Vous rappelez à votre amie que vous l'aimez en lui envoyant des SMS plusieurs fois par jour.	Vous voulez être rassuré sur les sentiments qu'elle nourrit pour vous.
Vous faites remarquer à votre mère qu'elle mange trop de chocolat	Vous être soucieux de votre ligne.
Vous remarquez que la personne en charge du support informatique ne fournit pas d'instructions claires.	Vous souhaitez faire preuve de clarté.
Vous restez tard au bureau et attendez des autres qu'ils en fassent autant.	Vous cherchez la sécurité de l'emploi.

ANECDOTE

À propos de miroirs, étudions le cas de Bill, en visite à la quincaillerie du quartier à la recherche d'accessoires pour sa nouvelle salle de bains. Bricoleur néophyte, Bill était très pressé d'aménager la salle de bains avant la visite de ses amis américains. Il avait entamé les travaux dans sa salle de bains, et avait terminé en consacrant un week-end à la pose du carrelage et des miroirs muraux. Tard un soir, Bill commanda un peu trop rapidement sur Internet le carrelage et les miroirs. Lorsqu'il alla chercher sa commande, il s'aperçut qu'un autre modèle que celui qu'il avait commandé avait été réservé pour lui. La vendeuse s'excusa de cette erreur et annonça qu'elle recevrait la référence voulue la semaine suivante. Bill quitta le magasin déçu et frustré, mais revint comme convenu le samedi suivant. Cette fois, les miroirs étaient bien là, mais dans une dimension largement inférieure à celle souhaitée. Bill s'emporta – devint furieux, hurla à l'adresse de la vendeuse « Vous n'êtes qu'une incompétente !!! », puis quitta la boutique comme un sauvage. Ce n'est qu'en arrivant chez lui qu'il se rendit compte, en vérifiant le bon de commande, que l'erreur émanait de lui : il avait commandé la mauvaise dimension. Bill projetait sur la vendeuse la notion d'incompétence qu'il ressentait à propos de son statut de bricoleur débutant. Bill se serait mieux débrouillé en gardant à l'esprit que sa priorité était de terminer rapidement sa salle de bains et en prenant soin d'adapter son comportement à son objectif.

Réfléchissez à une situation qui s'est mal passée pour vous, et à laquelle vous pouvez appliquer les prédicats de n'importe quelle présupposition de PNL, afin de mieux comprendre ce qui s'est passé et la façon d'agir différemment à l'avenir.

- **Pensez à une situation qui vous a contrarié.** Par exemple : vous vous êtes disputé avec quelqu'un, une de vos présentations ne s'est pas bien passée, vous avez commis une erreur en choisissant la maison ou le quartier où vous vivez, vous vous êtes senti mal à l'aise lors d'un rendez-vous galant, ou vous avez été rejeté par quelqu'un qui compte beaucoup pour vous.
- **Quel a été le résultat ?** Quelle est la pire chose qui vous soit arrivée ? Notez ce que vous avez ressenti sur le moment, ou l'impact qu'a eu l'incident sur votre entourage.
- **Qu'étiez-vous en train de projeter sur quelqu'un d'autre ?** Par exemple, quelle part de votre réaction était due à un besoin de vous sentir accepté ou en confiance, ou de gérer à votre convenance vos finances, votre temps ou votre énergie ?
- **Quel serait l'état d'esprit le plus propice à l'obtention de meilleurs résultats ?** Parcourez la liste des présuppositions de la PNL que vous trouverez plus haut à la rubrique « Revisiter les présuppositions de la PNL ». Sélectionnez deux ou trois de celles qui paraissent les plus adaptées à votre situation et notez toute idée qui vous vient et qui serait pour vous source d'une nouvelle inspiration.

Étape par étape, l'Exercice 2-9 met en évidence les conclusions auxquelles est arrivé Bill à la suite de la crise chez le marchand de carrelage.

Exercice 2-9 : Exercice du miroir mis en œuvre par Bill pour changer de focalisation

La situation :	*Dans la boutique, j'ai perdu mon sang-froid.*
Le résultat :	*Je suis reparti bredouille et très en colère, je me suis arrêté au parc pour me calmer et j'ai fumé deux cigarettes alors que j'avais prévu d'arrêter de fumer.*
La projection :	*Tout est de votre faute, vous êtes incompétente.*
Disposition d'esprit positive :	*Bill a le choix entre trois dispositions d'esprit possibles.*
L'échec n'existe pas – il ne s'agit que de feedback.	*De ce qui s'est passé, je peux retenir que la prochaine fois, je dois vérifier plus rigoureusement ma commande et m'assurer que le magasin a bien les mêmes références. Je ne referai pas la même erreur.*

Exercice 2-9 : Exercice du miroir mis en œuvre par Bill pour changer de focalisation *(suite)*

Le corps et l'esprit sont liés, et influent l'un sur l'autre.	*La colère a un effet physique sur moi, de sorte que je me mets à fumer, ce que je ne souhaite pas. Mon état mental influe de façon évidente sur ma santé.*
Tout comportement est motivé par une intention positive.	*La vendeuse cherchait à bien faire. Elle est jeune et n'a pas agi à dessein. Elle n'est que le maillon d'une chaîne et ne méritait pas que je me mette à hurler sur elle.*

Intéressez-vous maintenant à votre propre comportement, et faites l'Exercice 2-10.

Exercice 2-10 : La méthode du miroir pour changer de point de focalisation

La situation :

Le résultat :

La projection :

Disposition d'esprit positive (notez toutes les présuppositions qui peuvent vous être utiles) :

Choisir votre disposition d'esprit

Vous pouvez choisir la disposition d'esprit qui vous aidera à faire de votre mieux. Vous méritez d'exceller, de faire tout votre possible, et le point de départ de cette démarche va être de choisir votre disposition d'esprit. Dans la liste de qualificatifs qui suit, entourez celui ou ceux qui vous interpellent en ce sens qu'ils peuvent influencer votre état d'esprit et votre comportement. Si vous pensez que vous pourriez vous améliorer en faisant preuve d'une plus grande curiosité à l'égard des autres, entourez celui-là. Peut-être êtes-vous si pressé que vous avez cessé de remarquer ce qui se passe autour de vous, et ne prêtez aucune attention à votre famille ou à vos amis parce que tellement absorbé par votre activité professionnelle. Si c'est le cas, choisissez aujourd'hui pour objectif d'être vraiment présent pour profiter du moment présent, et voyez comment cela permet d'améliorer votre expérience.

- Faire preuve de curiosité
- Faire preuve de souplesse
- Être vraiment présent
- Témoigner mon intérêt

- Avoir envie d'apprendre
- Écouter les autres
- Être ouvert
- Se montrer optimiste
- Faire preuve de ressources
- Être spirituel
- Viser le meilleur

Ajoutez à cette liste toute autre notion qui reflète les dispositions d'esprit positives qui pourraient vous servir.

Jouez avec ces qualificatifs, et ajoutez à la liste tout autre décrivant une disposition d'esprit utile à adopter. Choisissez-en un à la fois, en vous fixant par exemple pour objectif du jour de faire montre d'*envie d'apprendre* dans toutes les entreprises et les interactions dans lesquelles vous serez impliqué. Si, lorsqu'en proie à une tâche ennuyeuse, comme remplir votre déclaration d'impôts, vous avez envie d'apprendre, voyez si cela vous permet de positiver ce moment.

Exploiter vos dispositions d'esprit peut vous aider à rester en mode *cause*, plutôt que de vous laisser distraire et de vous trouver propulsé malgré vous en mode *effet*. Notez tout ce qui peut potentiellement vous empêcher de rester focalisé sur la disposition d'esprit que vous avez choisie. Certaines situations ou personnes déclenchent-elles chez vous une réaction négative ? Qui peut vous apporter son soutien ? Pensez à quelqu'un qui peut vous servir de modèle, ou une personne qui fonctionne sur des dispositions d'esprit qui vous séduisent. Quels conseils ou astuces pourriez-vous recueillir auprès d'une telle personne ?

Trouvez une image ou une citation qui vous inspire, ou un objet que vous pouvez toucher au moment où vous sentez que vous avez besoin de reprendre le contact avec votre disposition d'esprit positive ? Pour finir, notez toutes les améliorations que vous remarquez quand vous passez dans une disposition d'esprit positive. Peut-être vos conversations avec les autres sont-elles plus enrichissantes, ou vous trouvez-vous moins souvent en situation de conflit, ou bien encore vos voyages se passent de façon plus agréable, en dépit de la mauvaise météo ou des retards subis ?

Avec l'Exercice 2-11, notez la différence qu'engendre chez vous une disposition d'esprit positive.

Exercice 2-11 : Le choix de ma disposition d'esprit

La disposition d'esprit que j'ai choisie :

Quels sont les mots qui la résument ?

Comment puis-je m'y tenir (par exemple, utiliser un Post-it, une note dans mon journal ou mon agenda, un dessin au mur, ou un petit caillou qui fera office d'aide-mémoire) ?

Exercice 2-11 : Le choix de ma disposition d'esprit *(suite)*

Où et quand suis-je le plus à même de me laisser distraire de ma résolution et de repartir dans un cycle de pensée négatif ?

Quelle personne ou quels facteurs peuvent m'aider à rester calé sur ma disposition d'esprit de prédilection ?

Quels aspects s'améliorent visiblement lorsque je reste dans la disposition d'esprit choisie ? Notez ici les bénéfices que vous tirez de votre choix.

Chapitre 3

Établir votre itinéraire

Dans ce chapitre :

- Identifier votre position de départ
- Oser donner de l'ampleur à vos rêves
- Pour réussir, opter pour un résultat bien formulé
- Tester les questions cartésiennes
- Franchir une à une les étapes

Bienvenue dans le chapitre le plus important de ce livre ! Nous allons ici vous aider à évaluer à quel point de votre vie vous en êtes actuellement, et à déterminer où vous voulez aller. Nous terminerons par la définition concrète d'objectifs vous permettant de parvenir au point où vous voulez arriver.

C'est à ce chapitre-ci que vous allez entamer votre périple en réalisant vraiment du très bon travail – dont vous recueillerez les fruits sans tarder. Alors, si vous êtes conscient que certains aspects de votre vie ne sont franchement plus au top – voire ne l'ont peut-être même jamais été –, c'est le moment de commencer à vous écouter formuler ce que vous souhaitez vraiment. Cool, non ?

C'est en utilisant votre carte que vous allez trouver votre chemin. Et parce que vous êtes capable de dessiner les cartes les plus colorées et les plus lisibles qui soient, vous allez vous trouver à la fois en position de copilote et pilote de votre vie.

Nous allons ici vous montrer, étape par étape, comment décider quelle direction faire prendre à votre vie. Nous vous offrons des outils de PNL simples, à suivre à votre manière, et sur lesquels vous pouvez revenir aussi souvent que nécessaire, notamment le génialissime résultat bien formulé et les questions cartésiennes.

Baliser votre parcours de vie

Lors d'un départ en vacances, connaissez-vous toujours précisément l'itinéraire, prévoyez-vous toujours chaque étape à l'avance, et vous en tenez-vous toujours exactement au plan de voyage ? Puis, une fois arrivé à destination, vous arrive-t-il de réaliser que si vous aviez pris plus de temps pour apprécier la beauté des paysages, vous auriez pu découvrir en chemin un site historique merveilleux dont vous auriez eu grand plaisir à profiter ?

Votre vie est elle aussi un périple, et il est bon, de temps à autre, de prendre du recul pour reconsidérer votre destination et la façon de l'atteindre. Nous vous demanderons d'ici peu de prendre un instantané de votre parcours de vie de façon à ce que vous puissiez reconnaître et apprécier ce qu'il a de bon et peut-être y inclure encore plus de ces points positifs. Vous commencerez également à remarquer les choses et les personnes qui sont pour vous source d'énergie. Enfin, vous pourrez identifier les points que vous souhaitez changer, ou ceux dont vous voulez vous débarrasser.

Tout en gardant à l'esprit la métaphore consistant à considérer votre vie comme un voyage, prenez en compte les éléments ci-dessous. Avec l'Exercice 3-1, vous allez très bientôt pouvoir mettre vos idées noir sur blanc :

- **Votre carte.** Certaines personnes ont une idée très précise du point où elles se trouvent aujourd'hui et de l'endroit où elles se rendent. Par exemple, elles ont des projets de travail, de vacances, de retraite, des idées sur la façon de passer leur temps de loisir et d'orienter leurs centres d'intérêt intellectuel et spirituel. D'autres lézardent volontiers en chemin, et attendent tranquillement de voir ce qui se présente. Êtes-vous plutôt du genre carte détaillée ou croquis ébauché sur un coin de table ?
- **Votre itinéraire préféré.** Votre trajet est sur le point de vous conduire là où vous voulez vous rendre, et divers choix et options s'offrent à vous. Allez-vous emprunter l'autoroute directe ou suivre nonchalamment les routes de campagne ?
- **Votre véhicule ou mode de transport.** Aimeriez-vous voyager à vélo, en coupé cabriolet, ou dans un gros 4x4 ? Appréciez-vous le train, qui vous permet de prendre le temps de vivre et de profiter des paysages ? Ou bien peut-être un mélange de tout ça, selon le moment ?
- **Votre vitesse.** Tout le monde n'aime pas la vitesse. Pour certains, il est essentiel de prendre son temps et de profiter du voyage. Et pourtant, il arrive parfois de devoir faire des pointes de vitesse et de presser le mouvement.
- **Vos compagnons de voyage.** Quels types de gens aimez-vous fréquenter, ou rencontrer en chemin ? Être entouré d'enseignants, de guides et de proches qui vous prodiguent leurs encouragements peut être utile, mais il est possible qu'à l'occasion, vous ayez simplement envie d'être seul.
- **Vos distractions et vos trésors.** Quels autres facteurs distinguent votre voyage de celui des autres ? Certains événements, certaines sollicitations vous amènent-ils à vous laisser distraire de votre but ? Qu'appréciez-vous réellement, quels sont les « trésors » que vous rencontrez en chemin ? Peut-être appréciez-vous de pouvoir faire la pause, le temps d'une conversation intéressante, de profiter d'un site agréable ou d'un beau point de vue.

En ce début de parcours, à titre d'échauffement, posez-vous les questions de l'Exercice 3-1, et voyez comment vous vous situez par rapport à ces divers points. Sans oublier de noter vos réactions.

Exercice 3-1 : Envisager votre vie comme un voyage

Possédez-vous une carte claire, qui vous sert de guide ?

Quel type d'itinéraire empruntez-vous, et dans quel type de véhicule ?

Traînez-vous en chemin ? Ou voyagez-vous vite, en allant droit au but ? Qu'est-ce qui décide de votre vitesse ?

À quel moment et à quel endroit du voyage aimeriez-vous vous joindre à d'autres ?

Exercice 3-1 : Envisager votre vie comme un voyage *(suite)*

Dans quelles circonstances perdez-vous votre chemin et votre sens de l'orientation ?

Quels trésors cachés remarquez-vous en chemin ?

L'Exercice 3-1 doit normalement vous fournir des repères sur la façon dont va votre vie, et vous allez pouvoir l'utiliser comme point de départ des autres exercices de ce chapitre.

Évaluer à quel stade de votre parcours vous vous situez

L'évaluation que vous avez réalisée avec l'Exercice 3-1 se définit en PNL comme l'*état présent*, la première étape indispensable avant de passer à l'*état désiré* – celui auquel vous souhaitez parvenir. L'*état présent* signifie les circonstances actuelles dans lesquelles vous vous trouvez – l'état des lieux de votre situation présente.

Gerri est une jeune femme de 45 ans, gaie et appréciée de son entourage. Elle a un très bon job et un bel appartement dans un quartier à la mode. Divorcée, Gerri vit seule depuis deux ans. Ses collègues de travail envient son style de vie ; tout semble lui sourire – elle mène sans peine à bien les projets qu'elle entreprend, traçant sa voie dans la hiérarchie, jalonnant son parcours de récompenses et de reconnaissance. Les lunettes de soleil perchées sur la tête, elle arrive au bureau dans le dernier cabriolet à la mode, sans aucun souci apparent.

Gerri travaille avec son coach de PNL sur sa vision globale et sa stratégie en matière de travail d'équipe. Sachant que Gerri travaille comme une folle, son coach lui suggère un jour de réaliser un rapide tour d'horizon de sa vie, en notant sept facteurs dont elle est satisfaite, et sept autres potentiellement améliorables. L'Exercice 3-2 présente les observations de Gerri.

Exercice 3-2 : Évaluation de Gerri de ce qui va/ce qui ne va pas

Ce qui va bien pour moi en ce moment	*Ce qui pourrait aller mieux*
J'ai été promue au poste de responsable grands comptes. C'est un job formidable, et je travaille sur des projets vraiment motivants.	*Mon dernier rendez-vous galant remonte à deux ans. J'aimerais partager ma vie avec quelqu'un que j'aime.*
Je descends dans des hôtels magnifiques et de grands restaurants.	*Mon appartement est en pagaille – je n'oserais pas y convier qui que ce soit à l'improviste. La table de la salle à manger croule sous les dossiers en tout genre.*
Je gagne très bien ma vie, je viens de percevoir une très grosse prime.	*Je passe beaucoup de temps à voyager, ce qui signifie que je vois très peu mes amis.*
Ma mère s'est fait opérer de la hanche et elle se rétablit bien.	*J'ai pris 7 kilos cette année – je commence à prendre du ventre.*
J'ai deux nièces que j'adore. Elles adorent l'école et je suis très fière d'elles.	*J'étais en voyage aux États-Unis le jour du spectacle de fin d'année de ma nièce Alice et elle m'en a voulu de ne pas être présente.*

Exercice 3-2 : Évaluation de Gerri de ce qui va/ce qui ne va pas *(suite)*

Ce qui va bien pour moi en ce moment	*Ce qui pourrait aller mieux*
Mon entreprise prend en charge la formation qui va me mener à un diplôme de 3e cycle.	J'ai dû arrêter mes cours de gym.
J'ai réservé un périple en Islande pour le mois prochain.	Je n'ai pas ouvert un roman depuis l'été dernier.

Lorsque Gerri et son coach ont regardé le résultat de l'exercice, ils ont regroupé les notes de Gerri en plusieurs catégories clés. Ces catégories comprennent typiquement les domaines suivants : l'environnement physique, l'argent, les relations amoureuses, les amis, la famille, la santé, le développement et l'apprentissage personnel, la notion de communauté et la vie spirituelle.

À l'Exercice 3-3, Gerri définit un résultat préliminaire basé sur son degré de satisfaction relatif à chacun de ces domaines, sur une échelle de 0 à 10 – 0 correspondant à « Je suis actuellement totalement insatisfaite sur ce plan » et 10 signifiant « Ça ne pourrait être mieux ».

Exercice 3-3 : Résultats préliminaires de l'évaluation de Gerri

Catégories clés	*Résultat*
Famille	5
Santé	6
Travail	8
Argent	9
Relations amoureuses	2

Lorsque Gerri totalise ses résultats, son coach lui pose la question de savoir ce qui lui manque dans son parcours de vie. Il lui demande : « Que souhaiteriez-vous avoir dans votre vie, outre une vie professionnelle pleinement satisfaisante ? », « Quand avez-vous pour la dernière fois joué du saxophone, que vous aviez appris lorsque vous étiez à l'université », « Quand avez-vous assisté à un cours du soir, ou à une séance de cinéma ? », « À côté de quoi passez-vous du fait de tous ces voyages et ces longues journées de travail ? », « À quand remonte votre dernière soirée entre amis ? ».

À VOUS DE JOUER — À votre tour

Gerri déclare que les vraies amitiés lui manquent. À terme, elle aimerait une relation sentimentale durable, et aussi pouvoir dégager plus de temps pour se détendre en famille et avec ses vieux copains.

À vous maintenant de faire l'exercice. Si vous n'êtes pas sûr de la direction actuelle de votre vie, soyez sans inquiétude. C'est peut-être la première fois que vous prenez le temps d'y réfléchir, notamment si vous consacrez une grande part de votre temps aux autres. Vous avez vu comment Gerri a démarré l'exercice : regardez les colonnes de l'Exercice 3-4, posez-vous les questions et jetez sur le papier votre vision de votre vie à ce jour.

Exercice 3-4 : Mon évaluation de ce qui va/ce qui ne va pas

Ce qui va bien pour moi en ce moment	*Ce qui pourrait aller mieux*

À l'Exercice 3-5, regroupez vos réponses en catégories clés (technique que la PNL désigne par le terme « *fragmentation* ») et estimez pour chacune d'elles votre degré de satisfaction, en utilisant la même échelle de notation que Gerri à l'Exercice 3-3.

Exercice 3-5 : Résultats préliminaires de mon évaluation

Catégories clés	*Résultat*

Très bien ! Alors voilà à quoi ressemblent actuellement pour vous les domaines clés de votre vie. Mais avez-vous vraiment tout considéré ? Juste au cas où, nous avons indiqué certaines idées dans les cadres de la Figure 3-1, et en avons laissé d'autres vierges, de façon à ce que vous puissiez procéder à des ajouts lors de la mise à jour de l'Exercice 3-5.

Voici quelques idées de plus qui pourront être autant de sources d'inspiration pour remplir les cadres en gardant à l'esprit les éléments que vous aimeriez voir figurer dans votre vie. Les cadres vierges sont à votre disposition pour y écrire des mots qui représentent des choses d'importance à vos yeux.

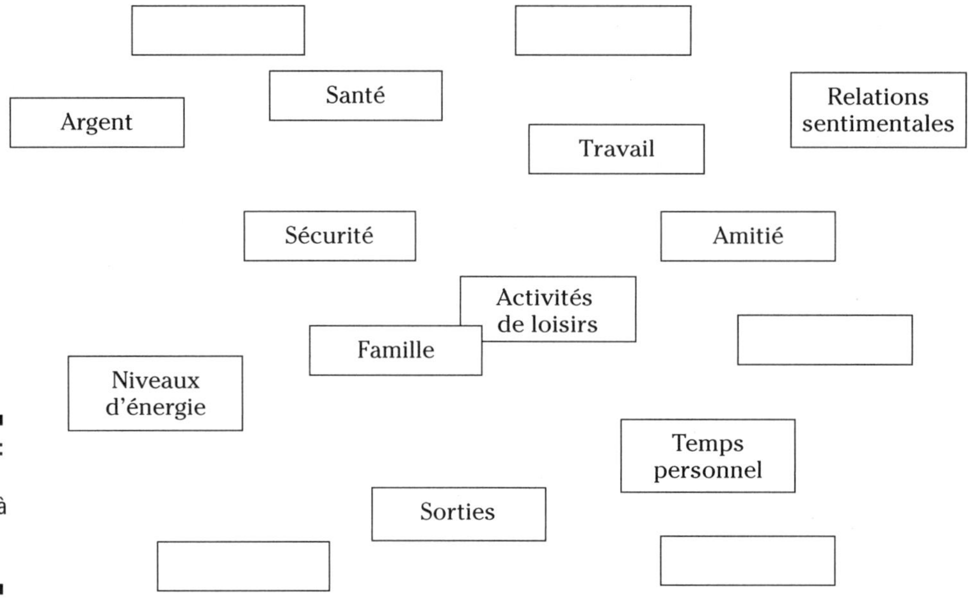

Figure 3-1 : Domaines à intégrer à votre roue de la vie.

Assembler votre roue de la vie

Il arrive souvent qu'en se focalisant sur un aspect particulier pour optimiser son fonctionnement, on en occulte d'autres, tout aussi importants. Il est si facile de se laisser happer par la foule de détails qui meuble notre quotidien, qu'une vision d'ensemble de nos rêves et de nos aspirations peut rendre la traversée plus calme.

Ce qui nous amène à l'analogie avec la roue. Le principe consiste à diviser une roue en segments qui représentent les domaines de votre vie faisant l'objet de votre évaluation. En ajoutant ensuite sur les rayons de la roue des valeurs que vous reliez entre elles, vous voyez si votre roue de la vie est équilibrée et si la traversée s'annonce calme. Bien entendu, si les valeurs diffèrent grandement, le voyage peut s'annoncer chaotique.

Gerri découvre que la roue de la vie – la sienne apparaît à la Figure 3-2 – apporte des indications fort utiles pour décider des domaines sur lesquels elle doit concentrer son attention dans les mois à venir. C'est au moment d'attribuer un score à divers segments de sa roue de la vie qu'elle remarque à quel point sa vie s'est déséquilibrée au fil du temps. En effet, elle a intensément profité de sa magnifique ascension professionnelle et, après son divorce, s'est investie plus encore dans des projets internationaux.

Pour maintenir un équilibre global à long terme, le coach en PNL de Gerri travaille de concert avec elle à la définition d'un programme simple et clair, qui lui permettra de commencer à recréer un équilibre dans sa vie et de préciser les aspects qu'elle souhaite modifier. Vous pouvez sans mal procéder de même, étape par étape, et vous trouverez à la rubrique intitulée « Concevoir votre résultat bien formulé » d'autres conseils vous facilitant l'identification de votre ordre du jour.

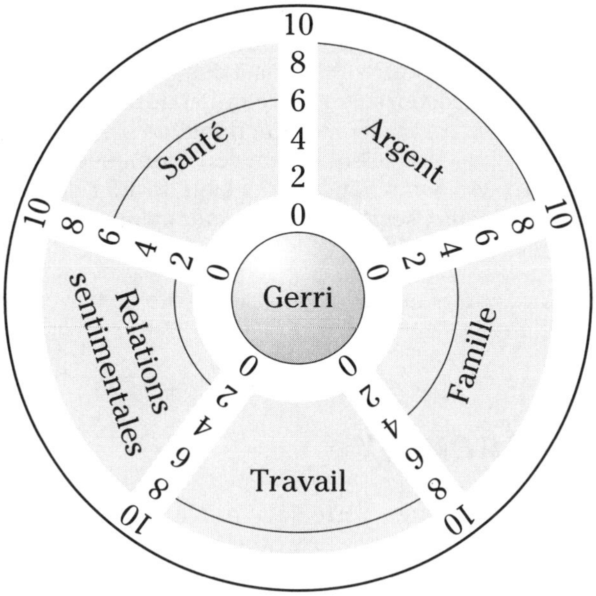

Figure 3-2 : La roue de la vie de Gerri.

Quels segments de votre roue de la vie vous semblent actuellement les plus utiles ?

Nous vous proposons un maximum de huit domaines dans l'exemple de roue de la vie fourni à la Figure 3-3, et ce pour une simple raison : votre conscience a la capacité de traiter entre cinq et neuf fragments d'information à la fois. (Sans oublier qu'il est relativement aisé de diviser un cercle en huit sections !) Si vous vous rappelez l'approche de la PNL – c'est-à-dire que pour que vous soyez en mesure de traiter une information, elle doit être dimensionnée selon une échelle qui vous convient – il est logique de visualiser votre vie sous forme de segments.

À VOUS DE JOUER – À votre tour

Complétez la roue présentée à la Figure 3-3 en libellant les sections qui correspondent à vos concepts importants.

Si vous le souhaitez, vous pouvez utiliser un rapporteur, afin de tracer des arcs parfaits, et colorier distinctement chaque section de la roue. De même, si vous voulez diminuer ou augmenter le nombre de sections, utilisez des stylos de différentes couleurs pour marquer le nombre de sections qui vous correspondent, puis reliez les chiffres d'un segment à l'autre.

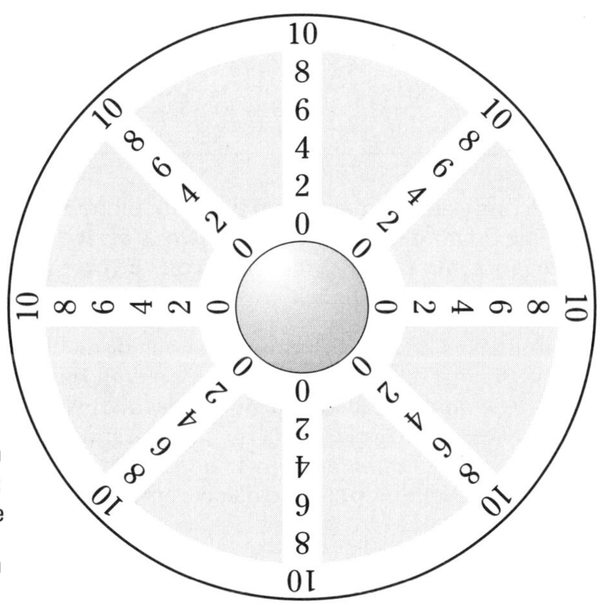

Figure 3-3 : Ma roue de la vie.

Vous pouvez utiliser n'importe quel segment de la roue comme base pour créer une nouvelle roue de la vie. Par exemple, si vous souhaitez travailler plus avant sur l'aspect santé de votre vie, vous pouvez attribuer différentes sections à des catégories comme le jogging, la nutrition, la durée de sommeil, les cours de gym, et ainsi de suite. Bien entendu, vous pouvez tout à fait faire le choix de mettre l'accent sur un domaine particulier pendant un certain temps – tant qu'il s'agit d'un choix conscient et que vous connaissez l'impact que cela aura sur les autres aspects de votre vie. Vous pouvez très bien décider de laisser l'un de ces domaines, qui ne pose aucun problème, se gérer à un niveau inconscient si cela vous permet de rééquilibrer d'autres aspects.

Au vu de l'allure de votre roue et des résultats que vous y avez inscrits, la traversée se présente-t-elle plutôt tranquille ou chaotique ?

La fortune sourit aux audacieux

Êtes-vous persuadé que le plus sûr moyen d'éviter d'être déçu par la vie est de ne rien espérer ? Avez-vous tendance à manquer d'ambition, alors que les autres se lancent sans hésiter et voient tout en grand ? Ou êtes-vous plutôt un adepte du « Qui ne tente rien n'a rien » ? Nous vous offrons ici l'occasion de vous montrer plus audacieux.

À l'Exercice 3-6, notez *sans réfléchir* – ceci afin d'empêcher votre conscience de gâcher la fête – votre rêve le plus fou.

Exercice 3-6 : Quel est votre rêve le plus fou ?

Ce que j'aimerais vraiment :

Vous avez donc un rêve fou, dont d'aucuns peuvent penser qu'il est absolument hors de portée et dont il vous arrive vous-même de douter – tout comme il vous arrive de douter de vous-même d'ailleurs, mauvais jeu de mots mis à part. Accrochez-vous à votre rêve, chouchoutez-le.

L'une des caractéristiques les plus fabuleuses de la PNL est qu'elle vous donne les moyens d'exceller ; après tout, elle a vu le jour en retenant les solutions qui fonctionnent, en les étudiant et en les reproduisant. L'évidence révélée par notre travail de coach et de formatrice en PNL, ainsi que le feedback reçu des lecteurs de notre premier livre *La Programmation neurolinguistique pour les Nuls* tendent à prouver que la PNL renforce chez l'individu la perception de ce qu'il lui est réellement possible d'accomplir.

Robert Dilts, le génial précurseur de la PNL, a modelisé la stratégie de créativité de Walt Disney. Il en ressort que si Disney n'avait pas accordé au rêve une part aussi grande qu'à la gestion des budgets de ses films, le monde du cinéma et des millions d'enfants de par le monde seraient passés à côté de centaines d'heures de pur plaisir. Le Petit Larousse définit comme suit le terme *réaliste* : « Qui a le sens des réalités, qui a l'esprit pratique. » Trop souvent, notre conscience, nos croyances limitantes et nos présupposés coupent les ailes à nos rêves. Alors cessez un peu d'être raisonnable. Laissez-vous aller !

TRUC

Comportez-vous *comme si* vous aviez un tas de relations qui vous faisaient totalement confiance et pouvaient vous soutenir dans vos entreprises. Imaginez que vous possédez toutes les ressources nécessaires et ne pouvez que réussir. Lorsque vous commencerez à vous conduire *comme si* vous possédiez déjà tout ce que vous souhaitez, les changements commenceront naturellement à se produire parce que vous attirerez à vous de nouvelles opportunités et de nouveaux protagonistes. Par exemple, si vous vous comportez sur votre lieu de travail *comme si* vous étiez déjà dans le poste de vos rêves, vous trouverez les moyens de développer vos compétences et de vous placer en position d'obtenir ce type de poste.

N'OUBLIEZ PAS !

Le cadre du *comme si* est un excellent postulat pour explorer les possibilités nouvelles qui auraient pu vous échapper. Comportez-vous *comme si* le rêve (votre *état désiré*) était réalité et s'était déjà matérialisé. Ainsi, ramener votre regard vers aujourd'hui (votre *état présent*) vous permet d'envisager de nouvelles étapes de votre parcours futur.

Viser des objectifs SMART et des résultats bien formulés

En PNL, les objectifs sont habituellement désignés par le terme *résultats*. Un résultat est la réponse à la question de PNL : « Que souhaitez-vous ? » Un résultat constitue ce que vous avez l'intention d'accomplir ou d'atteindre. Dans le monde de l'entreprise, la définition des objectifs fait référence aux objectifs SMART – Spécifiques, Mesurables, Atteignables, Réalistes et Temporels. La PNL ajoute à cette approche une dimension supplémentaire par le biais du procédé de *définition de résultats bien formulés*, qui rend plus probable la concrétisation des résultats que vous visez. Voyons dans les pages qui suivent comment tout cela s'articule.

Choisir votre point de focalisation

Pensez maintenant à quelque chose que vous n'êtes pas encore parvenu à accomplir. Si vous percevez que votre inconscient livre bataille au sujet du résultat que vous êtes en train de concevoir, faites fi de votre côté raisonnable, n'écoutez pas la petite voix frileuse qui joue les oiseaux de mauvais augure dans votre tête et vous souffle des pensées négatives. Créez un résultat qui vous inspire, qui vous exalte, qui vous donne le frisson rien qu'en y pensant ! Alors imaginez, si vous vous donniez les moyens d'aller plus loin…

Avant de commencer à travailler sur les sept étapes nécessaires pour concevoir un résultat bien formulé – présentées à la rubrique qui suit –, intéressez-vous aux notions ci-dessous, qui, selon le modèle de PNL SMART, peuvent structurer vos idées et vous aider à clarifier ce que vous souhaitez réellement.

- **Assurez-vous du caractère écologique de votre résultat :** En jargon PNL, un objectif écologique est un objectif dont le résultat est en adéquation avec tous les aspects de votre vie. Par exemple, si votre rêve est d'être millionnaire mais que cela implique de négliger vos besoins affectifs ou votre famille, cet objectif n'est pas vraiment écologique.

- **Définissez le contexte :** Définir clairement le contexte est essentiel au processus de bonne formulation de votre objectif. Définir le contexte signifie aller au cœur des choses en identifiant précisément quand, où et avec qui vous souhaitez mettre cet objectif en œuvre. Si, par exemple, vous rêvez de devenir un acteur célèbre, votre objectif implique vraisemblablement de vous implanter à Paris ou à Hollywood pour pouvoir fréquenter le monde du 7e art. Il est important de considérer votre résultat dans son contexte global.
- **Cherchez le bénéfice secondaire :** En PNL, un bénéfice secondaire est lié à un comportement qui peut sembler négatif ou apparaître comme une source de problèmes, mais qui remplit en réalité une fonction positive à un niveau donné. Exemple : un fumeur, qui sait que le tabac est dangereux pour la santé, apprécie le bénéfice secondaire que représentent les quelques instants de calme et de solitude dont il profite lorsqu'il sort fumer une cigarette. Une fois les bénéfices secondaires identifiés, vous êtes en mesure de supprimer les points de blocage qui font obstacle à votre résultat.

Bien formuler votre résultat

La bonne formulation de votre résultat va vous permettre d'aller de votre point actuel – un embryon de rêve – à la concrétisation de votre rêve. Sur la base d'un exemple imaginaire, l'Exercice 3-7 vous guide dans les étapes à suivre pour exprimer un résultat bien formulé, et vous dispense des conseils sur la méthode à appliquer pour concevoir votre résultat personnel.

ANECDOTE

Maman de deux enfants, Joanna est, à 32 ans, responsable commerciale dans une société de transport international. Depuis l'enfance, Joanna est passionnée de danse, et son « rêve le plus fou » est d'ouvrir son propre studio de danse. Dans son entourage proche, tout le monde l'assure que quitter son job bien rémunéré serait folie – avis auquel Joanna prête volontiers l'oreille. Elle n'envisage pas la possibilité de changer d'activité comme une option jusqu'à ce qu'elle se prête à l'exercice du résultat bien formulé et découvre la voie qui va lui permettre de progresser dans son cheminement.

Exercice 3-7 : Le résultat bien formulé de Joanna

Les étapes vers un résultat bien formulé	***Comment bien formuler votre résultat***	***Mon objectif : Ouvrir mon propre studio de danse***
1. L'objectif doit être formulé de façon positive.	Pour réussir la bonne formulation de votre résultat, il est nécessaire que votre inconscient soit de la partie. Or, l'inconscient gère plus efficacement le positif.	*Je veux ouvrir mon propre studio de danse.*
2. Votre objectif doit émaner d'une initiative personnelle et être mené à bien sous votre contrôle.	S'agit-il d'une idée qui émane de vous, et pouvez-vous mener vous-même votre objectif à bien ? Vous engagez-vous dans ce projet parce que vous le voulez, ou pour faire plaisir à un tiers qui vous y incite avec insistance ? Pouvez-vous assumer seule l'ouverture de votre studio de danse, ou le projet est-il viable seulement si quelqu'un d'autre en assume – entièrement ou pour partie – la responsabilité ?	*Oui, je le fais pour moi, mais j'aurai besoin du soutien de mon époux si j'abandonne mon emploi.*

Exercice 3-7 : Le résultat bien formulé de Joanna *(suite)*

Les étapes vers un résultat bien formulé	*Comment bien formuler votre résultat*	*Mon objectif : Ouvrir mon propre studio de danse*
3. Le contexte doit être clairement défini.	Où serez-vous lorsque vous aurez atteint votre objectif ? Quand pensez-vous atteindre votre objectif ? Avec qui partagerez-vous ce projet lorsqu'il se sera concrétisé ?	*J'aimerais que le studio soit situé dans le centre-ville, à proximité de mon domicile. D'ici le 22 avril 2010. Je souhaite impliquer mon époux, mes enfants et mon amie Clara, elle aussi férue de danse.*
4. Décrivez la procédure de vérification.	Comment saurez-vous que vous avez atteint votre objectif réel ? Que ferez-vous lorsque vous l'aurez atteint ? Que verrez-vous, qu'entendrez-vous et que ressentirez-vous lorsque vous aurez atteint votre objectif ?	*J'imagine des cours de claquettes pour les 3-4 ans dans la journée, ainsi que des cours de salsa, de bossa-nova et de tango argentin le soir. J'entends déjà le clac-clac des petites chaussures de claquettes et les sons de la milonga – beaucoup de bavardages, de sons de voix. Je dispenserai moi-même certains des cours de claquettes, et j'imagine Clara et aussi les autres professeurs. L'atmosphère sera géniale – très calme et concentrée, mais l'endroit dégagera aussi une énergie incroyable.*
5. Identifiez les ressources nécessaires.	De quelles ressources disposez-vous actuellement ? Aurez-vous besoin de ressources complémentaires, et si oui, lesquelles ? Avez-vous déjà accompli un tel résultat auparavant ?	*J'ai des économies et je suis une danseuse compétente, mais j'aurai besoin de me procurer d'autres fonds et il faut que j'apprenne à enseigner. J'ai une expérience solide en management, du fait de la gestion de budget et de planning réalisée dans mon poste. L'aspect gestion est très simple au vu de ce que j'ai fait jusqu'à présent.*
6. Assurez-vous que votre objectif est écologique.	Quel est le but *réel* de votre démarche ? Si vous ne réalisez pas votre objectif, y trouverez-vous un bénéfice secondaire caché ? Le fait d'atteindre cet objectif peut-il représenter un danger pour vous ou d'autres personnes ? Si vous atteignez votre objectif, qu'aurez-vous à perdre ou à gagner ?	*J'aime voir la joie sur le visage des gens lorsqu'ils parviennent à maîtriser une danse. Je me sens vivante lorsque je danse. Il serait plus sûr de ne pas m'engager dans ce projet, car à terme ça signifie abandonner mon job, très bien payé – c'est pour cette raison que j'envisage de m'associer,*

Exercice 3-7 : Le résultat bien formulé de Joanna *(suite)*

Les étapes vers un résultat bien formulé	***Comment bien formuler votre résultat***	***Mon objectif : Ouvrir mon propre studio de danse***
		afin de partager les risques. Je veux préserver notre vie de famille, ne plus faire des journées de folie au bureau. J'en retirerai d'énormes satisfactions personnelles – ne serait-ce que le fait de voir mon nom se détacher sur l'enseigne du studio. Il est essentiel pour moi d'être passionnée par mon job, donc je ne regretterai pas d'abandonner mon poste actuel.
7. Quelle est la première étape ?		*Il faut que je commence à me documenter dès aujourd'hui et que j'appelle Clara pour discuter. J'ai vraiment hâte de lui en parler.*

Waouh ! Vous imaginez ? Ça fait beaucoup de choses auxquelles réfléchir. Joanna a pris du temps pour mettre au point son résultat bien formulé, mais une fois son projet mûrement réfléchi, elle a acquis une vision très claire et une grande motivation qui lui ont donné les moyens de vendre l'idée à son époux et à Clara.

En quoi un résultat bien formulé diffère-t-il des autres processus de définition d'objectif ? Voici quelques-uns des avantages qu'il comporte :

- Vous êtes en mesure de comprendre les raisons qui se cachent derrière les désirs et les peurs liés à cet objectif.
- Vous faites l'inventaire des ressources à votre disposition – les compétences et les intervenants qui vont vous aider – ainsi que celles que vous allez devoir trouver ou mettre en œuvre le cas échéant.
- Et surtout, en engageant tous vos sens, l'objectif devient si passionnant que vous ne pouvez que le réaliser.

Alors, trouvez un moment au calme, loin du tumulte et du téléphone, invitez votre inconscient à la fête et lancez-vous dans la conception du prochain épisode de votre merveilleuse vie. Si vous êtes déjà en train de vous demander comment vous allez bien pouvoir dégager du temps, interrogez-vous sur votre bénéfice secondaire dans le cas où vous échapperiez à cet exercice.

À VOUS DE JOUER — *À votre tour*

L'Exercice 3-8 peut soudain rendre l'impossible possible. Vous pouvez faire l'exercice seul, à l'aide d'un ami ou d'un coach. C'est également une excellente méthode à adopter lorsqu'en équipe ou en famille, vous devez peser le pour et le contre de projets et décisions qui touchent tout le monde.

Exercice 3-8 : Mon résultat bien formulé

Les étapes vers un résultat bien formulé	*Comment bien formuler votre résultat*	*Mon objectif :*
1. L'objectif doit être formulé de façon positive.	Pour réussir la bonne formulation de votre résultat, il est nécessaire que votre inconscient soit de la partie. Or, l'inconscient ne peut gérer le négatif. Il est donc essentiel que vos objectifs soient avant tout positifs.	
2. Votre objectif doit émaner d'une initiative personnelle et être mené à bien sous votre contrôle.	S'agit-il d'une idée qui émane de vous, et pouvez-vous mener vous-même votre objectif à bien ? Vous engagez-vous dans ce projet parce que vous le voulez, ou pour faire plaisir à un tiers qui vous y incite avec insistance ? Pouvez-vous assumer seul votre projet, ou est-il viable seulement si quelqu'un d'autre en assume – entièrement ou pour partie – la responsabilité ?	
3. Le contexte doit être clairement défini.	Où serez-vous lorsque vous aurez atteint votre objectif ? Quand pensez-vous atteindre votre objectif ? Avec qui travaillerez-vous/jouerez-vous/partagerez-vous ce projet lorsqu'il se sera concrétisé ?	
4. Décrivez la procédure de vérification.	Comment saurez-vous que vous avez atteint votre objectif réel ? Que ferez-vous lorsque vous l'aurez atteint ? Que verrez-vous, qu'entendrez-vous et que ressentirez-vous lorsque vous aurez atteint votre objectif ?	
5. Identifiez les ressources nécessaires.	De quelles ressources disposez-vous actuellement ? Aurez-vous besoin de ressources complémentaires, et si oui, lesquelles ? Avez-vous déjà accompli un tel résultat auparavant ? Si vous deviez vous comporter comme si votre objectif était atteint, que feriez-vous et quelle serait alors votre situation ?	
6. Assurez-vous que votre objectif est écologique.	Quel est le but *réel* de votre démarche ? Si vous ne réalisez pas votre objectif, y trouverez-vous un bénéfice secondaire caché ? Le fait d'atteindre cet objectif peut-il représenter un danger pour vous ou d'autres personnes ? Si vous atteignez votre objectif, qu'aurez-vous à perdre ou à gagner ?	
7. Quelle est la première étape ?		

Félicitations. Vous êtes maintenant en possession du cadre qui peut vous permettre de structurer n'importe lequel de vos objectifs comme un résultat bien formulé.

Si, une fois calqué sur votre rêve ultime, le résultat bien formulé continue de vous sembler quelque peu démesuré, décomposez-le en une série de résultats moins ambitieux, en procédant étape par étape.

Surmonter votre propre résistance

Les fans de Star Trek connaissent bien les Borg et leur manie d'énoncer que « toute résistance est inutile ». En langage terrien, toute résistance n'est pas forcément inutile, mais une chose est sûre : elle génère beaucoup de stress ; et à moins de faire le nécessaire pour apprendre à vous détendre (le Chapitre 4 vous suggère une méthode facile), vous risquez de pâtir des effets de ce stress. Nager à contre-courant est usant, et c'est la situation dans laquelle vous allez vous trouver si vous tentez de résister à ce que vous ne souhaitez pas, plutôt que d'opter pour ce que vous voulez.

Essayez le simplissime exercice qui suit. Il démontre comment l'effet destructeur du stress vous empêche de parvenir à votre objectif. Vous remarquerez comment, si vous restez détendu, vous obtiendrez une meilleure maîtrise que lorsque vous êtes tendu.

Placez une cuillerée d'eau dans votre main. Tant que votre main est détendue, l'eau reste au creux de votre main et vous parvenez à la contrôler, par exemple pour la verser dans une tasse. Imaginez maintenant que votre main se crispe et se ferme pour former un poing : vous perdez le contrôle et l'eau gicle et coule de toutes parts. Le regard que vous portez sur vos objectifs procède du même schéma. Progressez-vous sereinement ou êtes-vous crispé, les dents serrées, parce que la réalisation de votre objectif vous pose problème ?

Le Chapitre 8 traite des métaprogrammes de PNL qu'on appelle *Rapprochement* et *Éloignement*. En termes de motivation, c'est comme aller vers la carotte ou s'éloigner du bâton. Il arrive parfois qu'en pensant vous rapprocher de ce que vous voulez, vous soyez en réalité mu par une motivation d'éloignement. Par exemple, « *Il faut* que j'obtienne une augmentation de salaire » peut être plus fortement mu par la peur inconsciente de ne pas réussir à obtenir cette augmentation. Dans ce cas, votre inconscient, dans sa formidable mansuétude et son désir de coopérer, va vous aider à « échouer » dans la réalisation de cet objectif que vous appelez pourtant de tous vos vœux ! Votre esprit est si préoccupé par ce dont il cherche à s'éloigner que c'est sur cette même chose que vous finissez par vous focaliser – votre peur d'échouer. Et votre augmentation devient de plus en plus improbable. Après avoir pris conscience de ce phénomène, vous pouvez commencer à concentrer votre attention sur les aspects positifs de ce que vous souhaitez réellement, et vous débarrasser des aspects négatifs de ce dont vous vous éloignez.

Les progrès grâce auxquels vous vous acheminez vers la réalisation de vos objectifs peuvent être entravés par une décision limitante prise inconsciemment à un certain stade de votre vie. Les décisions limitantes sont, par exemple : « Tomber malade me permettrait d'obtenir l'attention de ma mère » et « Les gens riches sont des exploiteurs ».

Les décisions limitantes émanent de votre interprétation des événements que vous avez vécus, et sur le moment, elles sont conçues avec raison. Pourtant, elles peuvent vous freiner dans l'accomplissement de vos résultats. Par exemple, si vous avez été témoin de la façon dont une personne richissime exploitait son entourage, vous avez décidé que vous ne souhaitiez pas faire fortune, car vous ne voulez pas manipuler ni exploiter autrui. En revanche, même si l'un de vos objectifs est d'être financièrement indépendant, du fait de la décision limitante que vous avez formée, vous êtes peut-être en train de saboter les entreprises vous permettant de gagner de l'argent.

L'Exercice 3-8, qui porte sur la bonne formulation du résultat, et notamment la question 6, liée à l'écologie, peut vous permettre d'identifier certaines des raisons qui vous empêchent de réaliser votre objectif.

En étudiant les conséquences du succès, peut-être déciderez-vous qu'après tout, cet objectif n'est pas pour vous, et vous continuerez votre chemin pour accomplir quelque chose que vous souhaitez réellement. Vous pouvez explorer plus avant ce sujet au Chapitre 4, où vous trouverez des exercices vous aidant à expliciter vos valeurs.

Questionnement en mode cartésien

Les quatre questions cartésiennes simples qui suivent vont vous permettre d'identifier rapidement vos difficultés en matière de prise de décision. De plus, elles constituent un excellent moyen de mettre au jour les bénéfices secondaires. Le terme « cartésien » vient du système de coordonnées mathématiques développé par René Descartes. Au même titre que vous avez sans doute déjà rencontré les axes X et Y dans les problèmes de mathématiques, les questions cartésiennes de PNL constituent un cadre au sein duquel, en travaillant sur la base du *et si*, vous pouvez explorer les actions et les objectifs qui s'offrent à vous.

Lorsque vous hésitez à propos d'une décision, et souhaitez mettre plus encore à l'épreuve la bonne formulation de votre résultat, posez-vous les questions suivantes :

1. **Que se passera-t-il si je fais ça ?**
2. **Que se passera-t-il si je ne fais pas ça ?**
3. **Qu'est-ce qui ne se passera pas si je fais ça ?**
4. **Qu'est-ce qui ne se passera pas si je ne fais pas ça ?**

Conviée à intervenir dans une conférence, Kate ne parvenait pas à décider si elle devait ou non accepter l'invitation. L'événement devait intervenir à la période, juste avant Noël, pendant laquelle Kate avait prévu de passer du temps en famille, et elle ne cessait de reporter sa décision. Lorsque Romilla lui rappela les questions cartésiennes, Kate obtint rapidement confirmation qu'elle n'avait vraiment pas envie de trop charger son emploi du temps en décembre. Elle proposa donc cette opportunité à un collègue, qui s'empressa d'accepter.

Rester sur les rails

Vous avez maintenant bien formulé votre résultat, et vous avez une idée du scénario idéal de fin. Comment garder votre destination bien en vue, surtout lorsqu'un projet est si vaste qu'il comprend plusieurs objectifs légitimes ? La gestion de projet s'articule traditionnellement autour d'un certain nombre de tâches réalisées dans un ordre donné. L'approche que suggère la PNL consiste à « commencer avec la fin à l'esprit », pour citer Stephen Covey. Tout au long de votre périple, c'est en procédant par paliers que vous passez d'une étape technique à l'autre, en finissant par franchir la ligne de fin. Vous remarquerez que ces étapes ne respectent pas la chronologie de la ligne de temps : à chaque étape, laissez vagabonder votre esprit en imaginant ce que vous ressentiriez en vous approchant de votre objectif et en vous éloignant de votre point actuel. Laissez-vous aller à imaginer les visions, les sons et les émotions que vous rencontreriez à chaque étape du parcours comme si vous les viviez maintenant.

TRUC

Vous pouvez faire cet exercice mentalement ou en étalant au sol des feuilles de papier représentant chacune une étape sur laquelle vous pourrez vous tenir pour projeter sur les sensations générées par chaque nouvelle étape.

1. **Allez à l'état désiré *comme si* le résultat était atteint.** Imaginez tout d'abord l'effet que vous ressentirez lorsque vous serez parvenu à votre résultat. Savourez les visions, les sons et les émotions que vous ressentez.
2. **Revenez au présent.** Notez l'effet produit par ce retour à votre situation actuelle. Si vous vivez mal cet état, ne restez pas trop longtemps à cette étape.
3. **Rendez-vous à mi-parcours du projet.** Ici encore, imaginez ce que vous ressentirez lorsque vous parviendrez à cette moitié du chemin.
4. **Passez maintenant aux trois quarts de l'objectif.** Appliquez-vous à analyser ce que vous ressentez à ce stade, auquel vous êtes quasiment parvenu à votre résultat.
5. **Positionnez-vous sur la première étape qui suit votre état présent.** Observez l'effet que produit sur vous cette première étape et demandez-vous si vous avez besoin d'un coup de pouce pour y parvenir. Par exemple, avez-vous besoin de soutien de la part de votre entourage, ou de compétences supplémentaires ?

Avec l'Exercice 3-10 viendra votre tour de déployer votre carte, mais l'exercice pouvant paraître un peu complexe, voyez ci-après comment Fran et William ont amorcé leur projet.

ANECDOTE

Fran et William ont décidé de procéder à un gros projet de réhabilitation de leur maison ; il s'agit de convertir une église désaffectée en spacieuse maison familiale. Le projet doit s'étaler sur trois ans, et implique un nombre important d'intervenants, des services d'urbanisme de la mairie aux services des monuments historiques en passant par l'architecte, les banquiers et les entrepreneurs. Fran et William doivent s'accrocher ferme à leur rêve tandis qu'ils se heurtent aux mille soucis que l'on rencontre sur un gros chantier.

À l'Exercice 3-9, Fran et William ont décomposé leur objectif en cinq sous-parties principales, dont chacune devient un petit projet, ou « sous-résultat ». Selon le principe de l'implication des sens cher à la PNL, ils passent en revue ce que chaque étape leur inspire en termes de visions, de sons et d'émotions, avec une mention particulière pour les émotions associées à l'avancement du projet, et en identifiant notamment le stade auquel ils risquent de se décourager ; ils se projettent également vers le moment où leur budget pourrait se trouver dépassé, et envisagent leurs réactions possibles face à cette situation.

Vous trouverez dans le tableau ci-dessous les échanges entre Fran et William à chaque étape du projet. En travaillant selon cette séquence, ils s'aperçoivent que la première étape, qui consiste à franchir le premier pas pour quitter leur stade actuel – leur *état présent* – et s'engager à entreprendre une action, est la plus difficile. Cependant, ils ont le sentiment qu'ils peuvent poursuivre le projet de leurs rêves, car la perspective de le réaliser leur procure un fort sentiment d'anticipation.

Exercice 3-9 : Les étapes clés du projet de Fran et William

État présent Étape 2	*Premières étapes Étape 5*	*Milieu du projet Étape 3*	*Projet avancé Étape 4*	*État désiré Étape 1*
Aujourd'hui, nous sommes à la fois excités et inquiets de l'engagement que nous avons pris. Il y a tant de choses à prévoir et nous sommes en pourparlers avec un grand nombre de fournisseurs que nous consultons sur les matériaux qu'ils proposent.	Les premiers mois du chantier constituent la partie la plus impressionnante du projet. Nous n'avons jamais travaillé avec ces entrepreneurs et sommes sans certitudes sur ce que nous allons découvrir quand nous commencerons à démolir l'intérieur du vieux bâtiment. Nous passons beaucoup de temps à discuter de notre projet, entre nous et avec les entrepreneurs. L'étape de la démolition va donner lieu à quelques décibels !	Nous sommes à la moitié du projet. La structure du bâtiment et le nouveau toit sont maintenant achevés. Le chantier est encore très bruyant, avec beaucoup de bruits de marteaux et des ouvriers très nombreux.	Nous approchons de l'achèvement des travaux. Plâtriers, charpentiers et électriciens vont devoir travailler conjointement pour équiper le nouveau bâtiment. Nous en sommes au choix des accessoires et prévoyons de quitter le « mobile home » où nous étions logés temporairement, les finitions constituant une phase plus calme du chantier.	Projetons-nous dans trois ans. La maison de nos rêves est terminée et nous emménageons. Nous anticipons réellement le moment où les entrepreneurs auront finalement quitté les lieux et où nous pourrons avoir notre maison à nous tout seuls. Nous nous imaginons déjà en train de dire « C'est fabuleux ». Les bouchons de champagne sautent !

L'Exercice 3-10 vous offre l'opportunité de vous immerger dans votre rêve.

Exercice 3-10 : Mes étapes clés

État présent Étape 2	*Premières étapes Étape 5*	*Milieu du projet Étape 3*	*Projet avancé Étape 4*	*État désiré Étape 1*

Le périple qui vous mène vers l'accomplissement de vos rêves – c'est-à-dire le fait de passer de votre *état présent* à votre *état désiré* – peut être une expérience décourageante, jalonnée d'obstacles. Souvenez-vous du prédicat de la PNL selon lequel « l'échec n'existe pas – il s'agit plutôt de feedback » (voir la rubrique « Revisiter les présuppositions de la PNL » au Chapitre 2). Par conséquent, si les choses ne se déroulent pas exactement comme vous l'espériez, et que vous faites des erreurs, profitez de la leçon et continuez. Avec le recul, il est possible que la raison de votre infortune vous paraisse aussi limpide que du cristal.

Faire tranquillement son chemin

Au cours de nos sessions de coaching de PNL et des ateliers « Going for Goal™ » de Romilla, nous encourageons nos clients à utiliser toutes les ressources dont ils disposent pour rendre le parcours aussi fluide et amusant que possible. Afin de renforcer vos dispositions au succès, les ateliers commencent avec la définition d'intention et le choix des présuppositions de PNL (voir les présuppositions au Chapitre 2). Nous vous aidons ensuite à débusquer les croyances limitantes et autres obstacles inconscients qui barrent le chemin à vos résultats désirés. Au fur et à mesure que vous étoffez vos objectifs à l'aide de votre propre roue de la vie et de vos résultats bien formulés, vous engagez l'ensemble de vos sens et instaurez l'harmonie entre votre inconscient et votre conscience, afin de rendre indolore la réalisation de votre objectif.

Une méthode qui rallie tous les suffrages consiste à créer un journal de bord illustré. Ce peut être un carnet, un journal ou un dossier que vous trouvez joli, et dont le toucher, voire l'odeur, accroît l'enthousiasme et l'anticipation que suscite chez vous la pensée de votre projet. Il s'agit ici d'une autre façon de maintenir l'harmonie entre votre inconscient et votre conscience, et de chercher des moyens créatifs pouvant vous aider à réaliser vos objectifs – que ce soit au plan professionnel ou au plan personnel. Vous pouvez concevoir le journal de vos rêves en faisant appel à de jolies couleurs et à votre plus belle écriture, et en y inscrivant vos objectifs à l'aide de stylos réservés à cet effet. Vous pouvez également utiliser ce journal comme un « scrapbook » où vous consignerez dessins, photos et autres traces de vos divers accomplissements. Gardez-le à portée de main, maintenez-le à jour, et ouvrez-le pour l'admirer lorsque la vie vous semble trop rude. Peut-être serez-vous surpris de voir quelle proportion de ce que vous y avez consigné se réalise dans le temps.

Posséder inconsciemment votre rêve

Dans votre journal, créez une section distincte dédiée à chaque résultat clé vers lequel vous cheminez, grâce à l'exercice de la roue de la vie et concevez un court résumé pour chacun de vos résultats bien formulés. Rédigez-le au présent comme si l'objectif était atteint, en impliquant tous vos sens. L'Exercice 3-11 fournit un exemple du journal de Danielle dans lequel elle écrit *comme si* son résultat était atteint : la création d'un nouveau jardin. Elle écrit à une date ultérieure, correspondant au moment où son rêve est devenu réalité.

Exercice 3-11 : Le résumé du résultat de Danielle

Nous sommes le 1er mai : je passe de la cuisine au nouveau jardin que j'ai créé derrière ma maison. Difficile d'imaginer que la cour n'était il y a encore un an qu'un monceau de gravats. C'est le printemps, et je vois les fleurs roses du pommier sauvage, les camélias et les auricules, ainsi que les bulbes de narcisses reçus pour mon anniversaire. Un couple de rouges-gorges s'affaire à dénicher des vers de terre pour ses petits. Mes collègues John et Tim, qui sont venus m'aider à installer la serre, me taquinent : « Comment ferais-tu sans notre aide ? » J'essaie d'allumer le barbecue et je leur tends une bière. Avoir enfin mon jardin, au bout de tant d'années passées en appartement, est chose incroyable. J'adore la sensation que me procurent mes séances de jardinage, en short, à arroser mes plants de pommes de terre dans mon carré de potager. Je ressens physiquement la joie de recevoir mes amis chez moi cet été.

Écrivez maintenant dans l'Exercice 3-12 votre résultat à vous. Si vous préférez simplement faire un dessin ou créer votre slogan personnel, bonne idée !

Exercice 3-12 : Le résumé de mon résultat

Vous pouvez renforcer plus encore votre vision en collectant et en intégrant à votre journal des photos et des dessins qui illustrent chacun de vos résultats. Vous souhaiterez peut-être même y consigner quelque chose à caractère plus tactile, comme un morceau de tissu, de bois ou de métal, ou vous pouvez vaporiser sur les pages un parfum que vous associez à votre succès. Pour célébrer votre accomplissement, peut-être vous offrirez-vous un voyage ou irez-vous dîner dans un restaurant particulier – incluez dans votre journal une photo du groupe de personnes que vous inviterez, ou un exemplaire du menu. Cette démarche vous aidera à garder à l'esprit l'achèvement de votre projet.

Rester sur les rails

Vous avez donc créé le journal de bord de votre rêve et oups ! Plusieurs jours ont insidieusement passé sans que vous y ayez jeté un œil – entre autres prétextes : des journées chargées et plein de choses à faire. Résultat : vous vous apercevez que vous avez perdu votre motivation.

Pour vous remettre sur les rails, ayez recours au rituel suivant, au moment du coucher :

- Passez quelques minutes à savourer le journal de bord de vos rêves ainsi que vos rêves.
- Notez pour la journée du lendemain cinq actions qui vont vous permettre de rester sur les rails.
- Au moment où le sommeil vous gagne, invitez votre inconscient à vous aider en conjuguant rêves nocturnes et objectifs.

Le matin, au réveil, restez au lit quelques minutes ! Formulez l'intention « Cette journée va être merveilleuse » et repassez-vous mentalement l'accomplissement des actions décidées la veille au coucher.

Faire la différence

Ce chapitre est rempli d'astuces vous permettant de prendre en charge divers aspects de votre vie, en identifiant ce que vous appréciez de votre vie actuelle et comment la rendre encore meilleure à l'avenir. Après avoir réalisé les exercices à votre façon et à votre rythme, prenez une feuille ou ouvrez votre journal de bord et écrivez quelques lignes à propos de la chose la plus importante que vous avez apprise sur vous-même dans ce chapitre.

Chapitre 4

Travailler avec votre inconscient

Dans ce chapitre :

- Comprendre que les bonnes *et* les mauvaises habitudes recèlent des bénéfices cachés
- Résoudre les conflits internes
- Apaiser votre esprit afin de communiquer avec votre inconscient

Êtes-vous plutôt sucré ou salé ? Comment vous êtes-vous aperçu que vous préfériez les sucreries aux épices ? Vous a-t-on demandé de cocher des cases « oui/non » dans une liste ? Certainement pas ! Ce qui est, en revanche, beaucoup plus probable, est que votre inconscient vous souffle : « Du chocolat – oh quel bonheur ! »

Votre inconscient est comparable à la partie cachée d'un iceberg – ce qui représente les neuf dixièmes – et il veille 24 heures sur 24, 365 jours par an, sans récupérer les heures supplémentaires. C'est votre inconscient qui vous dit de manger, de boire, de dormir ainsi qu'un grand nombre d'autres actions que vous effectuez.

Ce chapitre va vous montrer comment transformer vos pensées inconscientes en réflexions et en comportements conscients et voulus. Vous y parviendrez en identifiant quels facteurs déclenchent vos pensées et vos comportements, puis en ajustant vos comportements en conséquence, avant de laisser votre inconscient reprendre la main.

Reconnaître les comportements conscients et inconscients

Souvenez-vous de la dernière fois où vous avez englouti un paquet de chips sans vous en rendre compte, ou que vous avez envoyé paître quelqu'un sans réfléchir. Voici des exemples de *comportements inconscients*, c'est-à-dire des actions que vous faites sur pilote automatique.

L'acquisition de toute nouvelle compétence implique une courbe d'apprentissage. Prenons l'exemple de l'écriture.
À l'origine, chaque action était douloureuse et consciente : sortir le cahier, tailler le crayon, ou positionner soigneusement la pointe du crayon au bon endroit du quadrillage. La seule action inconsciente consistait à sortir le bout de la langue en signe de profonde concentration. Aujourd'hui, vous écrivez sans y accorder d'attention, simplement en saisissant un morceau de papier et en vous mettant à écrire. Regardons maintenant la situation dans laquelle vous vous adressez sèchement à quelqu'un. Cette personne a probablement involontairement actionné l'un de vos boutons et déclenché une réaction inconsciente. Un déclencheur est un stimulus qui enclenche chez vous un schéma de comportement sur lequel vous n'avez probablement qu'un contrôle très réduit.

Parce que vous ne pouvez traiter consciemment que quelques pensées à la fois, votre inconscient doit gérer le reste : c'est votre inconscient qui vous indique de respirer ou de gratter cette démangeaison, et vous protège de la douleur physique et émotionnelle. Cependant, il peut parfois se tromper. En essayant de vous protéger, votre inconscient peut faire intervenir des peurs qui vous empêchent de faire certaines choses. De ce fait, vous devez accepter de faire passer dans le domaine de la conscience vos pensées inconscientes, de les analyser et, le cas échéant, de les contraindre, puis de les confier de nouveau aux bons soins de votre inconscient.

Remarquant sur le cadran de sa balance que son poids avait étonnamment augmenté, Jacob se mit à noter ce qu'il mangeait, et à quelles heures. Il s'aperçut ainsi qu'il avait une bonne hygiène alimentaire, sauf lorsqu'il passait une mauvaise journée, qui se terminait invariablement au pub avec ses copains, à noyer ses soucis dans l'alcool. Chaque passage au pub signifiait au moins six pressions de 50 cl et plus de cacahuètes que de raison. Le pire était qu'il ne remarquait même pas le goût de ce qu'il ingurgitait, et se souvenait rarement de ce qu'il avait mangé. Quand ils décompressaient en fin de journée, Jacob et ses amis discutaient de leurs problèmes de travail, de couple, de voiture, etc., et plutôt que de booster Jacob, ce moment le laissait toujours plus déprimé qu'auparavant. Afin de changer cette situation, Jacob se décida à mettre par écrit ses comportements conscients et inconscients, comme illustré à l'Exercice 4-1.

Exercice 4-1 : Les comportements conscients/inconscients de Jacob

Mon comportement	***Conscient ou inconscient***	***Réflexion visant à modifier ce comportement***
Si j'ai eu une journée difficile, j'ai envie de retrouver mes amis pour boire un verre.	Déclencheur inconscient	Je vais utiliser ce déclencheur pour aller courir plutôt que d'aller au pub.
Au-delà de trois bières, je ne maîtrise plus la situation.	Déclencheur inconscient	Lorsque je déciderai sciemment d'aller boire un verre, je passerai à une boisson sans alcool au-delà de deux bières.
Je mange sans m'en rendre compte.	Déclencheur inconscient	Je vais prendre conscience de chaque cacahuète que je mets dans ma bouche. Pour moins manger, je vais discuter plutôt que manger. Ça consomme plus de calories.

Saisissez l'opportunité que vous offre l'Exercice 4-2 pour analyser la façon dont vous vous conduisez, en vous demandant si vous agissez consciemment ou si c'est votre inconscient qui vous dicte votre comportement.

Exercice 4-2 : Mes comportements conscients/inconscients

Mon comportement	***Conscient ou inconscient***	***Réflexion visant à modifier ce comportement***

Exercice 4-2 : Mes comportements conscients/inconscients *(suite)*

Mon comportement	***Conscient ou inconscient***	***Réflexion visant à modifier ce comportement***

Chercher les messages cachés

La vie vous fait-elle parfois penser à la chanson de Simon & Garfunkel : « Slip slidin' away/ Slip slidin' away/You know the nearer your destination/The more you're slip slidin' away » ? En substance, pour nos amis qui ne maîtrisent pas la langue de Shakespeare : plus vous approchez du but, plus vous avez le sentiment que les choses vous échappent.

Si vous décidez consciemment d'entreprendre quelque chose, mais n'arrivez pas au résultat escompté, il est probable que vous tiriez parti de cette expérience, et que vous décidiez consciemment d'opter pour un autre plan d'action. Néanmoins, il est fréquent que votre comportement inconscient affecte vos décisions conscientes. Ne serait-il pas merveilleux de pouvoir revenir en arrière et obtenir sans délai ni effort les réponses à nos problèmes ?

Vous prenez consciemment la décision de changer de job, mais les choses ne se déroulent pas comme vous le souhaitez dans votre nouveau poste. Vous pouvez décider consciemment que ce n'est pas le moment de changer ou que vous ne trouverez ailleurs pas mieux que votre job actuel. La raison pour laquelle votre job ne vous satisfait pas émane probablement de votre décision inconsciente de ne pas vous rendre aux conférences de réseautage qui vous permettraient de bénéficier de recommandations et de conseils sur la façon de mener cette transition. Vous avez trouvé le prétexte de la fatigue. Vous avez laissé votre inconscient vous barrer la route parce que vous avez une expérience négative de ce type de réunion, et votre inconscient essayait de vous protéger d'une souffrance renouvelée.

N'OUBLIEZ PAS !

La compréhension du fonctionnement de votre inconscient est un outil précieux qui peut vous aider à accomplir des résultats positifs. En communiquant avec votre inconscient, vous pouvez vous mettre à jouir de la vie, heureux de savoir que votre inconscient s'affaire en coulisse et s'occupe de tout à votre place. Par exemple, vous avez pris l'habitude de grignoter – vous ne cessez de vous bourrer de chips et de chocolat – jusqu'au point où votre inconscient vous indique que vous mangez trop parce que vous ne vous sentez pas aimé, et vous donne l'opportunité de vous remettre à manger sainement, sans gros effort de votre part.

Découvrir les peurs que vous ignoriez

En recherchant sur Internet le mot « peur » (*fear* en anglais), nous sommes tombées sur cet excellent acronyme : FEAR, False Evidence Appearing Real, autrement dit, *fausse preuve qui paraît réelle*, ou si l'on veut trouver un acronyme en français, Preuve Erronée éqUivalente à la Réalité (PEUR). Cela ne s'applique évidemment pas aux situations où une vie est en jeu, comme par exemple, si quelqu'un vous tient à portée de son arme, ou si vous vous faites attaquer par un scorpion. En revanche, il peut arriver que vous laissiez un souci mineur évoluer jusqu'à devenir une peur incontrôlable. Dans ce cas, vous devez prendre des mesures pour estomper votre peur de façon à ce qu'elle ne soit plus qu'une tempête dans un verre d'eau.

Laissez-vous de fausses preuves prendre l'apparence de faits réels, vous interdisant de réaliser votre potentiel ? Une peur peut vous empêcher d'accomplir certaines choses, simplement parce que vous n'avez pas consacré à votre objectif la réflexion suffisante. La menace n'étant pas physique, vous pouvez partir du principe que la peur est induite par votre inconscient. Pour être en mesure de décrypter votre réflexion sur la peur, vous avez intérêt à traiter votre inconscient comme s'il s'agissait d'une tierce personne.

Le Chapitre 9 décrit un procédé auquel vous pouvez avoir recours pour révéler la manière dont vous appréhendez vos émotions – et notamment vos peurs.

Le poste de Charlie étant sur le point d'être supprimé, Charlie avait du mal à décider s'il allait s'orienter vers le consulting en profession libérale ou s'il désirait la sécurité d'un poste salarié. Du fait de sa peur et de son indécision sur son choix professionnel, il passait son temps à faire du jardinage plutôt que de chercher un autre emploi ou de se documenter sur le statut d'indépendant. Charlie se décida à se focaliser sur son problème et à le mettre en perspective par le biais de la technique dite *du metteur en scène* expliquée au Chapitre 9. Pour le film, Charlie revêtit le rôle de l'Observateur, sa conscience agissant en qualité de Protagoniste et son inconscient jouant le rôle de l'Antagoniste, étudiés de près par le metteur en scène à travers l'objectif de sa caméra. Grâce au jeu des acteurs, Charlie s'aperçut que s'il désirait la stabilité d'un job fixe, son inconscient voulait lui donner accès à la diversité et l'exaltation offerte par le consulting. Dans son poste précédent, Charlie avait eu des problèmes car son travail l'ennuyait et son inconscient, associant ennui et problèmes, tentait de le protéger de nouvelles difficultés. Lorsque Charlie amena sa peur au niveau conscient, il fut en mesure d'accepter un poste stable. Néanmoins, il s'assura lors du processus de recrutement que ce nouveau job lui procurerait un challenge intellectuel et une diversité suffisants !

Réconcilier vos différentes parties

Vous entendez-vous parfois dire des choses du type « Une partie de moi veut y aller et une autre veut rester ici » ? Il est possible que les impressions conflictuelles que vous ressentez répondent à un événement qui a eu sur vous un impact émotionnel. Idéalement, votre système nerveux fonctionne comme un tout. Néanmoins, vous expérimentez dans votre parcours de vie un ensemble de situations, dont certaines, douloureuses, vous poussent à créer en vous de nouvelles *parties*. La vocation de ces nouvelles parties est de vous protéger du stress ou de la souffrance auxquels vous pouvez vous trouver de nouveau exposé. Il arrive par moments que ces différentes parties de vous ne parviennent pas à communiquer efficacement avec le reste de votre système nerveux.

Nous décrivons dans cette rubrique un procédé permettant de travailler avec deux parties distinctes de votre esprit, en permettant à chacune de servir un but commun aux deux, et en intégrant chaque partie dans un tout. Il est possible d'intégrer plus de deux parties à la fois, mais afin de simplifier la démarche, nous recommandons de procéder avec deux seulement.

En gardant bien à l'esprit la notion d'intégration, le processus suivant permet d'intégrer les parties en conflit :

1. **Trouvez un endroit où vous serez au calme, et où personne ne viendra vous déranger.**

2. **Identifiez les parties de vous qui sont en conflit.**

   Vous pouvez parvenir à identifier les parties de votre esprit qui sont en conflit en considérant un problème que vous aimeriez résoudre. Par exemple, si vous vous dites « Il faut que je termine ma dissertation mais quelque chose m'en empêche », il existe un conflit entre la *Partie A*, qui veut terminer la dissertation, et la *Partie B*, qui sabote le processus. Ou si vous vous dites « Je l'aime mais j'ai peur de m'engager », la *Partie A* veut s'engager dans une relation stable, mais la *Partie B* ne le souhaite pas, ce qui génère en vous un conflit susceptible d'induire des difficultés au sein de votre relation de couple.

3. **Imaginez chaque partie comme une personne distincte. Imaginez le physique, la voix et les sentiments de chacune d'elles.**

4. **Demandez à la partie que vous considérez comme celle qui pose problème de se montrer et de se tenir en équilibre sur une main.**

   Dans les exemples utilisés ci-dessus au point 2, les parties à l'origine du problème (*B* dans les deux cas) sont celles qui vous empêchent de réaliser votre objectif. Les parties peuvent être en opposition pendant des années sans que vous ne le remarquiez, jusqu'à ce que vous vous décidiez à regarder de près les raisons qui vous empêchent de parvenir à ce que vous voulez. Vous réalisez alors que l'opposition est en réalité un conflit entre ce que chacune des deux parties essaie d'accomplir.

5. **Demandez maintenant à la partie qui ne s'oppose pas de façon négative de se montrer et de se tenir en équilibre sur l'autre main.**

6. **En commençant par la partie que vous considérez comme celle à problème, demandez à chacune des deux : « Quelle est ton intention positive et quel est ton but ? »**

   Bien qu'une des deux parties sabote vos efforts, son intention vise un résultat positif. En ne voulant pas que vous terminiez votre dissertation, peut-être que la *partie qui est source du problème*, *B* dans les exemples, vous protège des coups que vous recevrez inéluctablement lorsque vous serez dans la vraie vie. Vous empêcher de vous engager sérieusement dans votre relation sentimentale est pour la *Partie B* une façon de vous protéger de la douleur émotionnelle. (Voir le Chapitre 3 pour plus d'informations sur les intentions positives et les bénéfices secondaires.)

7. **Répétez l'Étape 6 pour la partie qui ne pose pas problème.**

8. **Répétez l'Étape 6 pour les deux parties jusqu'à ce qu'elles aient toutes deux compris qu'elles ont la même intention. À ce stade, les mains peuvent s'unir, intégrant les deux parties pour n'en former qu'une seule.**

   Vu de l'extérieur, il semble peu probable que les deux parties aient la même intention, mais en réalisant l'exercice, les deux parties fusionneront avec une seule intention positive commune.

9. **Demandez à chacune des deux parties quelles ressources, parmi celles dont elles disposent, pourraient être utiles à l'autre partie pour atteindre leur intention positive et leur but commun uniques.**

   Dans ce contexte, on entend, par exemple, par *ressource* la capacité à planifier, à gérer son temps, à être visionnaire, à motiver les autres, ou une tendance à être extrêmement opiniâtre et à ne pas laisser les autres vous faire perdre le fil.

   Intégrer vos parties distinctes pour former un tout est particulièrement important dans la mesure où cela permet à chaque partie de reconnaître que toutes deux ont un but commun. En outre, chaque partie bénéficie de l'évaluation de la puissance et des capacités de l'autre.

ANECDOTE

Formateur indépendant pendant un temps, Tim avait déposé le bilan. La perte de vitesse de son affaire et son dépôt de bilan avaient eu sur lui un impact énorme. Même s'il avait rapidement retrouvé un poste salarié, il était démotivé et ses cours étaient mal préparés, ce qui avait une influence négative sur sa carrière. Tim pensait qu'il était peut-être l'objet d'un conflit entre une partie de lui qui voulait réussir, et une autre qui voulait qu'il échoue. L'Exercice 4-3 montre le processus utilisé par Tim pour intégrer ses deux parties.

Exercice 4-3 : Exercice d'intégration de Tim

Étapes	*Partie A*	*Partie B*
Identifiez deux parties de vous qui sont en conflit.	*Je veux être un très bon formateur.*	*Je ne prépare jamais tout à fait correctement mes supports.*
Imaginez chaque partie comme une personne distincte. Décrivez le physique, la voix et les sentiments de chacune d'elles. Demandez à chacune de se montrer et de se tenir sur une main.	*Les deux parties veulent réussir, mais cette partie, à ma droite, est plus grosse que l'autre, et elle est entourée d'un halo. Les sons sont ceux d'un public qui applaudit. Je vois des gens qui sourient et se lèvent pour applaudir parce qu'ils viennent de passer un moment formidable. Je sens cette lumière en moi et je déborde d'énergie.*	*La partie B est à ma gauche, et elle est petite. Elle est bien plus petite que moi, et la pièce est sombre. Très peu de gens sont présents et le niveau d'énergie est très faible.*
Demandez : « Quelle est ton intention positive et quel est ton but ? »	*Je veux réussir.*	*Si je ne réussis pas, je n'aurai pas l'assurance nécessaire pour entreprendre de nouvelles choses.*
Demandez : « Quelle est ton intention positive et quel est ton but ? »	*J'aurai de nombreux collaborateurs.*	*Je veux rester dans ma zone de confort.*
Demandez : « Quelle est ton intention positive et quel est ton but ? »	*Mon entreprise me confiera des projets motivants.*	*Je resterai toujours dans mon poste actuel.*
Demandez : « Quelle est ton intention positive et quel est ton but ? »	*J'augmenterai le niveau de mes connaissances.*	*Je serai en sécurité.*
Demandez : « Quelle est ton intention positive et quel est ton but ? »	*Je gagnerai énormément d'argent.*	*J'aurai la sécurité financière.*
Demandez : « Quelle est ton intention positive et quel est ton but ? »	*Je serai dans un emploi stable.*	*Je n'aurai pas à m'inquiéter.*
Demandez : « Quelle est ton intention positive et quel est ton but ? »	*Je serai heureux.*	*Je serai à l'abri du besoin.*
Demandez quelles ressources chaque partie peut offrir à l'autre.	*Je suis enthousiaste et je peux faire avancer mes rêves. Je sais communiquer et j'ai beaucoup d'énergie.*	*Je suis prudent de façon à être sûr de peser tous les pour et les contre. Je suis la voix de la raison.*

Remarquez que les Parties A et B ont la même intention, même si elles ont recours à une terminologie différente. Même si la Partie A emploie « gagner énormément d'argent » et « emploi stable » et la Partie B « sécurité financière » et « à l'abri du besoin », les mots n'ont pas réellement d'importance. L'important, dans cet exercice, n'est pas les mots utilisés par chaque partie, mais le fait d'arriver au même résultat final – être heureux.

Suivez maintenant les mêmes étapes que Tim, pour essayer d'intégrer deux parties de vous-même. Notez vos pensées dans le tableau de l'Exercice 4-4.

Exercice 4-4 : Mon exercice d'intégration

Étapes	*Partie A*	*Partie B*
Identifiez deux parties de vous qui sont en conflit.		
Imaginez chaque partie comme une personne distincte. Décrivez le physique, la voix et les sentiments de chacune d'elles. Demandez à chacune de se montrer et de se tenir sur une main.		
Demandez : « Quelle est ton intention positive et quel est ton but ? »		
Demandez : « Quelle est ton intention positive et quel est ton but ? »		
Demandez : « Quelle est ton intention positive et quel est ton but ? »		
Demandez : « Quelle est ton intention positive et quel est ton but ? »		
Demandez : « Quelle est ton intention positive et quel est ton but ? »		
Demandez : « Quelle est ton intention positive et quel est ton but ? »		
Demandez : « Quelle est ton intention positive et quel est ton but ? »		
Demandez quelles ressources chaque partie peut offrir à l'autre.		

Afin de donner à l'exercice un impact encore plus grand, essayez de lier le processus d'intégration de vos parties à votre ligne de temps pour faire des deux un tout (nous traitons les lignes de temps au Chapitre 13). Lorsque vous aurez appris à avancer le long de votre ligne de temps avec votre nouveau moi intégré, vous serez en mesure d'avancer dans la vie en réussissant encore plus.

Centrer le débat

Apaiser vos pensées est le moyen idéal pour prendre contact avec votre inconscient. Pour ce faire, l'une des meilleures méthodes est d'intégrer à votre vie des moments de calme consacrés à la méditation ou la contemplation.

Pour former votre inconscient, un excellent moyen consiste à instaurer un rituel. Par exemple, pour vous détendre et calmer votre cerveau hyperactif afin d'entrer dans le processus de méditation, vous pouvez allumer des bougies, baisser la lumière et mettre de la musique. Pour commencer, délimitez un espace au sein d'une pièce ou, si c'est possible, consacrez à votre démarche une pièce dédiée que votre inconscient associera à ces temps calmes.

Les étapes de méditation décrites ici ne correspondent pas aux techniques « standard » que l'on trouve dans les méthodes conventionnelles. Le but de cette méditation *active* est de vous aider à focaliser votre inconscient sur un problème que vous aimeriez résoudre pour votre bénéfice, en l'absence des services d'un coach ou d'un thérapeute.

1. **Décidez où et quand vous allez consacrer du temps à la méditation.**

   Par exemple, dégagez un coin dans une pièce et installez-y un fauteuil inclinable – ou du moins suffisamment confortable – et une petite table, ainsi qu'une bougie, un bloc-notes et un stylo.

   La méditation est un excellent moyen de décompresser au moment du coucher. À l'inverse, certaines personnes aiment le calme et la concentration qu'offre une séance de méditation pour commencer la journée.

   Commencez par méditer régulièrement 10 minutes par jour, en passant à 20 minutes lorsque votre emploi du temps vous le permettra. Au bout d'un certain temps, vous pouvez étendre votre temps de méditation à une heure, ou intégrer à votre journée deux créneaux de 20 minutes, un le matin, l'autre le soir. Soyez indulgent avec vous-même. Inutile de vous fixer des objectifs trop ambitieux, comme une heure de méditation dès le départ, si c'est pour abandonner au bout de quelques jours.

2. **Pensez à un problème qui vous tracasse.**

   Si aucun problème ne vous tracasse actuellement, passez directement à l'Étape 4.

3. **Choisissez un énoncé qui exprime le résultat que vous souhaitez. Parlez-en en mode positif, comme si le résultat était déjà atteint.**

   Le Tableau 4-1 offre des exemples d'énoncés positifs.

   Il est utile de définir la durée pendant laquelle vous souhaitez focaliser votre attention sur votre problème. Vous pouvez décider de travailler sur un problème donné pendant une semaine, et prolonger cette durée d'une semaine, en fonction du degré de satisfaction que vous procurent les résultats obtenus.

4. **Si vous ne rencontrez actuellement aucun problème, et que vous êtes globalement heureux et satisfait, remerciez votre inconscient ou abordez un sujet dont vous êtes satisfait. Par exemple :**

   - Inconscient, je sais l'aide que tu m'apportes et t'en remercie.
   - Je suis heureuse de la présence de Derry à mes côtés.
   - Mes lymphocytes T se portent à merveille.

5. **Commencez à vous installer confortablement, selon votre rituel.**

   Les rituels sont essentiels pour vous discipliner à la régularité de l'exercice. Peut-être vous apercevrez-vous que lorsque vous commencez à méditer, les 10 minutes que vous consacrez à la méditation peuvent en grande partie être consommées par le temps qu'il vous faut pour vous calmer et vous mettre en condition ? Lorsque votre rituel sera devenu un automatisme, vous vous apercevrez que vous parvenez à gagner votre état méditatif plus aisément et plus rapidement.

6. **Inspirez par le nez. Expirez lentement par la bouche en prononçant calmement votre énoncé.**

   Répétez cette étape tout au long de votre temps de méditation.

Gardez à portée de main de quoi écrire pour noter les pensées qui vous viennent à l'esprit pendant que vous méditez.

Tableau 4-1 : Transformer les problèmes en énoncés positifs

Problème	***Énoncé positif***
Je ne me sens pas aimé parce que je ne connais pas de relation de couple.	*J'ai la chance d'avoir beaucoup d'amis et une famille qui m'entoure.* *Ou* *Je suis heureux et je sais que, le moment venu, je rencontrerai la bonne personne.*
J'ai une mauvaise vue.	*J'ai une vision parfaite, 10/10 à chaque œil.*
Je ne suis pas propriétaire d'une maison.	*Je suis propriétaire de mon appartement, que j'adore.*
Mon patron refuse de me promouvoir.	*Je suis ravi de mon poste actuel.*

Si vous n'aimez pas méditer car vous avez peur de vous trouver coincé dans une profonde transe, soyez tranquille. Vous allez simplement vous trouver dans un profond sommeil réparateur, dont vous vous réveillerez naturellement lorsque votre corps sera reposé.

Notez vos progrès. À la fin de chaque séance de méditation, consignez par écrit les changements que vous avez expérimentés.

Si vous jugez vos résultats moins bons que ce que vous espériez, prolongez le moment pendant lequel vous vous focalisez sur votre objectif, ou simplifiez votre énoncé. Essayez de décomposer ce dernier en points plus courts, ou de déplacer votre point de focalisation sur autre chose en laissant votre inconscient vous fournir des réponses alternatives. Lorsqu'on souhaite désespérément quelque chose, la peur de ne pas l'obtenir fait parfois qu'on repousse l'objet de ce souhait. Déplacer votre point de focalisation vous permet d'attirer dans votre vie d'autres besoins.

Le but de l'Exercice 4-5 est de consigner les résultats positifs de votre méditation.

Exercice 4-5 : Mes résultats positifs

Exercice 4-5 : Mes résultats positifs *(suite)*

N'OUBLIEZ PAS !

Votre inconscient fait de son mieux pour vous offrir ce qu'il pense que vous voulez et vous guider. Apprenez à écouter ce qu'il dit, et s'il arrive de comprendre « de travers », amenez-le en douceur à faire ce que vous voulez. Vous pouvez procéder selon la méthode du résultat bien formulé (voir le Chapitre 3). Vous obtiendrez ainsi les résultats *positifs voulus*. En revenant sans cesse à votre résultat bien formulé, vous habituez votre inconscient à travailler avec vous pour atteindre votre objectif.

TRUC

Lui adresser un « merci » de temps à autre vous aidera à développer la foi et la confiance que vous placez en lui.

Chapitre 5

Reconnaître la manière dont vous filtrez votre pensée

Dans ce chapitre :

- Étudier le modèle de communication de la PNL
- Utiliser le filtre interne/externe de votre métaprogramme
- Revoir vos valeurs
- Modifier décisions et comportements
- Remuer les souvenirs

Avez-vous la malchance de connaître quelqu'un dont la seule pensée vous donne la nausée ? Ou, à un degré moindre, une personne que le fait de croiser vous donne la chair de poule ? Bien sûr, au contraire, il y a celle dont la voix, au téléphone, vous réchauffe le cœur – quelqu'un que vous êtes toujours heureux de voir. Il y a des chances que vous ne soyez pas sur la même longueur d'onde que la première personne, dont le raisonnement se situe à des années-lumière du vôtre – alors qu'il est probable que vous ayez avec la seconde des points communs, des valeurs similaires et des centres d'intérêt proches.

Selon le vieil adage, les contraires s'attirent. En pratique, il est nettement plus facile de s'entendre avec une personne avec laquelle vous parvenez sans mal à communiquer confortablement parce que vous partagez des points communs, des valeurs et des centres d'intérêt.

Ce chapitre vous donne accès aux outils qui vont vous permettre d'accéder à une meilleure compréhension du mode de pensée et de comportement de vos interlocuteurs, de faire entendre et accepter votre message, et d'améliorer votre influence et votre rapport.

Comprendre le modèle de communication de la PNL

Cette rubrique vous présente le modèle de communication de la PNL. Ce modèle est basé sur le fait que votre cerveau est en permanence submergé d'énormes volumes de données qui se disputent votre attention. Pour traiter ce surplus d'informations, votre esprit filtre les messages entrants à l'aide de vos métaprogrammes, vos valeurs, vos croyances, vos décisions et vos souvenirs. En conséquence de ce filtrage, vous créez vos propres représentations internes du message filtré, sous forme d'omissions, de distorsions et de généralisations.

VOCABULAIRE

Représentation interne est le terme utilisé pour faire référence aux images que vous voyez, aux sons que vous entendez, ou aux impressions générées en vous en réponse aux informations que vous percevez du monde extérieur. Globalement, la représentation interne est votre interprétation de ces résidus d'informations après qu'elles sont passées par vos filtres.

La PNL permet de comprendre la psychologie humaine. Un des moyens d'atteindre cette compréhension est de reconnaître la façon dont le modèle de communication de la PNL filtre et affecte vos représentations internes, qui, à leur tour, affectent votre état d'esprit, votre physiologie, et, pour finir, votre comportement. Lorsque vous comprenez le processus selon lequel quelqu'un omet, déforme et généralise, vous pouvez communiquer avec cette personne en établissant un rapport plus important parce que vous comprenez sa psychologie et pouvez modifier votre langage et votre comportement en les calquant sur les siens.

Ce chapitre se focalise sur les trois premières étapes du modèle de communication. Les Chapitres 14 et 15 expliquent le processus selon lequel vous « re-présentez » verbalement vos représentations internes au monde extérieur.

Le modèle de communication comporte cinq étapes :

1. **Rassembler des informations sensorielles concernant un événement au moyen de vos cinq sens :**

   Visuel – les images

   Auditif – les sons

   Kinesthésique – le toucher

   Olfactif – les odeurs

   Gustatif – le goût

2. **Faire passer ces informations à travers vos filtres :**

   Les métaprogrammes (Voir les métaprogrammes au Chapitre 8)

   Les valeurs

   Les croyances

   Les décisions

   Les souvenirs

3. **Obtenir un résultat qui est la représentation interne de l'événement en vous.**
4. **Générer en vous un état qui est la combinaison de vos états mental et physique.**
5. **Stimuler une réponse physique, qui va de la parole à la poignée de main, du câlin au baiser.**

Éliminer les omissions

Permettre à votre conscience d'ignorer une masse d'informations entrantes présente l'avantage de vous laisser traiter les autres messages. L'inconvénient est que vous risquez de faire l'impasse sur des informations d'importance.

Regardez attentivement autour de vous. Ensuite, sans y revenir, notez dans la première colonne de l'Exercice 5-1 ce dont vous vous souvenez. Regardez de nouveau autour de vous et écrivez dans la troisième colonne ce que vous n'aviez pas remarqué la première fois.

Cet exercice est destiné à vous aider à reconnaître la façon dont les filtres déterminent ce à quoi vous prêtez attention lorsque vous traitez vos messages entrants. Par exemple, dans votre bureau, vous remarquez la plaque honorifique accrochée au mur parce qu'elle vous renvoie à une occasion qui représente pour vous un souvenir particulier. En revanche, vous ignorez un trousseau de clés posé sur votre bureau parce qu'elles ne vous sont importantes que lorsqu'il est temps de rentrer chez vous. Cela montre que les filtres peuvent fonctionner de façon aussi simple qu'en se souvenant des objets qui ont une signification, une valeur ou une utilité immédiate, et en supprimant des objets avec lesquels vous n'établissez aucune connexion émotionnelle ou qui ne sont pour vous d'aucune utilité immédiate. Ce qui a pour vous du sens ou de la valeur est défini par vos expériences et votre environnement.

Exercice 5-1 : Ce que je retiens de mon environnement

Ce dont je me souviens		
Raison possible du souvenir		
Ce que j'ai omis		
Raison possible de l'omission		

Isoler les distorsions

VOCABULAIRE

Une *distorsion* est la représentation erronée d'un événement, ou l'interprétation faussée d'une parole. Si on la replace dans le cadre du modèle de communication de la PNL, la distorsion est l'un des trois phénomènes potentiellement en présence lorsque vous filtrez des données perçues par vos sens (les deux autres étant les omissions et les généralisations).

Les distorsions vous permettent d'adapter l'information entrante à l'aune de ce que vous croyez être vrai. Elles sont créées en conséquence de vos expériences de vie. Les distorsions peuvent intervenir à votre avantage ou à votre détriment. Prenez l'exemple d'une personne qui croit qu'il n'existe aucune alternative à la médecine traditionnelle parce qu'elle a essayé l'hypnose, qui n'a pas vraiment fonctionné sur elle. De ce fait, lorsqu'elle trouve un article sur les bienfaits d'une plante, elle peut ne même pas se donner la peine de la lire parce qu'elle associe la phytothérapie à une technique de charlatan. Prenons maintenant le cas de quelqu'un à qui on demande de changer de poste, et qui décide que cette demande émane du fait que son patron ne l'aime pas et qu'il veut l'éliminer. En fait, son patron sait qu'il n'est pas heureux dans son poste actuel, et lui offre l'opportunité de réussir en utilisant des compétences qui ne sont pas mises à profit dans son poste actuel. Si, dans ces deux exemples, les protagonistes avaient conscience de ces distorsions peu bénéfiques, ils pourraient modifier leur façon de penser.

ANECDOTE

Un été, Drew s'est mis à croire que les araignées lui en voulaient vraiment. Ce solide gaillard a fini par troubler sa mère avec le récit de ses rêves nocturnes peuplés d'araignées. Un jour, au terme d'une dure journée, la mère de Drew décida de se prélasser dans un bain moussant. Allongée dans la baignoire, elle remarqua une énorme araignée sous le lavabo.

Elle réfléchit un moment à la façon dont elle allait se débarrasser de l'araignée, pour ensuite réaliser qu'il ne s'agissait pas du tout d'une araignée, mais d'un paquet de cheveux tombé de ses vêtements après sa visite chez le coiffeur. Peu charitablement, elle s'amusa un moment de l'incident, en se demandant si elle allait laisser « l'araignée » pour que Drew la découvre plus tard, ou plus gentiment, la ramasser et la jeter. Lorsqu'une boucle de cheveux en vient à prendre des allures d'araignée, il s'agit décidément d'une distorsion de la réalité !

À VOUS DE JOUER — À votre tour

Consignez à l'Exercice 5-2 une de vos expériences de distorsion. Si aucun souvenir de distorsion ne vous vient à l'esprit, vous pouvez en décrire une vue dans un film, le cinéma étant une vaste source d'idées. La peinture surréaliste peut être envisagée comme une distorsion, dans laquelle le résultat ne représente pas réellement l'image du monde vue par l'artiste, mais est affectée par certains aspects de son imagination, sa psychologie et sa philosophie. Les statistiques officielles sont souvent considérées par l'opposition comme une distorsion. Souvenez-vous de la phrase d'Aaron Levenstein : « Les statistiques, c'est comme le bikini. Ce qu'elles révèlent est suggestif. Ce qu'elles dissimulent est essentiel. »

Exercice 5-2 : Mes distorsions

Autre exemple de distorsion : lorsque vous essayez de lire dans les pensées de quelqu'un, et que vous faites fausse route. Rendez-vous au Chapitre 15 pour plus d'infos sur la question de l'interprétation de ce que pensent les autres.

Faire des généralisations

Lorsque vous groupez et libellez un type d'événement sous une désignation donnée, vous faites une *généralisation.* Les généralisations peuvent avoir trait à des choses et à des gens comme à des événements.

Les généralisations constituent l'un des trois filtres de communication que vous appliquez aux informations reçues de votre environnement. Les généralisations sont très utiles lorsqu'elles concernent des domaines comme l'apprentissage, parce qu'elles vous dispensent d'avoir à revenir aux concepts de base et vous permettent de capitaliser sur votre acquis de connaissances. En revanche, une généralisation peut constituer une entrave lorsque vous faites une expérience désagréable et décidez que toutes les expériences semblables vont être également désagréables. Par exemple, après une expérience négative dans un restaurant japonais, vous décidez de ne plus jamais remanger japonais.

Les notions désignées par des termes contenant des suffixes en *« isme »,* comme le sexisme et l'âgisme, c'est-à-dire la discrimination basée sur l'âge, sont des exemples classiques de généralisations. Une personne qui a vécu une expérience de couple négative peut décider que « tous les hommes sont des égoïstes » et rencontrer par la suite des difficultés à trouver un partenaire qui lui convient.

De façon positive, les généralisations peuvent également constituer des pitons auxquels vous allez pouvoir vous accrocher au fur et à mesure que vous progressez dans votre ascension vers le savoir et la réussite.

Sarah était déjà formatrice expérimentée lorsqu'elle a commencé son initiation à la PNL. En écoutant les interventions des gens qu'elle formait, elle réfléchissait en permanence à la manière d'appliquer les concepts de la PNL à ces présentations. On peut dire qu'elle généralisait, dans la mesure où elle capitalisait sur son expérience de formatrice. En conséquence, Sarah possédait des « pitons » auxquels elle pouvait attacher ses nouvelles compétences, devançant en ceci les gens qu'elle formait, qui en étaient encore à intégrer les informations qu'elle leur dispensait.

Roma décida qu'elle n'aimait pas se rendre dans des galeries d'art parce qu'elle trouvait généralement la peinture plutôt ennuyeuse, à l'exception de certaines toiles de Jacob Van Ruysdael représentant les moulins de Hollande sous des ciels nuageux, et les vues de Venise peintes par Canaletto. Dans cette optique, elle manqua de refuser une invitation à aller voir l'œuvre de Tamara de Lempicka. Heureusement pour elle, Roma décida de se rendre à l'exposition, et trouva la peinture de Lempicka absolument fabuleuse. Dans ce cas, la généralisation qu'elle brandissait à propos des galeries de peinture aurait pu desservir son expérience de vie. Par la suite, elle découvrit son goût pour l'art moghol, parce qu'elle s'était donné les moyens d'ouvrir son esprit. Vous voyez à l'Exercice 5-3 que Roma a modifié son comportement en prenant du recul sur sa tendance à généraliser dans le domaine de l'art. Avec un peu de chance, elle peut étendre cette prise de conscience à d'autres aspects de sa vie. Roma peut prendre un moment pour analyser les situations dans lesquelles elle réalise qu'elle est en train de généraliser, et décider en conscience d'entériner la généralisation ou d'y faire exception.

L'Exercice 5-3 montre comment Roma a analysé sa tendance à généraliser.

Exercice 5-3 : Roma observe sa tendance à généraliser

Ma généralisation	*J'ai décidé que les expositions de peinture étaient ennuyeuses.*
Expérience(s) sur laquelle/lesquelles est/sont basée(s) ma/mes généralisation(s)	*Enfant, mes parents me traînaient dans les expos afin d'élargir mon horizon culturel.*
Mesure dans laquelle ma généralisation risque de me limiter	*J'aurais pu manquer l'expo Lempicka et ne jamais découvrir l'Art Déco.*
Exceptions	*Jacob Van Ruysdael, Canaletto, certaines œuvres d'art moghol.*
Comment modifier mon comportement	*Plus jamais je ne refuserai systématiquement une invitation à une exposition de peinture.* *Je sais quels artistes je n'aime pas, donc je me montrerai sélective dans mon choix des invitations que j'accepte.*

Prenez un moment, au calme, pour réfléchir à la façon dont vous généralisez.

Par exemple :

- Consacrez-vous du temps à quelqu'un simplement parce qu'il s'agit d'un acteur et que vous pensez que tous les acteurs sont intéressants ?
- Évitez-vous systématiquement les femmes qui disent « Je ne suis qu'une femme au foyer », pensant que ses seuls sujets de conversation tournent autour de son époux et ses enfants ?
- Pratiquez-vous l'âgisme, discrimination qui consiste à penser qu'au-delà de 45 ans on est bon pour la casse ?
- Ou, persuadé du contraire, ne tenez-vous jamais compte de l'opinion des jeunes, qui ne peuvent savoir de quoi ils parlent ?

Quels types d'*ismes* et autres généralisations pratiquez-vous ? C'est cette facette de votre comportement que l'Exercice 5-4 vous offre l'occasion d'explorer.

Exercice 5-4 : Examiner mes généralisations

	Généralisation 1 :	***Généralisation 2 :***	***Généralisation 3 :***
Expérience(s) sur laquelle/lesquelles est/sont basée(s) ma/mes généralisation(s)			
Mesure dans laquelle ma généralisation risque de me limiter			
Exceptions			
Comment modifier mon comportement			

Combiner les omissions, les distorsions et les généralisations

Les omissions, les distorsions et les généralisations ne se produisent pas de façon isolée. Des éléments de chaque type se combinent au sein de la représentation interne que vous créez après avoir filtré les informations issues de votre environnement que vous intégrez. Prenez l'exemple d'un comportement que vous aimeriez étudier, ou utilisez notre exemple, basé sur l'observation de votre lecture de la presse. Au fur et à mesure que vous passez sur les grands titres et continuez votre lecture, arrêtez-vous et détaillez les omissions, les distorsions et les généralisations qui vous empêchent de prêter attention à un article donné. Est-ce parce que vous pensez que tous (généralisation) *les politiciens sont corrompus, car ils sont malhonnêtes et ne disent jamais* (généralisation) *la vérité que vous refusez de lire les articles concernant quoi que ce soit* (généralisation) *émanant des politiques* ? Vous avez omis le fait qu'il puisse exister bon nombre d'hommes politiques honnêtes, et déformé *un* aspect de leur profil sous *un* angle donné – la malhonnêteté – et décidé que tout homme politique est mauvais.

Les généralisations sont facilement identifiables grâce aux mots-clés comme « tous », « jamais », « toujours », « je dois » et « il faut ». Vous pouvez déceler les distorsions lorsque vous rencontrez des énoncés dans lesquels quelque chose est interprété comme signifiant autre chose, comme c'est le cas des hommes politiques qui sont mauvais parce que malhonnêtes, ou malhonnêtes parce que ce sont des politiciens. Certains des mots qui révèlent les distorsions sont « de ce fait », « en conséquence », « si », « alors », « parce que ». Pour identifier les omissions, guettez les mots comme « mieux », « meilleur », « pire », « plus », « moins », « la plupart » et « le moins », parce qu'ils vous indiquent ce qui fait l'objet de l'omission. Par exemple, l'énoncé « Les politiciens savent mieux mentir » implique qu'il existe des gens qui savent moins bien mentir mais qu'ils sont exclus de cet énoncé. De même, vous pouvez lire entre les lignes de certains énoncés, comme « Les politiciens me mettent en colère ». Dans ce cas, vous pouvez lire entre les lignes et identifier le fait que les actes des hommes politiques vous mettent en colère.

Dot est une célibataire de 39 ans qui désespère de trouver quelqu'un avec qui faire sa vie. Certains des mots de son récit sont indiqués en italique, afin de vous montrer comment identifier les généralisations dans son langage de tous les jours.

> *Jamais* je ne vais trouver d'homme avec qui partager ma vie. *Aucun* des hommes que je rencontre n'est prêt à s'engager à long terme ou ils sont *tous* accros à leur job. *Tous* pensent que je suis plutôt moche.

La raison pour laquelle Dot se montre très dure vis-à-vis d'elle-même est qu'à un niveau inconscient, elle ne croit pas réellement qu'elle dispose de suffisamment de temps pour s'investir dans une relation. L'Exercice 5-5 illustre les omissions, les distorsions et les généralisations de Dot.

Exercice 5-5 : Les omissions, les distorsions et les généralisations de Dot

Omissions	*Distorsions*	*Généralisations*
Aucun homme ne me convient.	*Avec mon physique, je ne vais rencontrer personne.*	*Je ne vais jamais trouver de compagnon.*
Aucun des hommes que je rencontre n'est prêt à s'engager dans une relation durable ou ils sont tous accros à leur job.		*Tous les hommes me trouvent plutôt moche.*

À VOUS DE JOUER — À votre tour

Maintenant que vous vous êtes fait la main à identifier les omissions, les distorsions et les généralisations, et que vous avez lu des anecdotes et des exemples, choisissez une situation dans votre vie dont vous aimeriez apprendre quelque chose. Notez dans l'Exercice 5-6 les omissions, les distorsions et les généralisations que vous reconnaissez dans votre expérience personnelle.

Vous trouverez au Chapitre 14 un grand nombre d'informations complémentaires sur la manière d'identifier et de traiter les omissions, les distorsions et les généralisations.

Exercice 5-6 : Mes omissions, mes distorsions et mes généralisations

Omissions	*Distorsions*	*Généralisations*

Émettre pour recevoir

La communication est un processus à double sens. Grâce au modèle de communication, vous pouvez optimiser votre capacité à communiquer par les moyens suivants :

- Reconnaître les filtres de la personne avec laquelle vous communiquez.
- Comprendre vos propres filtres afin d'être en mesure de les ajuster.
- Adapter votre langage de façon à refléter les filtres de votre interlocuteur.

Le reste de ce chapitre met en évidence la manière dont chaque filtre – les métaprogrammes, les valeurs, les croyances, les décisions et les souvenirs – vous affecte et comment, du fait que vous appliquez ces filtres aux informations que vous recevez du monde qui vous entoure, vous omettez, déformez et généralisez. La rubrique suivante utilise une sous-catégorie du métaprogramme des filtres pour illustrer la façon dont le filtre s'applique aux omissions, aux distorsions et aux généralisations des informations entrantes et ses effets sur votre comportement. Vous pouvez modifier votre filtre afin de changer les résultats que vous obtenez, ou le laisser inchangé si vous êtes satisfait des résultats.

Les tenants et les aboutissants du métaprogramme interne/externe

Les filtres customisés qui filtrent vos expériences s'appellent *métaprogrammes*. La plupart des métaprogrammes utilisent une échelle mobile et votre type de fonctionnement peut se trouver à différents points de l'échelle selon la situation. (Pour plus d'informations sur les métaprogrammes, consultez le Chapitre 8, « Exercer son influence avec les métaprogrammes ».) C'est au travers des métaprogrammes internes/externes que vous agissez en préférant faire confiance à votre propre jugement (*interne*) plutôt qu'à celui des autres (*externe*), ou si vous êtes prêt à prêter attention et à vous en remettre au point de vue de quelqu'un d'autre. Le métaprogramme interne/externe est important parce qu'il vous aide à reconnaître comment vous filtrez les informations que vous recevez.

Autrement dit, il est possible que vous supprimiez des informations d'importance et négligiez le feedback des autres en le considérant comme peu important. Lorsque vous prenez conscience de cette tendance, souvenez-vous qu'il peut être utile de garder l'esprit ouvert. Un simple exercice consiste à faire une note mentale pour peser le *pour* et le *contre* des informations que l'on vous présente, plutôt que de les rejeter en bloc. Une méthode valable est d'avoir recours à quelqu'un de confiance, en demandant à cette personne de tester la situation et de jouer l'avocat du diable pour examiner les deux facettes de l'argument. Elle pourra vous faire remarquer si vous déformez l'information que l'on vous donne simplement parce que vous pensez avoir toujours raison (*généralisation*), et mettre en avant le risque de quiproquos auxquels cela peut mener.

Si vous vous trouvez du côté *externe* de l'échelle, il est probable que vous rechercherez fréquemment l'opinion des autres et dépendrez de leur feedback. Arriver à une décision vous est plus difficile parce que vous prenez en compte l'avis de trop de gens. Vous pouvez renverser cet état de fait en notant les situations dans lesquelles vous parvenez seul à une décision satisfaisante, et partir de ces exemples pour développer votre confiance en vous, en vous autorisant à discerner les bons conseils des mauvais.

Lorsque vous avez conscience de vos tendances internes/externes, vous pouvez vous efforcer de garder l'esprit ouvert. Essayez de prendre l'habitude de toujours peser le *pour* et le *contre* de l'information que vous recevez, plutôt que de rejeter cette information d'entrée de jeu.

TRUC

Lorsque vous êtes en phase d'apprentissage ou dans une situation nouvelle, il est possible que vous vous surpreniez à opter pour des tendances plutôt *externes* – jusqu'à ce que vous trouviez vos marques, auquel point vous pouvez passer du côté tendances *internes* parce que vous avez étoffé votre confiance en vous dans ce domaine donné.

ANECDOTE

Cassy travaillait depuis six mois en qualité de secrétaire juridique dans un gros cabinet et, bien qu'elle s'entende très bien avec ses patrons et collègues, elle se sentait désorientée, ne sachant pas si elle faisait ou non l'affaire dans ce poste. Au terme de la lecture du chapitre concernant les métaprogrammes dans le livre *La Programmation neurolinguistique pour les*

Nuls, Cassy réalisa qu'elle n'était pas en mesure de jauger ses propres résultats parce que son manager ne lui avait pas vraiment renvoyé de feedback. Cassy s'aperçut qu'elle était du côté *externe* de l'échelle interne/externe et très fortement en attente de feedback pour évaluer ses performances. Son manager, qui était probablement naturellement plus orienté vers le côté *interne* de l'échelle, ne jugeait pas nécessaire de communiquer avec elle à propos de ses résultats.

L'activité suivante vous permet de reconnaître que les métaprogrammes peuvent affecter votre comportement, susceptible de changer en fonction de la situation dans laquelle vous vous trouvez. Les Exercices 5-7 et 5-8 vous donnent l'opportunité de vous observer et de comprendre comment vous fonctionnez, ce qui vous donne ensuite le loisir d'opter pour un comportement donné.

À VOUS DE JOUER – À votre tour

Saisissez l'occasion de renseigner l'Exercice 5-7 en indiquant :

- Le contexte dans lequel vous examinez votre métaprogramme interne. Par exemple, y pensez-vous lorsque vous êtes sur votre lieu de travail, contexte dans lequel vous maîtrisez vos compétences et vous sentez en confiance, ou à la maison, où vous menez la danse parce que vous vous sentez en sécurité et êtes aux commandes ?
- Les raisons pour lesquelles vous pensez votre comportement plus orienté *interne*. Est-ce parce que vous vous surprenez à ne pas être attentif, ou à ignorer ce qu'on vous dit ?

Passez ensuite à l'Exercice 5-8, après avoir réfléchi aux raisons d'un comportement mettant en œuvre des tendances plus *externes* :

- Dans quelles circonstances agissez-vous en vous plaçant sur les échelons *externes* de l'échelle mobile ? Vous surprenez-vous à agir d'après un cadre de référence *externe* en laissant les autres prendre la main sur vous au travail, où vous occupez votre poste depuis peu, et n'en connaissez pas encore toutes les ficelles ?
- Notez vos observations, qui mettent en évidence les caractéristiques de cette situation. Demandez-vous ce qui vous pousse à agir différemment, et les facteurs qui vous permettent d'identifier cette facette de vous-même. L'un des indices pointant vers votre disposition *externe* peut être que vous mettez quelqu'un sur un piédestal ou considérez l'expérience d'un tiers avec plus de déférence que la vôtre. Vous remarquez que votre comportement diff re car vous êtes plus effacé, et choisissez d'écouter les autres plutôt que de vous exprimer.

Au cours de ces exercices, vous reconnaîtrez les effets positifs et négatifs qu'a votre métaprogramme interne/externe sur la façon dont vous traitez les informations et dont vous vous comportez. L'évaluation des effets positifs ou négatifs est basée sur l'évaluation des résultats que vous obtenez par rapport à ceux que vous souhaitez. Par exemple, mettez-vous plus de temps à arriver à une décision parce que vous êtes trop réceptif aux avis de votre entourage (négatif), ou vous fermez-vous en rejetant le feedback des autres (négatif) ? Peut-être qu'en vous orientant *interne*, vous parvenez à prendre des décisions rapides (positif) ou qu'en disant plutôt qu'en écoutant, vous obtenez plus rapidement les résultats souhaités. Pour chaque option, voyez si le comportement que vous affichez en fonction de votre métaprogramme est bon ou mauvais.

Exercice 5-7 : Mes tendances internes

Contexte :	
Endroit où je me situe sur l'échelle :	Internes ——————— Externes
Observations sur lesquelles est basé cet énoncé :	

Exercice 5-7 : Mes tendances internes *(suite)*	
Raisons pour lesquelles j'estime cette tendance bonne/mauvaise :	

Exercice 5-8 : Mes tendances externes	
Contexte :	
Endroit où je me situe sur l'échelle :	Internes ——— Externes
Observations sur lesquelles est basé cet énoncé :	
Raisons pour lesquelles j'estime cette tendance bonne/mauvaise :	

À VOUS DE JOUER – À votre tour

Pour vous amuser et acquérir une plus grande pratique, appliquez à l'une de vos connaissances proches l'Exercice 5-9, en notant cette fois vos observations s'appliquant à la personne choisie.

Exercice 5-9 : Mon observation des tendances internes/externes	
La personne et le contexte :	
L'endroit où se situe cette personne sur l'échelle :	Internes ——— Externes
Mon raisonnement :	

TRUC

Si vous souhaitez que votre message soit entendu lorsque vous vous adressez à un interlocuteur plutôt orienté *interne*, utilisez des expressions comme :

- En fin de compte vous seul serez en mesure de savoir.
- Jugez par vous-même.
- Évaluez tous les faits puis décidez.
- La décision vous appartient.

Quelqu'un plus porté sur le versant externe se laissera plus facilement convaincre si vous employez des expressions du type :

- L'opinion majoritaire est que…
- C'est le cas de milliers de…

- Les Jones viennent juste d'acheter ce gadget formidable.
- Les recherches montrent que…

Découvrir vos valeurs

Dina est passionnée de protection des animaux et déteste l'idée de l'expérimentation animale. Son cousin travaille pour un laboratoire de recherche pharmaceutique qui pratique la vivisection. Bien qu'inséparables lorsqu'ils étaient enfants, maintenant que Dina et Tim ont grandi, les réunions de famille peuvent devenir *intéressantes*, pour employer un euphémisme, lorsque les deux cousins s'affrontent dans des débats aussi vifs que véhéments. Les autres membres de la famille ne comprennent pas pourquoi ces deux-là réagissent avec autant de passion. « Valeurs, vous avez dit valeurs ? » Exactement. Concernant la vivisection et la protection animale, Dina et Tim ont clairement des valeurs divergentes.

- Les valeurs influencent le comportement.
- Les valeurs servent de référence pour juger si quelque chose est bon ou mauvais.
- Les valeurs ont le pouvoir de motiver ou de démotiver.

Vos valeurs sont modelées à différents stades de la vie, par des influences extérieures comme la culture, la famille, les amis et ce que chacun expérimente au cours de sa vie. Les mots touchant aux valeurs incluent l'honnêteté, la vérité, l'honneur, l'amusement, la richesse. Certaines d'entre elles peuvent varier selon le contexte, mais vos valeurs fondamentales vous accompagnent quel que soit le rôle que vous soyez amené à jouer. Si l'une de vos valeurs clés consiste à vous amuser dans tout type de situation, vous voulez que le plaisir que vous donne le bon temps soit présent dans tous les aspects de votre vie, que ce soit pendant votre temps de travail, de repos ou de loisirs. Les valeurs fondamentales ne sont pas négociables et si vous vous trouvez impliqué malgré vous dans une situation pas amusante, vous êtes probablement très malheureux. Si vous aimez l'idée de vous amuser mais que cela ne représente pas une de vos valeurs clés, vous consentirez peut-être à la mettre temporairement au second plan si cela vous permet d'atteindre un objectif donné.

Dans le cas de Dina et Tim, le conflit a trouvé son origine dans les valeurs qui les séparent. Se battre contre ses propres valeurs, si elles sont conflictuelles, peut impliquer beaucoup de stress et d'inconfort. Les conflits de valeurs peuvent émerger lorsqu'on tente d'être à la hauteur des attentes et des valeurs des autres, qui ne sont pas toujours compatibles avec les nôtres.

ANECDOTE

Prenons l'exemple de Tara, expert-comptable. Tara possédait une vie sociale très intense et un brillant avenir s'ouvrait à elle. Ses parents étaient très fiers d'elle, et se plaisaient à parler à leurs amis et leur famille de leur fille prodige. Puis Tara tomba malade. Désœuvrée, lasse et frustrée, elle se mit à passer une bonne partie de ses journées à pleurer. Désespérée, Tara fit appel à un coach, qui l'aida notamment à faire le point sur les valeurs liées à son travail et à sa carrière, permettant à Tara de découvrir qu'elle essayait d'être à la hauteur des valeurs de ses parents. Elle décida de prendre un congé sabbatique afin d'étudier son plan de carrière. La jeune femme est maintenant comptable pour une organisation caritative. Elle est épanouie, en bonne santé, heureuse, et persuadée que la voie dans laquelle elle s'est engagée a une utilité. Elle gagne moins d'argent qu'auparavant et a moins de responsabilités, mais parce qu'un très gros salaire et une position élevée n'étaient pas pour elle des facteurs motivants, elle n'est pas affectée qu'ils aient disparu de sa vie. Tristement, ses parents, peu impressionnés par la voie qu'elle a choisie, ne trouvent pas grand-chose à dire sur sa reconversion et sa nouvelle vie.

TRUC

Il est possible que vos valeurs diffèrent selon l'aspect de votre vie auquel elles s'appliquent. Par exemple, vous pouvez juger important d'être aimé dans votre relation de couple mais pas dans votre environnement professionnel, où la réussite est le facteur le plus important pour vous et le besoin d'amour n'entre pas du tout en ligne de compte.

Voici une méthode très simple pour détecter vos valeurs dans un domaine particulier de votre vie.

1. **Pensez à un aspect de votre vie que vous souhaitez améliorer.**
2. **Dressez une liste de ce qui est important pour vous dans ce contexte.**

   Par exemple, dans un contexte professionnel, vos valeurs peuvent être liées à la sécurité de l'emploi, l'argent, et les perspectives de carrière.

   Certaines valeurs vous viennent sans doute immédiatement à l'esprit. D'autres peuvent se faire jour seulement au bout d'un moment de réflexion.
3. **Listez vos valeurs par ordre d'importance.**

   Il est fort probable que les valeurs auxquelles vous avez pensé dans un second temps soient celles qui revêtent pour vous le plus d'importance.

TRUC

Si vous avez des difficultés à décider comment ordonner vos valeurs dans la liste, imaginez-vous sur un canot qui prend l'eau à toute vitesse. Vous devez délester le canot et le nom de chaque valeur est inscrit sur un gros sac. Dans quel ordre jetteriez-vous les sacs à l'eau ?

Essayez de travailler sur vos valeurs à l'aide de la méthode ci-dessus. Remplissez les sacs de l'Exercice 5-10 avec les valeurs qui vous viennent à l'esprit quand vous évoquez ce qui est important pour vous dans le domaine concerné. Vous pouvez noter l'importance de chaque valeur sur le sac.

Exercice 5-10 : Identifier mes valeurs

Les domaines de ma vie :

Il est possible que le « brainstorming » de l'Exercice 5-10 génère un résultat un peu confus. À cet effet, l'Exercice 5-11 vous permet de récapituler en notant vos valeurs par ordre décroissant d'importance.

Exercice 5-11 : Ordonner mes valeurs

1.
2.
3.
4.
5.
6.
7.
8.
9.
10.

Vos valeurs agissent comme un filtre, et font que vous supprimez, déformez ou généralisez à propos des divers aspects de votre vie. Dina et Tim, par exemple, finissent souvent par ne pas s'entendre (omission) ou par ne pas comprendre ce que dit l'autre (distorsion). La généralisation de Dina va donner quelque chose comme « Oh, voilà qu'il recommence avec sa rengaine sur la façon dont les interventions médicales peuvent sauver des vies », ce qui l'empêche d'entendre parler des nouvelles recherches mises en œuvre par Tim dans le domaine des remèdes phytothérapeutiques pour les animaux. Prenez en considération la façon dont vos valeurs introduisent dans votre vie omissions, distorsions et généralisations.

En acquérant une meilleure compréhension de vos valeurs et de celles des autres, vous augmentez le nombre de choix que vous offre la vie. Voyez dans quels domaines de votre vie vous pouvez vous limiter vous-même et comment inverser la situation. Par exemple, peut-être n'avez-vous que peu d'affinités avec quelqu'un de votre entourage qui mène une vie de bohème. En apprenant à connaître cette personne et à apprécier son style de vie, vous intégrez de nouvelles ressources à votre mode de pensée.

Utilisez l'Exercice 5-12 pour étudier vos valeurs et par quel biais vous les utilisez pour omettre, déformer et généraliser.

Exercice 5-12 : Omissions, distorsions et généralisations induites par mes valeurs

Ce que j'omets, et comment, du fait de mes valeurs :

En quoi je peux choisir de modifier mon comportement :

Ce que je déforme, et comment, du fait de mes valeurs :

En quoi je peux choisir de modifier mon comportement :

Exercice 5-12 : Omissions, distorsions et généralisations induites par mes valeurs *(suite)*

À quel propos je généralise, et comment, du fait de mes valeurs :

En quoi je peux choisir de modifier mon comportement :

Reconnaître les filtres bloqués

Il n'est pas toujours facile de reconnaître l'impact des filtres sur la façon dont vous traitez les énormes quantités d'informations que vous recevez. Certains filtres peuvent asseoir votre confiance en vous – par exemple, lorsqu'un succès vous donne suffisamment d'assurance pour déployer vos ailes et évoluer dans des sphères plus hautes. Mais que dire des filtres qui vous maintiennent rivé au même endroit, aliénant vos rêves et vos aspirations ? Ne serait-il pas merveilleux de faire taire la petite voix qui vous souffle que la dernière fois que vous avez entrepris un projet de ce type, ça s'est mal passé. Ou de changer l'approche qui dicte vos pensées pour la faire passer du mode *échec* au mode *leçon retenue* ? La vocation de cette rubrique est de vous aider à comprendre comment les filtres bloqués – par exemple, les décisions et les croyances limitantes – vous empêchent de visualiser le potentiel d'une situation.

Dans la vie, certains événements peuvent faire que votre inconscient crée une croyance ou prend à votre place une décision pouvant vous limiter. Une décision qui vous contraint de quelque façon que ce soit est appelée *décision limitante*. Une croyance qui a un impact négatif sur votre vie est appelée *croyance limitante* – par exemple, « l'argent est source de tous les maux » peut vous maintenir dans la pauvreté. L'événement qui est à l'origine de la décision ou de la croyance limitante est présent dans votre mémoire, mais il est occulté par votre conscience. Vous pouvez avoir besoin de faire appel à un thérapeute professionnel si ce souvenir vous pose problème. Cependant, il n'est pas indispensable de se débarrasser de toutes les décisions ou les croyances limitantes. Importe-t-il vraiment que vous aimiez ou détestiez les anchois ?

S'il vous faut résoudre un problème, vous pouvez vous aider des Chapitres 10 et 13, qui décrivent comment accéder aux souvenirs oubliés et vous défaire de l'emprise qu'ont sur vous certaines décisions et croyances limitantes.

Lena choisit ses amis selon un procédé particulier. Elle a des amis de longue date, qu'elle fréquentera lorsqu'elle sera à la retraite, et d'autres – en réalité plus des copains ou des connaissances que de vrais amis – qui ne font que passer dans sa vie. Sa décision consciente est peut-être dictée par une autre, inconsciente, cachée au fin fond de sa mémoire. Le problème ici est que Lena peut à tout moment se trouver dans la situation où elle se débarrasse de certaines connaissances parce qu'elle a une vision déformée de ces gens-là et, du fait de sa généralisation, les cantonne à la catégorie *copains*. Tandis que ce fonctionnement peut faire mauvaise impression sur quelqu'un qui aime être entouré de nombreuses personnes, il convient à Lena, qui a moins d'amis et peut entretenir avec eux des relations vraies.

Grâce à ce livre, vous pouvez acquérir une meilleure compréhension des gens, et de vous-même au premier chef. L'Exercice 5-13 vous aide à estimer l'impact sur votre vie d'une de vos décisions. Si vous jugez peu satisfaisants les résultats d'une décision que vous avez consciemment analysée, vous pouvez décider de vous comporter différemment, sur la base d'une décision dynamisante.

Exercice 5-13 : Omissions, distorsions et généralisations émanant de mes décisions

Ma décision :	
En quoi cette décision engendre des omissions :	
En quoi cette décision engendre des distorsions :	
En quoi cette décision engendre des généralisations :	
L'effet de cette décision sur ma vie :	
Je vais changer cette décision de la façon suivante :	

Tara croit que parce qu'il y a plusieurs cas d'obésité dans sa famille, elle n'a aucun espoir de faire un poids normal. Lorsqu'elle entend parler de gens qui ont réussi à perdre du poids, elle ignore ces témoignages (omission) parce qu'elle ne croit pas que cela puisse s'appliquer à elle. Du fait de sa distorsion, elle pense que sa carte génétique la prédispose à la surcharge pondérale et, du fait de sa généralisation, elle pense que les régimes ne fonctionnent pas sur elle. Du fait qu'elle assimile tout changement de mode de vie à la notion de régime, elle rejette également cette option.

Si vous reconnaissez l'effet d'une croyance sur votre vie, vous avez la possibilité de modifier cette croyance si elle ne génère pas les résultats attendus (voir le Chapitre 10 pour plus de détails). Utilisez l'Exercice 5-14 pour analyser la portée de vos croyances sur la manière dont vous omettez, déformez ou généralisez.

Exercice 5-14 : Omissions, distorsions et généralisations émanant de ma croyance

Ma croyance :	

Exercice 5-14 : Omissions, distorsions et généralisations émanant de ma croyance *(suite)*

En quoi cette croyance engendre des omissions :	
En quoi cette croyance engendre des distorsions :	
En quoi cette croyance engendre des généralisations :	
L'effet de cette croyance sur ma vie :	
Je vais changer cette croyance de la façon suivante :	

Passer à d'autres souvenirs

Peut-être vous souvenez-vous de Vincent Price, un acteur à la voix très particulière, parfaite pour les rôles qu'il jouait dans des films d'horreur. Une de ses jeunes fans avait vu, pétrifiée, tous ses films. En fait, la star avait eu sur elle un effet tel qu'une fois adulte, elle ne parvenait même pas à regarder les émissions culinaires qu'il animait sans ressentir la frayeur qui l'avait habitée des années auparavant.

Les souvenirs peuvent constituer des filtres puissants qui affectent votre expérience du monde, la façon dont vous vous comportez, et les résultats que vous obtenez. Les souvenirs sont irrévocablement liés à d'autres types de filtres, comme les croyances et les décisions.

Tout comme les autres filtres, les souvenirs peuvent vous amener à omettre, déformer et généraliser. Pensez aux vacances en caravane. Si vous vous remémorez vos premières vacances en caravane, et que le souvenir qui vous vient à l'esprit est celui du froid, de l'humidité et de l'impression de claustrophobie, il est probable que vous supprimiez de vos destinations potentielles de vacances tous les campings du monde. Dans ce cas, la distorsion peut évoquer les désagréments de ce type de vacances parce que vous vous focalisez uniquement sur le froid, l'humidité et l'impression de claustrophobie et concluez, à partir de cet unique souvenir, que les vacances en caravane sont généralement à proscrire.

Si, en revanche, vous vous souvenez des nouvelles rencontres, des parties de pétanque et des bons moments passés en famille, vous vous mettrez peut-être à préférer le camping à tout autre type de vacances (omission), en oubliant le mauvais temps et en vous focalisant sur les bons moments (distorsion), et en concluant (généralisation) qu'il n'y a rien de tel que le camping pour passer des vacances du tonnerre !

Le fait de reconnaître que vos souvenirs affectent votre comportement vous laisse le choix de faire ou non une exception consciente, selon les résultats que vous visez. À l'Exercice 5-15, vous allez pouvoir examiner un souvenir – plaisant ou non – et jauger la façon dont il affecte l'omission, la distorsion et la généralisation des données que vous percevez au travers de vos sens. S'il s'agit d'un bon souvenir, peut-être déciderez-vous de modifier votre comportement afin de vous le remémorer plus fréquemment, ou d'y faire appel lorsque vous êtes triste ou stressé.

Exercice 5-15 : Omissions, distorsions et généralisations émanant de mon souvenir

Mon souvenir :	
En quoi ce souvenir engendre des omissions :	
En quoi ce souvenir engendre des distorsions :	
En quoi ce souvenir engendre des généralisations :	
L'effet de ce souvenir sur ma vie :	
Je vais changer ce souvenir de la façon suivante :	

Pour citer Sir Francis Bacon, « la connaissance est le pouvoir » et, nous vous avons apporté au fil de ce chapitre la connaissance dont vous avez besoin pour changer vos façons de penser et de vous comporter. La prochaine fois que vous éprouverez des difficultés à faire passer votre message, demandez-vous si vos filtres et ceux de votre interlocuteur se heurtent. Souvenez-vous : vous pouvez être magnanime dans vos relations aux autres, ainsi que d'exercer avec force et élégance votre toute nouvelle expertise.

Deuxième partie

Entrer en connexion avec le monde

« Depuis peu, je *te* sens sur la défensive, moins accessible. »

Dans cette partie…

Vous allez étoffer la compréhension de vos référentiels personnels, c'est-à-dire la manière dont vos pensées prennent leur source dans des images, des sons et des sensations. Plus vous parvenez à optimiser la communication avec vous-même, plus vous développez votre capacité à bâtir le rapport avec les autres. Vous finirez notamment par réussir à être plus à l'écoute et à adapter votre style afin d'établir plus facilement la connexion avec vos collègues, vos amis ou les membres de votre famille.

Chapitre 6

Voir, entendre, ressentir

Dans ce chapitre :

- Puiser dans vos sens pour cerner vos référentiels VAK
- Identifier votre référentiel VAK
- Reconnaître les préférences VAK de vos interlocuteurs
- Résoudre les problèmes à l'aide des clés VAK
- Intensifier vos modes de communication
- Étudier les schémas

« Le bonheur tient à très peu de chose. Vous le portez en vous, il est votre mode de pensée. » Voici en substance ce qu'écrivait Marc Aurèle, empereur romain, dans ses *Pensées pour moi-même*, en l'an 161 avant J.-C. Mots certes pleins de sagesse, mais nos pensées nous échappent parfois comme du vif-argent, et mieux vaut les garder à l'œil.

Vous allez découvrir dans ce chapitre comment maîtriser au mieux votre pensée et constater l'énorme différence parfois induite par de tout petits changements. Confronter ses pensées permet parfois de bâtir de formidables relations avec les autres, et également de mieux s'accepter.

En outre, nous allons vous aider à explorer en profondeur l'une des notions fondamentales de la PNL : votre acuité sensorielle – c'est-à-dire la manière dont vous intégrez les données par le biais de vos sens et la qualité de la conscience de ce que vous ressentez.

Dévoiler vos référentiels VAK

La PNL, qui est l'étude de votre vécu intérieur, part du principe que vos expériences sont le fruit de ce que vous voyez, entendez, ressentez, sentez, touchez et goûtez. Selon l'un des thèmes clés de la PNL, chacun de nous développe dans le temps son système de représentation sensorielle de prédilection, *Visuel* (la vue), *Auditif* (l'audition), ou *Kinesthésique* (les impressions, le mouvement ou le contact physique). En langage PNL, ce système de référence constitue votre référentiel VAK.

Vous êtes prêt à découvrir votre référentiel VAK ? Commencez par vous isoler dans un lieu confortable où vous pourrez vous asseoir et vous détendre. Votre mission, au cours de cet exercice, consiste à vous mettre consciemment à l'écoute de vos sens et de prendre simplement plaisir à établir le contact avec eux.

En utilisant l'Exercice 6-1 comme support, repensez à la dernière fois que vous vous êtes trouvé dans un lieu public très fréquenté. Choisissez un endroit où règne une grande activité, comme le hall d'entrée d'un immeuble de bureaux, une gare ou une station-service, une salle d'attente de médecin ou encore un centre commercial. Essayez de raviver tant que faire se peut cet endroit dans votre mémoire, en faisant contribuer activement chacun de vos sens :

- **Regardez** les images qui vous arrivent. Voyez les couleurs et les formes. Laissez les images prendre vie.
- **Écoutez** les sons. Connectez-vous avec les bruits qui vous environnent – voix, musique, coups de marteau ou bruits de perceuse – ainsi que le son de votre voix dans votre tête.
- Remarquez ce que vous **ressentez** en revenant à cet endroit que vous visualisez. Quelle est la température, la texture des sièges ou des surfaces que vous touchez ? Notez votre activité physique. Ressentez-vous une connexion émotionnelle avec cet endroit ?
- **Humez** l'air pour percevoir les odeurs.
- **Remarquez** si cet endroit vous fait venir à la bouche un **goût** particulier.

Remarquez attentivement les particularités sensorielles correspondant à chacune de ces perceptions, en notant vos observations à l'Exercice 6-1. Couchez ensuite sur le papier toute autre pensée importante que vous inspire l'endroit. Ces pensées génèrent-elles à leur tour d'autres souvenirs, ou déclenchent-elles en vous l'envie d'une action particulière ?

Exercice 6-1 : Ma conscience sensorielle

Événement remis en mémoire :	
Visions :	
Sons :	
Sensations, contacts et mouvements :	
Odeurs :	
Goûts :	
Le cas échéant, votre sens le plus en alerte tandis que vous observez l'activité de cet endroit :	
Autres sensations dont vous avez conscience :	

Fort de la conscience aiguë de votre perception sensorielle, vous pouvez commencer à remarquer lequel de vos sens est éventuellement le plus facilement accessible – ce qui représente un indicateur de votre référentiel VAK. Par exemple, percevez-vous facilement les sons, mais avez-vous du mal à remarquer visuellement les choses ?

Améliorer votre conscience sensorielle va vous permettre d'étendre votre capacité d'observation, améliorant ainsi vos expériences en faisant jouer vos autres préférences. Vous pouvez vaincre certaines attitudes susceptibles de limiter votre expérience et vos compétences parce qu'elles vous portent à vous concentrer sur un seul de vos sens, au détriment d'un autre. Par exemple, lorsque vous jouez au tennis, si vous ne prêtez jamais attention au son que fait la balle lorsqu'elle heurte votre raquette, peut-être passez-vous à côté de l'un des critères vous permettant potentiellement d'améliorer votre jeu.

Grâce à l'Exercice 6-2, vous allez faire un rapide tour d'horizon de vos sens VAK primaires, et déceler la manière dont, naturellement, vous accédez mentalement aux données qui vous parviennent et comment vous les sauvegardez. Pour chaque question, demandez-vous si votre réponse serait spontanément *jamais*, *parfois*, *souvent* ou *toujours*, et attribuez-vous une note entre 0 et 10, sur une échelle où 0 correspond à *jamais* et 10 à *toujours*. Après avoir noté chaque question, totalisez votre score pour chacune des rubriques : Visuel, Auditif et Kinesthésique.

Exercice 6-2 : Notation de mon référentiel VAK

Visuel	
En entrant dans une pièce, remarquez-vous les couleurs, le style d'ameublement et la décoration ?	______
Avoir une apparence physique agréable est-il essentiel pour vous, de sorte que vous êtes attentif à votre style vestimentaire, votre coiffure, l'état de votre peau ?	______
Si vous pensez à un collègue ou une connaissance, parvenez-vous à imaginer précisément cette personne ?	______
Lorsque vous planifiez votre travail, aimez-vous voir le résultat sur papier ?	______
Score visuel total :	______
Auditif	
Parvenez-vous à détecter l'humeur d'un interlocuteur uniquement au son de sa voix ?	______
Êtes-vous sensible au niveau sonore de votre environnement ?	______
Préférez-vous discuter d'une idée de vive voix plutôt que de lire un message ou un document électronique ?	______
Dans un contexte professionnel, lisez-vous volontiers des rapports, des manuels et des documents papier ?	______
Score auditif total :	______
Kinesthésique	
Remarquez-vous volontiers les textures et la consistance des matières et des surfaces qui vous entourent ?	______
Êtes-vous attiré par les projets pratiques ?	______
Vous arrive-t-il de vous fier à votre intuition et d'agir d'instinct ?	______
Parvenez-vous à détecter l'humeur de votre entourage et à identifier la vôtre ?	______
Score kinesthésique total :	______

Si le score de votre référentiel VAK est bas dans au moins l'un des trois domaines, réfléchissez aux moyens d'accroître votre sensibilité dans ce domaine. Par exemple, si vous vous apercevez que vous n'êtes pas doué pour juger des dispositions de vos interlocuteurs au son de leur voix, entraînez-vous en prêtant une oreille plus attentive lors de votre prochaine conversation. Si votre job vous donne l'occasion de vous exprimer souvent, prêtez attention à votre attitude et votre posture – quelques cours de danse pourraient peut-être vous aider à améliorer votre langage corporel.

Avec l'Exercice 6-3, vous allez définir trois actions visant à améliorer la préférence VAK dont le score est le plus bas.

Exercice 6-3 : Développer mes autres référentiels VAK

Mes trois actions phares pour développer le référentiel VAK auquel je m'identifie le moins :

1.

2.

3.

Renforcer vos connexions à l'aide de vos référentiels VAK

Vous vous demandez peut-être « Pourquoi tant d'histoires à propos du VAK ? ». Voici la réponse : une fois que vous serez familiarisé avec la notion de référentiel VAK, vous serez capable d'établir des liens rapides avec les autres et d'instaurer une communication efficace.

Votre système VAK de prédilection se reflète dans les mots que vous employez, de sorte que le langage fournit souvent des indices sur les référentiels VAK de chacun. Par exemple :

- Si votre référentiel est visuel, vous direz volontiers : « Fais voir. »
- Un référentiel auditif se traduira souvent par : « Écoute-moi. »
- Si votre référentiel est kinesthésique, vous emploierez souvent : « Je ne le sens pas. »

Être réceptif au VAK constitue la première étape dans la compréhension de votre propre référentiel et de celui des autres – que vous ajusterez ensuite l'un sur l'autre. Vous pouvez devenir un communicant hors pair en adaptant vos modèles de langage afin d'établir une connexion avec votre entourage. L'une des présuppositions de la PNL (voir le Chapitre 2) veut que ce soit celui qui fait preuve de la plus grande souplesse qui influence le résultat de toute interaction.

TRUC

Même si vous êtes plus porté sur un sens que sur un autre, rien ne peut vous empêcher d'accéder à vos autres sens. En testant différentes approches, vous obtenez différents résultats – souvent étonnamment positifs. Albert Einstein disait : « On ne résout pas un problème avec les modes de pensée qui l'ont généré. » Une façon de changer votre mode de pensée consiste à accroître la conscience de vos sens et à mettre en œuvre d'autres référentiels. Essayez d'accroître la conscience de vos sens et d'accomplir une transformation magistrale de votre schéma de pensée.

Étudier les préférences linguistiques

Un bon indicateur de vos préférences en termes de systèmes de représentation sensorielle est le langage que vous utilisez couramment. Vous trouverez au Tableau 6-1 des phrases et des mots du langage courant, qui ont des résonances sensorielles particulières. En PNL, on les appelle *prédicats*. Jetez un œil au tableau pour voir quels mots font appel à votre système de représentation sensorielle préféré – Visuel, Auditif ou Kinesthésique. En prenant conscience de ceux que vous êtes le plus à même d'utiliser, vous ajoutez à votre propre compréhension de vos préférences en termes de langage, et pouvez commencer à repérer celles des autres.

Tableau 6-1 : Mots et expressions VAK

Visuel	*Auditif*	*Kinesthésique*
Vif, blanc, clair, couleur, flou, focaliser, graphique, illuminer, « insight », lumineux, perspective, vision	Argumenter, demander, sourd, discuter, fort, harmonie, mélodie, franc-parler, question, résonner, dire, crier, aigu, chanter, dire, ton, prononcer, vocal, hurler	Froid, rebond, excitant, sentir, ferme, couler, saisir, mouvement, imposant, solide, claquement, toucher, piétiner, poids
Il semble que	La question importante que nous nous posons tous est…	Mener la danse
Un aperçu de la réalité	Comme tu dis	Nous avons remodelé le projet
Nous avons veillé à nos intérêts	Je l'ai entendu de sa bouche	Poussez-vous !
C'est une nouvelle façon de voir le monde	Cela me dit quelque chose	Ça m'a beaucoup touchée
Jette un œil là-dessus	Un son de cloche	Comment sens-tu l'idée ?
C'est clair	Mot pour mot	En venir aux mains
Montre-moi ce que tu veux dire	Nous sommes sur la même longueur d'onde	Solide comme un roc
Avoir des œillères	Écoute donc ça	Franchir une étape à la fois
Ça fait mal de voir ça	Ça sonne faux	Il est casse-pieds.

TRUC

Bon nombre de mots de votre vocabulaire sont *neutres*, et à ce titre, ne vous donnent aucune indication de référentiel VAK. Des mots comme *penser* ou *idée* sont neutres, et pourtant, chaque mot peut déclencher chez vos interlocuteurs des images, des sons, ou des impressions qui diffèrent en fonction du sens qu'ils accordent à vos mots. Une bonne indication du référentiel de la personne à qui vous vous adressez est son langage corporel, susceptible de changer en fonction de votre discours. Vous pouvez aussi lire dans sa réaction des prédicats, comme expliqué plus bas, à la rubrique « Déceler les schémas ».

Un excellent moyen de vous familiariser avec la terminologie propre à un registre sensoriel donné consiste à écouter les actualités à la radio, muni de quoi écrire afin de noter les mots et les phrases qui traduisent une orientation sensorielle particulière. Vous affinez ainsi vos capacités à écouter plus attentivement les interlocuteurs avec lesquels vous souhaitez mieux communiquer. Essayez d'écouter pendant une semaine les informations ou vos émissions de radio préférées. Vous pouvez également écouter la télévision les yeux fermés (veillez simplement à ce que l'exercice ne se termine pas en sieste !). À l'Exercice 6-4, notez les mots et les expressions qui traduisent un système sensoriel donné, en mettant en surbrillance ceux que vous voulez ajouter à votre vocabulaire afin d'établir un meilleur rapport avec les gens qui fonctionnent selon divers référentiels VAK. La rubrique suivante, « Se synchroniser et jouer sur les référentiels VAK », traite de la manière d'établir le contact avec chacune des préférences sensorielles.

Exercice 6-4 : Le quiz du JT

Mots et expressions VAK	***Mes mots et expressions préférés***
Visuel :	
Auditif :	
Kinesthésique :	

Employez vos mots et expressions préférés en vue d'élargir le champ de vos référentiels VAK. Amusez-vous à émailler vos réunions professionnelles de mots et de phrases faisant appel à l'ensemble des systèmes de représentation sensorielle, afin d'y inclure le référentiel de chacun des participants. Essayez de caser dans vos e-mails, lettres ou documents des mots et expressions VAK vous permettant de varier votre approche. Gardez la liste de l'Exercice 6-4 à portée de main lorsque vous êtes au téléphone. Cela vous aidera à établir le contact et à vous connecter efficacement à vos interlocuteurs.

TRUC

Observez le système de représentation sensorielle qui vous vient le plus naturellement et avec lequel vous êtes le plus à l'aise. Voyez ensuite comment élargir votre vocabulaire VAK afin de devenir un communicant plus averti. Continuez à vous inspirer de votre liste de mots et expressions et à l'enrichir au fil du temps, lorsque vous participez à une réunion importante ou devez intervenir en public. Le recours à votre vocabulaire VAK établira ainsi une réelle différence dans vos relations à votre entourage.

Se synchroniser et jouer sur les référentiels VAK

Vous est-il déjà arrivé, lors d'une conversation entre amis, avec vos collègues ou vos proches, de les sentir intensément à l'écoute et de les voir réagir promptement, alors qu'à d'autres moments, vous avez l'impression de vous adresser à un mur ? Ou – quelques années en arrière – vous souvenez-vous de cet enseignant qui, vous permettant de saisir immédiatement le sens de son propos, capturait votre imagination tandis qu'un autre, bien qu'expert dans son domaine, vous donnait l'impression qu'il venait d'une autre planète tandis qu'il tentait de faire passer son message ? Voyons tout ça d'un peu plus près.

La PNL attache une importance essentielle aux principes de *mise en phase/conduite*, ce qui signifie que vous devez vous mettre en phase avec le comportement de votre interlocuteur avant de réussir à lui faire entendre ce que vous voulez et le faire réagir comme vous voulez. La notion de *mise en phase* implique de prêter une attention accrue non seulement à ce que disent les gens, mais également à la façon dont ils expriment leurs pensées au travers de leurs structures de langage, leur gestuelle et le ton qu'ils emploient.

TRUC

Une excellente méthode pour vous mettre en phase avec votre entourage consiste à observer le système de représentation sensorielle dominant de vos interlocuteurs et à envoyer votre feedback en vous calant sur le même système. La mise en phase constitue une forme de synchronisation, que nous traiterons plus en détail au Chapitre 7, dans lequel vous trouverez différentes façons d'étoffer vos capacités à établir le rapport avec vos interlocuteurs.

N'OUBLIEZ PAS !

On peut comparer la mise en phase par la synchronisation à l'utilisation du même logiciel que la personne avec laquelle vous communiquez. Imaginons que vous venez du milieu de la finance et avez l'habitude d'utiliser des documents au format tableur, alors que votre collaborateur vient d'un environnement littéraire et préfère les documents générés par traitement de texte. Si vous voulez établir rapidement la connexion avec votre collègue, vous allez initialement lui envoyer des documents générés sous forme de texte. Vous devez vous mettre en phase avec son point de vue avant de pouvoir l'amener à votre système référentiel de prédilection : le tableur.

Dès lors que vous avez cerné comment vous aligner sur un référentiel VAK, vous pouvez commencer à *diverger*/combiner vos modes d'expression en observant la différence obtenue lorsque vous mêlez à votre discours des éléments de langage issus de différents référentiels VAK.

Lorsque vous divergez – c'est-à-dire que vous combinez vos modes d'expression en faisant passer votre vocabulaire sur un autre système de représentation sensorielle –, vous restez en phase avec votre interlocuteur, tout en amorçant un début de relâchement de la connexion avec lui. Cela peut s'avérer utile pour mettre un terme à une conversation sans paraître grossier, ou si vous souhaitez simplement vérifier que vous avez judicieusement identifié son référentiel VAK.

Par exemple, dans l'énoncé « Je vois que nous allons avoir une belle journée ensoleillée », vous remarquez les mots à connotation visuelle *vois*, *beau* et *ensoleillée*. Une phrase équivalente en mode visuel donnerait : « D'après ce que je vois, le temps a l'air dégagé » (mode visuel).

Au rebours, voici un énoncé qui ne serait pas en phase avec le mode du premier : « Il fait une chaleur étouffante, on a du mal à respirer » (mode kinesthésique – qui traduit le mouvement ou la sensation).

Une seconde phrase qui ne serait pas en phase serait : « Tout le monde parle du soleil. Même les abeilles bourdonnent gaiement » (auditif).

À VOUS DE JOUER — À votre tour

L'Exercice 6-5 vous donne l'opportunité de pratiquer, de vous synchroniser avec les référentiels VAK et d'en diverger. Il vous aide à accroître la souplesse avec laquelle vous maniez les langages VAK et à élargir le champ d'une communication efficace.

Exercice 6-5 : Langage équivalent et divergent

Exemple de phrase énoncée en mode auditif :
Nous avons parlé de tous les points importants et sommes sur la même longueur d'onde.

Énoncé en mode équivalent :

Énoncé en mode divergent 1 :

Énoncé en mode divergent 2 :

Exercice 6-5 : Langage équivalent et divergent *(suite)*
Exemple de phrase énoncée en mode kinesthésique : ***Je suis en prise au même problème depuis des jours.***
Énoncé en mode équivalent :
Énoncé en mode divergent 1 :
Énoncé en mode divergent 2 :
Exemple de phrase énoncée en mode visuel : ***Ma vision a changé, tout me paraît maintenant clair comme de l'eau de roche.***
Énoncé en mode équivalent :
Énoncé en mode divergent 1 :
Énoncé en mode divergent 2 :

La désensibilisation VAK

Au fur et à mesure que vous vous familiariserez avec la pratique de la PNL, vous allez réaliser progressivement que raisonner en se basant sur le sensoriel comporte de nombreux avantages. Découvrir comment jouer avec les images, les sons et les sensations augmentera votre capacité à résoudre les problèmes, modifiera votre comportement, améliorera vos relations aux autres, et vous permettra d'orienter votre mode de pensée dans tous les domaines de votre vie.

Depuis un certain nombre d'années, Gina souffre de légers acouphènes, un symptôme auditif qui se traduit par des sifflements constants dans les oreilles. Le sommeil de Gina est donc passablement perturbé et, comme la majeure partie des gens atteints de ce phénomène, Gina a adopté des stratégies pour s'accommoder de la situation, pour laquelle aucune solution de traitement n'existe. À la question de Kate lui demandant de décrire la sensation que génèrent chez elle les acouphènes, Gina a répondu : « C'est pire la nuit, lorsque je suis au *calme*, ou si je me trouve dans un environnement *bruyant*. C'est plus supportable si je *ferme les yeux* sur le problème, ou si je me *focalise* sur autre chose. Alors je me *sens* mieux. » (Les prédicats traduisant le référentiel VAK de Gina sont indiqués ici en italique.)

Vous remarquerez d'après les prédicats adoptés par Gina, qu'elle passe d'un système de représentation sensorielle à l'autre (pour un rappel sur les prédicats, voir plus haut à la rubrique « Étudier les préférences linguistiques »). C'est en termes empruntés au mode auditif (calme, bruyant) et adaptés à un problème auditif, qu'elle évoque la pire sensation que lui procurent les acouphènes. Pour décrire les moments où la gêne est moins pesante, Gina passe aux registres visuel (ferme les yeux, focalise) et kinesthésique (sens). Les indices traduisant la méthode par laquelle elle parvient à diminuer son inconfort sont contenus dans le langage qu'elle emploie. En fait, au fur et à mesure que Gina prend conscience de sa stratégie pour passer naturellement dans le champ visuel, elle opte pour des actions à caractère plus visuel qui lui permettent de se soustraire aux sifflements désagréables.

Pour le moment, amusez-vous à passer de l'un à l'autre des trois systèmes de représentation sensorielle principaux, pour vous dissocier d'un problème donné ou vous en distancer. Face à un problème, la dissociation est un outil de PNL précieux pour supprimer l'intensité de la douleur induite par le problème et récupérer rapidement un meilleur équilibre si vous commencez à vous sentir affecté. Inutile de s'attarder trop longtemps ni trop intensément sur la douleur d'un problème, ni d'en renforcer l'expérience négative.

Pour bénéficier des effets de la désensibilisation VAK, pensez à l'un de vos problèmes. Ce peut être un problème de santé récurrent comme celui de Gina, un agacement passager, ou un domaine de votre vie dans lequel vous avez le sentiment de manquer de latitude. Décrivez ensuite en quoi se manifeste le problème, en observant si votre expérience de la situation se traduit essentiellement en mode visuel, auditif ou kinesthésique. Tournez-vous ensuite vers le référentiel sensoriel que vous avez le moins utilisé, pour envisager des solutions potentielles sans recourir aux autres sens, plus dominants. Cette démarche peut vous aider à découvrir de nouvelles orientations, qui ne vous seraient pas spontanément venues à l'esprit jusque-là.

Grâce à l'Exercice 6-6, vous allez pouvoir suivre le processus de désensibilisation d'Anna à son problème. Chaque fois que son patron lui demande de mettre ses idées par écrit, elle se met à paniquer, et chaque fois, elle a des bouffées de chaleur, perd ses moyens et se trouve incapable d'écrire ou de saisir un texte.

Exercice 6-6 : Processus de désensibilisation VAK d'Anna

La situation qui pose problème : mettre ses idées par écrit au bureau.

Quel système de représentation sensorielle déclenche le problème ?

Auditif : Le son de la voix de son patron et le fait d'entendre la question provoquent chez Anna des sensations négatives, qui déclenchent les réactions kinesthésiques suivantes : bouffées de chaleur, perte de ses moyens, incapacité à maîtriser ses doigts pour quelque action que ce soit.

Système de représentation sensorielle le moins utilisé :

Système visuel : Aucune image visuelle forte n'est utilisée ici.

Les trois solutions qu'Anna peut mettre en œuvre et qui font appel au système visuel, le système de représentation sensorielle le moins utilisé :

1. Commencer par dessiner un schéma ou chercher des images qui illustrent le message.

2. S'isoler, coller des notes adhésives sur le paperboard en les codant grâce à un système de couleurs lui permettant d'ordonner ses idées.

3. Inventer des personnages de dessin animé aux visages rigolos et écrire l'histoire sous forme de bande dessinée.

À VOUS DE JOUER – À votre tour

Appliquez maintenant l'Exercice 6-7 à vous-même, afin d'imaginer des solutions à votre propre problème.

Exercice 6-7 : Mon processus de désensibilisation VAK

La situation qui pose problème :

Quel système de représentation sensorielle déclenche le problème ?

Système de représentation sensorielle le moins utilisé :

Exercice 6-7 : Mon processus de désensibilisation VAK *(suite)*

Les trois solutions que je peux mettre en œuvre et qui font appel au système de représentation sensorielle le moins utilisé :
1.
2.
3.

Forcer sur la dose de passion

Avez-vous déjà observé le choix des mots que quelqu'un met dans son discours pour évoquer avec passion le sujet qui nourrit son enthousiasme ? Le langage choisi devient alors automatiquement plus riche et déborde de tous ces mots magnifiques propres à un mode sensoriel donné – comme les verbes d'action et les adjectifs fleuris – qu'on appelle en PNL les *prédicats*.

Notre exemple préféré est le célèbre discours de Martin Luther King « I have a dream », prononcé sur les marches du Lincoln Memorial de Washington D.C. le 28 août 1963. Chaque paragraphe se glorifie de prédicats VAK. Le discours contient des phrases comme « une formidable balise d'espoir pour des millions d'esclaves noirs qui ont été brûlés par les flammes d'une injustice impitoyable » et « quand nous aurons permis à la liberté de résonner, de résonner dans chaque village et dans chaque hameau, dans chaque État et dans chaque ville ».

La prochaine fois que vous entendrez un discours ou en verrez la transcription dans la presse, prêtez une grande attention au langage utilisé. Vous serez ainsi en mesure de décider pour vous-même si l'emploi de nombreux prédicats rend le discours plus convaincant.

Jonathan est passionné de plantes tropicales. Au fil du temps, il a conçu et planté chez ses clients nombre de magnifiques jardins. Récemment, Jonathan a accepté le défi de mener à bien la conception d'un jardin-exposition dans le cadre de l'une des plus prestigieuses manifestations horticoles d'Angleterre. Des années durant, il avait refusé de s'impliquer dans de tels événements, dont les préparatifs et le suivi sont sérieusement générateurs de stress. Complètement boosté par l'adrénaline générée par l'événement, Jonathan s'est trouvé fort surpris du degré d'énergie que lui a procuré l'expérience. « C'était comme si j'avais consommé des substances illégales ! Au bout de trois jours passés à planter et à voir les autres jardins prendre forme, tous mes sens étaient en alerte, à un niveau de réceptivité bien supérieur à l'habitude. Plus je regardais les jardins, plus les couleurs et les formes des buissons et des arbres étaient exacerbées. J'étais sensible à tous les bruits et au son de l'eau qui coulait, et le parfum des *roses* était incommodant. Chaque fois que je touchais un galet, je me sentais incroyablement léger, et je percevais une excitation physique. Je renouvellerai sans hésitation l'expérience, c'est sûr ! J'ai attrapé le virus et ces journées sont fermement fixées dans mon souvenir… Je peux vous dire que la récompense que l'on m'a attribuée avait un goût de miel. »

Dans les moments où vous souhaitez faire passer un message, et avez besoin que votre public soit motivé et inspiré par votre discours :

1. **Abordez votre discours par quelques phrases d'introduction.**

   Votre approche de départ doit inclure quelques prédicats et l'emploi d'un langage neutre, c'est-à-dire non sensoriellement connoté.

2. **Réécrivez le paragraphe d'ouverture en utilisant un mélange plus prononcé de prédicats, veillant ici à employer des mots couvrant au moins les aspects visuel, auditif et kinesthésique.**

   Quelques mots faisant référence au goût et aux odeurs n'en seraient que mieux.

3. **Rédigez et développez le reste de votre discours en puisant dans ce que vous avez appris sur le langage VAK, de manière à le rendre engageant pour tous.**

L'Exercice 6-8 vous guide dans l'écriture d'une introduction truffée de prédicats.

Mélanie veut encourager ses collègues à pratiquer plus efficacement le recyclage au bureau. L'Exercice 6-8 montre la façon dont elle a modifié les phrases d'ouverture de son allocution pour y inclure de plus nombreux prédicats VAK. (Les prédicats sont indiqués en italique dans les deux versions ; vous remarquerez comme ils sont peu nombreux dans la version initiale, dont le vocabulaire est majoritairement neutre.)

Exercice 6-8 : Formuler clairement sa passion : l'exercice de Mel

Première version :	Le sujet de mon allocution d'aujourd'hui concerne le *recyclage* au bureau. Ma passion pour le *recyclage* est motivée par ma peur que notre planète se trouve *abîmée* pour les générations futures, et *veiller* sur notre planète représente pour nous une réelle responsabilité. Le *recyclage* est très important, car il peut éviter de sacrifier les arbres et dépenser notre précieuse énergie pour alimenter des camions de ramassage des ordures. Chacun doit trouver un bénéfice à ramasser ses canettes et ses bouteilles vides.
Réécrivez votre texte en y incluant des prédicats :	*Étudions* aujourd'hui la question du *recyclage* au bureau. Cessons les *discours* et *bougeons-nous* pour soutenir le *mouvement* en faveur du *recyclage.* Lorsque nous aurons une *vue d'ensemble* de la situation et que nous l'aurons mieux *en main,* nous pourrons nous *débarrasser* de nos peurs *et cesser de détruire* la planète pour les générations futures en *prenant* réellement la responsabilité de *veiller* sur elle. *L'abattage des arbres* et la *combustion* de notre précieux carburant dans les camions de ramassage des ordures doivent *cesser. Représentez-vous* les avantages dont bénéficiera chacun de nous si nous *ramassons* nos déchets après avoir *mangé et bu.* Il est même probable que le bureau *sente meilleur* ! J'espère que mon propos sera *entendu* de tous.

L'Exercice 6-9 vous offre l'opportunité d'écrire votre propre message en le renforçant par l'usage de prédicats.

Exercice 6-9 : Formuler clairement sa passion : mon exercice

Première version :	
Réécrivez votre texte en y incluant des prédicats :	

Déceler les schémas

Dans *La Programmation neurolinguistique pour les Nuls*, nous vous initions au concept des *clés d'accès visuelles,* c'est-à-dire le fait de bouger les yeux en fonction du système de représentation auquel on a recours. En prêtant attention aux mouvements oculaires de vos interlocuteurs, vous saurez si la personne pense en termes d'images, de sons, ou de sensations et de mouvements. (Souvenez-vous que le mode *kinesthésique* se réfère à la fois aux expériences émotionnelles et au mouvement.)

Le dessin de la Figure 6-1 correspond à ce que vous voyez lorsque vous êtes face au visage de votre interlocuteur, et la façon dont il bouge les yeux en réaction à une question. (Notez que nous représentons ici les mouvements oculaires d'un droitier ; le schéma peut donc être inversé en présence d'un gaucher.) Si vous lui demandez de penser à l'un de ses meilleurs amis, vous pouvez vous attendre à voir ses yeux bouger vers le haut et vers la gauche, ce qui montre qu'il pense en termes visuels et convoque une image mentale de son ami. Si ses yeux bougent vers le bas et vers la gauche, c'est qu'il réfléchit à votre question, et se livre à son propre dialogue auditif interne.

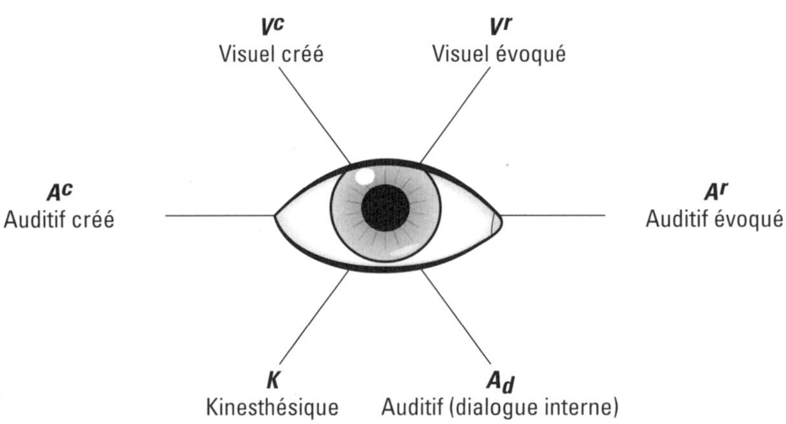

Figure 6-1 : Les mouvements oculaires indiquent les traitements VAK.

Vous pouvez continuer votre enquête en observant le système de représentation de votre interlocuteur. Regardez la personne de pied en cap, et remarquez les mouvements de ses yeux, le ton et le rythme de sa voix, la cadence de sa respiration et sa posture globale – tout ça au moyen des clés d'accès.

Le Tableau 6-2 répertorie les clés d'accès. Il représente les différents schémas associés à chaque système de représentation.

Étudier les clés d'accès vous fournit sur une personne un complément d'informations non verbales, qui ajoute à ce que vous pouvez déceler au travers des mots qu'elle prononce.

Tableau 6-2 : Les clés d'accès

Système de représentation VAK	*Yeux*	*Voix*	*Posture et respiration*
Visuel	Mouvements oculaires vers le haut, à droite et à gauche.	Rapide, posée et claire.	Posture tendue, droite. Respiration saccadée par le haut de la poitrine.

Tableau 6-2 : Les clés d'accès *(suite)*

Système de représentation VAK	*Yeux*	*Voix*	*Posture et respiration*
Auditif	Mouvements oculaires centraux, allant de gauche à droite et inversement.	Le regard tourné vers le bas, à gauche, indique que la personne est engagée dans un dialogue intérieur.	Rythme moyen et souvent saccadé, ton et timbre variés. La tête est penchée sur le côté dans la « position du téléphone ». Respiration égale au niveau du sternum.
Kinesthésique	Mouvements oculaires vers le bas, souvent vers la droite.	Souvent lente, douce et grave, pauses fréquentes.	Tendance à se tenir voûté. Respiration profonde au niveau de l'abdomen.

En observant votre assistante Virginie, vous remarquez que ses yeux restent au niveau d'une ligne droite face à elle, que sa voix comporte différents rythmes et intonations, et qu'elle penche la tête de côté. Vous en concluez donc qu'elle a une préférence pour le mode auditif.

À l'Exercice 6-10, vous allez déceler les clés des gens de votre entourage habituel, en vous focalisant sur ceux dont les préférences vous intéressent tout particulièrement. Ne vous découragez pas s'il vous semble difficile de placer tel ou tel dans une catégorie donnée. Utilisez simplement ces clés comme le moyen d'être très attentif à ceux qui vous sont chers. Dans le même temps, cela vous permet également d'affiner votre capacité d'écoute plus encore que par le passé.

Exercice 6-10 : Observation de mon entourage

Nom	*Yeux*	*Voix*	*Posture et respiration*	*Référentiel VAK*

Après avoir réuni des données concernant vos amis et votre famille, réfléchissez aux nouveaux types d'interactions que vous allez pouvoir mettre en place dans vos relations avec eux. Si vous savez que quelqu'un possède une préférence marquée pour un système de représentation donné, essayez de vous aligner sur ce style de langage pour communiquer avec lui.

Les individus qui font montre d'une préférence pour le mode visuel ont besoin de voir des images. Adressez-vous à eux en employant des dessins, des couleurs et des formes.

Une préférence auditive signifie que la personne concernée a besoin de discuter pour entendre le message, alors écoutez-la attentivement. C'est par rapport à leurs sensations que les adeptes du système kinesthésique prennent leurs marques, et ils peuvent avoir une préférence pour une activité physique. Pour chacun de ces cas, entraînez-vous en faisant appel à vos mots et expressions préférés, répertoriés à l'Exercice 6-4 : « Le quiz du JT ».

L'Exercice 6-11 est un plan de communication qui va vous permettre de réfléchir à la manière dont vous pouvez adapter votre mode d'interaction aux personnages clés qui peuplent votre quotidien, sur la base des informations réunies à l'Exercice 6-10. Choisissez une palette d'individus aux référentiels VAK variés.

Prenez l'exemple de votre assistante Virginie, orientée *auditif* : vous pensez avoir cerné qu'elle affectionne par-dessus tout de discuter et de prendre pas mal de notes. Prévoyez de laisser à Virginie plus de temps pour faire un point en début de journée, ce qui lui fournira l'occasion de prendre des notes. Pas étonnant qu'elle n'aime pas suivre un plan !

Exercice 6-11 : Mon planning de communication

Nom	*Idées de communication*

Chapitre 7

Établir le rapport

Dans ce chapitre :

- Sélectionner avec qui vous voulez établir le rapport
- Établir rapidement le rapport
- Adapter votre rythme et vous mettre au diapason de votre entourage
- Clore poliment une conversation
- Voir un autre point de vue

Vous savez comment se passent les échanges quand le rapport est établi avec quelqu'un – la conversation est fluide et vous savez d'un regard que vous êtes sur la même longueur d'onde. Vous reprenez sans mal la conversation là où vous l'aviez laissée. Vous prenez plaisir à sentir que tout va bien. Opposez maintenant cette sensation à une situation dans laquelle vous avez des difficultés à communiquer avec quelqu'un : l'échange est laborieux et chaque interaction requiert un effort. Dur, dur, non ?

L'établissement du rapport avec autrui est l'une des aptitudes essentielles à posséder dans la vie, la pierre d'angle qui vous permet d'obtenir ce que vous voulez. Le plus simple est de visualiser le rapport comme une danse qui réunit deux personnes, voire plus, pendant une certaine durée – il peut s'agir de quelques minutes, de plusieurs heures ou d'une vie entière. Un très fort flux d'énergie doit relier ces personnes. Dans ce chapitre, nous identifions les personnages clés avec lesquels vous devez établir un rapport, de manière rapide, proactive et honnête.

N'OUBLIEZ PAS !

Avec les trois autres concepts que sont l'acuité sensorielle, la pensée en termes de résultats et la flexibilité comportementale, le rapport constitue l'un des piliers de la PNL.

Vos relations clés

Une carte relationnelle est une représentation visuelle des personnes clés avec lesquelles vous êtes en contact. Pour commencer, tracez un cercle en indiquant votre nom au centre, puis tracez des branches qui partent du centre pour représenter les groupes clés de personnes qui composent votre vie – votre famille, vos amis, vos collègues de travail, et les gens avec lesquels vous êtes en contact dans le cadre de vos diverses activités. Vous pouvez si vous le souhaitez établir des sous-groupes au sein de chaque groupe, en fonction de vos priorités du moment.

Tôt ou tard, si vous voulez communiquer efficacement avec chacun des individus présents sur votre carte, il vous sera nécessaire d'établir un rapport avec eux. Remarquez les personnes ou les groupes avec lesquels vous interagissez le plus aisément, et ceux avec lesquels vous rencontrez des difficultés. Mettez en exergue toute relation sur laquelle vous aimeriez travailler pour améliorer la qualité du rapport avec cette personne ou ce groupe.

L'Exercice 7-1 fournit un exemple simple de carte relationnelle.

Exercice 7-1 : La carte des relations clés de Jinny

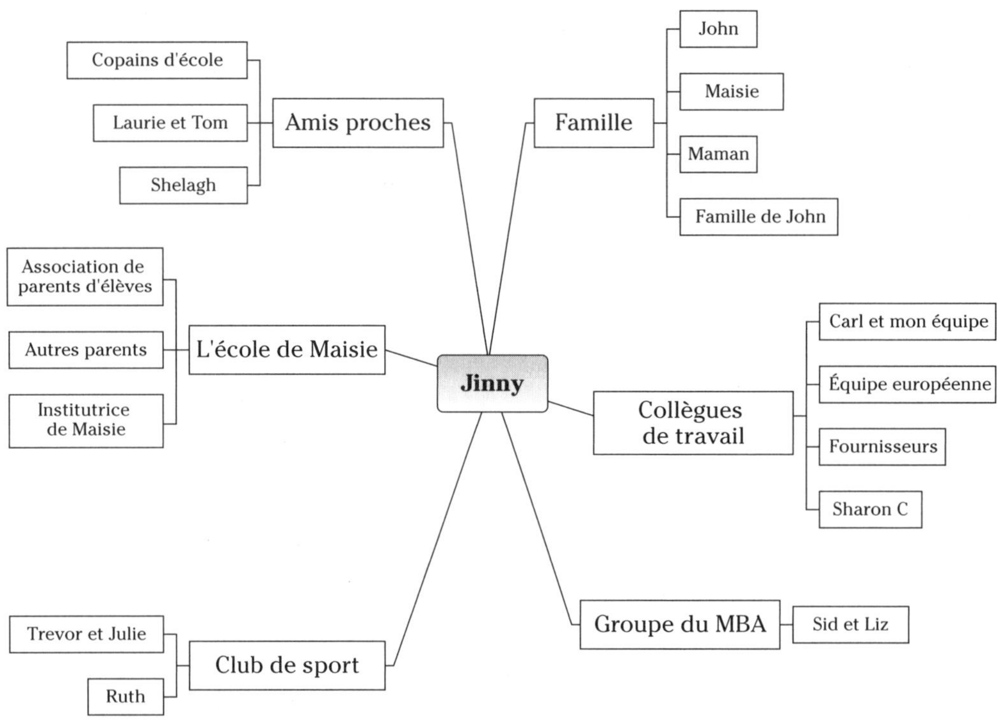

Utilisez l'Exercice 7-2 pour établir la carte de vos relations clés. Vous pouvez élire d'élaborer une carte exclusivement dédiée à votre vie sociale, ou votre milieu professionnel, ou choisir de lier cette carte de vos relations clés à votre roue de la vie, présentée au Chapitre 3. Dans tous les cas, assurez-vous que vous incluez les acteurs touchant à tous les domaines de votre vie. L'avantage d'une représentation visuelle de la carte de votre réseau est qu'elle vous permet de situer en un coup d'œil où vous placez votre temps et votre énergie.

Exercice 7-2 : La carte de mes relations clés

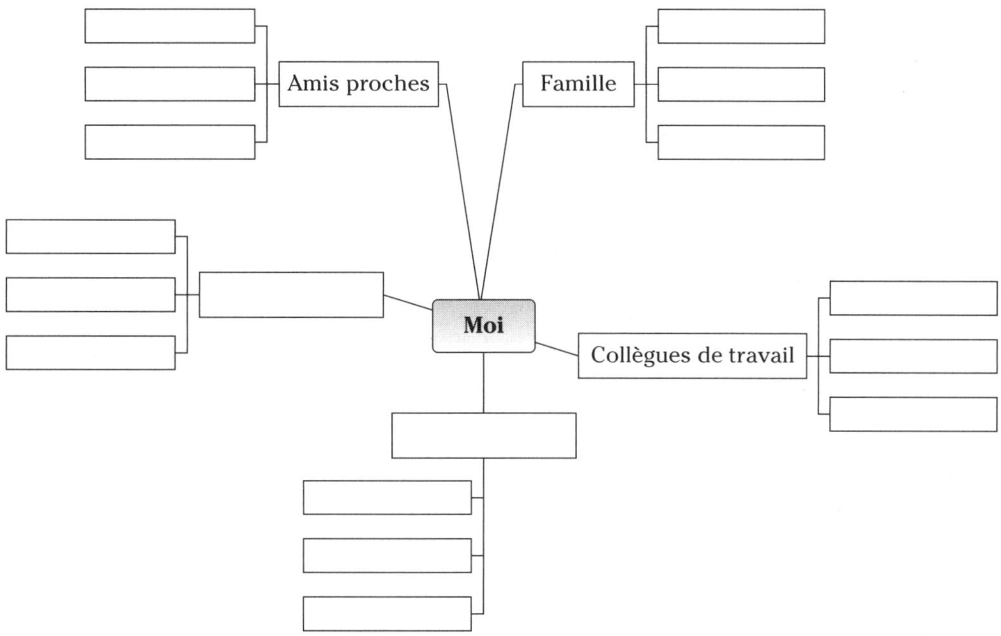

Synchronisation et mimétisme comportemental

Avez-vous remarqué que lorsque les gens s'entendent bien, ils ont tendance à harmoniser leurs mouvements ? Si l'un se penche en avant, l'autre aussi ; ils font des gestes similaires, à la même vitesse et au même rythme. On appelle *synchronisation et mimétisme comportemental* cette danse du rapport dans laquelle les individus se meuvent naturellement en cadence, chaque personne étant le reflet de l'autre. Quand vous pratiquez délibérément la *synchronisation* et le *mimétisme comportemental* avec quelqu'un, vous avez toutes les chances d'établir rapidement un rapport avec cette personne. La *synchronisation* et le *mimétisme comportemental* sont un atout précieux lorsque vous rencontrez quelqu'un pour la première fois et faites connaissance.

Synchronisation ne signifie pas imiter chaque détail de la voix et des gestes de votre interlocuteur. Singer quelqu'un ne signifie pas établir le rapport avec cette personne. Elle aura plutôt tendance à penser que vous vous moquez d'elle.

Sélectionnez une ou deux des caractéristiques essentielles de cette personne. Par exemple, si elle fait un mouvement distinctif et répétitif, comme se gratter la tête ou prendre une grande respiration avant de commencer à parler, essayez de faire avec vos mains un léger mouvement en même temps et au même rythme qu'elle, par exemple un léger tapotement. On appelle *cross-over de synchronisation* (mimétisme discret) ce type de synchronisation indirecte et plus subtile.

Commencez par affûter vos dons d'observation. Avec cette expérience, vous allez pouvoir observer le processus de synchronisation et de mimétisme comportemental dans des interactions entre personnes qui n'ont vraisemblablement jamais entendu parler de PNL : rendez-vous dans un café, un bar ou un restaurant très fréquenté, et jetez votre dévolu sur deux personnes qui ont l'air d'avoir établi un rapport. Observez leur comportement non verbal et les différentes manières dont elles pratiquent naturellement la synchronisation et le mimétisme comportemental. (Conseil d'ami : procédez avec discrétion, ou vous risquez de vous attirer des regards hostiles !) Pour ce faire, vous pouvez vous baser sur les quatre facteurs suivants :

- **Les voix :** Écoutez la nature du son (la tonalité) et la cadence de l'élocution. Le niveau sonore est-il élevé ou discret, le rythme est-il rapide ou lent ?
- **La respiration :** Observez si les respirations sont calmes ou sonores, rapides ou lentes. Prêtez attention au cou, aux épaules et au torse des protagonistes, et guettez les indices qui indiquent qu'ils respirent par la poitrine, l'abdomen, etc. (Si vous êtes un homme, veillez à identifier le mode de respiration des dames sans trop vous focaliser sur leur poitrine – vous pourriez vous attirer des ennuis ! Observez plutôt leurs épaules…)
- **Le mouvement et les niveaux d'énergie :** Les deux personnes donnent-elles l'impression de dégager des niveaux d'énergie équivalents en termes de « pêche » ou d'immobilisme ? Les décririez-vous comme énergétiques et toniques ou fonctionnant plutôt au ralenti ?
- **Le langage corporel :** Observez l'intensité des contacts visuels ainsi que les postures et la gestuelle. Quelles similitudes remarquez-vous dans leur maniérisme ? Font-ils des gestes distinctifs ?

Gardez ces quatre catégories à l'esprit, et notez celles que vous trouvez les plus faciles ou difficiles à identifier. Vous pourrez par la suite affiner vos dons d'observation sur des sujets avec lesquels vous voulez vous synchroniser.

TRUC

La prochaine fois que vous vous présentez au comptoir d'un magasin ou d'un café, entraînez-vous à établir le rapport avec le vendeur ou le serveur en vous synchronisant avec lui sur la base de ces quatre critères.

L'Exercice 7-3 présente les notes prises par Liz après qu'elle a observé au bureau la synchronisation et le mimétisme comportemental chez de nouveaux membres de son équipe.

Exercice 7-3 : Synchronisation et mimétisme comportemental – Les observations de Liz

Nom	***Voix***	***Respiration***	***Mouvements et énergie***	***Postures et gestes***
Anna	*Mélodique, forte, débit très rapide.*	*Respire par le haut de la poitrine, très bruyamment.*	*Mouvements rapides et légers, occupe l'espace en se déplaçant beaucoup et de façon énergétique.*	*Plisse les yeux, signe de tension lorsqu'elle se concentre sur une conversation.*
James	*Voix forte en début de phrase, puis ne finit pas ses phrases.*	*Respire profondément par l'abdomen.*	*Se déplace lentement. Reste assis quasiment sans bouger.*	*Légères contractions du visage lorsqu'il n'est pas à l'aise. Laisse pendre ses bras et joue nerveusement avec ses doigts, en particulier lorsqu'il intervient en public.*
Kevin	*Élocution bourrue, saccadée. Aboie ses instructions.*	*Respiration très tendue. Inhale bruyamment.*	*Aime se tenir debout pendant les réunions et lorsqu'il est au téléphone.*	*Son visage s'empourpre volontiers. Montre les clients du doigt lorsqu'il s'adresse à eux.*

Parmi les personnes citées à l'Exercice 7-2, identifiez-en quatre avec lesquelles vous aimeriez établir plus de rapport. Notez leur élocution, leur apparence, leur façon de se mouvoir et leur niveau d'énergie. Mettez vos observations noir sur blanc à l'Exercice 7-4.

Exercice 7-4 : Synchronisation et mimétisme comportemental – Mes observations

Nom	*Voix*	*Respiration*	*Mouvements et énergie*	*Postures et gestes*

La pratique de vos dons d'observation vous permet d'évaluer le comportement standard des gens avec lesquels vous passez beaucoup de temps et vous aide à noter rapidement tout changement. Ainsi, si vous avez besoin d'instaurer rapidement un rapport avec quelqu'un, vous saurez sur quel aspect de son maniérisme baser votre synchronisation et votre mimétisme comportemental.

Prenez l'habitude de remarquer comment respirent ceux qui vous entourent, et dans le même temps, prenez conscience de votre propre respiration. La respiration affecte l'ensemble du fonctionnement physiologique du corps, qui elle-même affecte votre état émotionnel. C'est votre état émotionnel qui définit la qualité de votre performance en matière de synchronisation et de mimétisme comportemental.

Mise en phase/conduite

La *mise en phase* est une technique de synchronisation grâce à laquelle vous allez penser à observer attentivement quelqu'un en prenant le temps d'enregistrer son mode de fonctionnement. C'est seulement ainsi que vous parviendrez à amener cette personne dans la direction souhaitée pour qu'elle soit réceptive à votre message. Pour vous représenter le principe de mise en phase, imaginez-vous en train de courir à côté d'un train que vous voulez prendre en marche – vous devrez courir pendant un moment pour prendre de la vitesse avant de tenter de sauter à bord (il s'agit bien entendu d'une métaphore, alors par pitié, n'essayez jamais ça !!).

Avez-vous déjà vu un enfant faire une crise en se roulant par terre, en tapant des pieds, et en hurlant afin que sa capacité pulmonaire n'échappe à personne ? Ou avez-vous fait les frais d'un ado lunatique ou d'un adulte grognon, centré sur ses besoins et faisant totalement abstraction des vôtres ? Être capable de se mettre en phase, de se mettre en phase et de se mettre en phase plus encore vous permet finalement de développer une relation réussie avec cette personne.

Maîtriser la technique de PNL de la mise en phase/conduite vous permet d'accroître votre degré d'écoute, et d'acquérir la possibilité de jeter des ponts entre des individus qui ont des communications différentes, avec un style et des priorités divergentes.

Madeline officie comme directeur financier dans une société internationale de manufacture. Elle est, à juste titre, fière de sa position, qui, faisant d'elle la première femme à siéger au conseil d'administration de la société, lui a permis de crever le plafond de verre pérennisant la traditionnelle discrimination socioprofessionnelle. Madeline arrive à sa première réunion de conseil d'administration, munie d'un certain nombre d'excellentes idées synonymes de changement. Néanmoins, elle remarque bientôt qu'une fois exposées, ces lumineuses idées ne suscitent que peu d'écho auprès de son auditoire. En revanche, plus tard dans la réunion, lorsqu'un autre membre du conseil suggère strictement le même concept que celui présenté par Madeline, l'idée est célébrée comme une solution géniale. Madeline trouve cette situation de plus en plus frustrante, se demandant si son recrutement à ce poste n'était pas simplement un moyen d'afficher la discrimination positive, alors qu'elle se heurte dans les faits à un mur de préjugés machistes. La jeune femme aurait pu passer à l'action et se plaindre de cette injustice auprès de ses collègues. En fait, avec l'aide de son coach, Madeline s'est rendu compte qu'elle ne possédait aucune preuve de préjugés discriminatoires, et que son approche était tout simplement différente de celles de ses collaborateurs, et qu'en l'espèce, ses interlocuteurs avaient besoin de temps pour envisager différentes options avant de prendre une décision. Madeline possède naturellement un mode de pensée vif et décisif, et la capacité d'analyser rapidement les problèmes et d'identifier une solution claire. Tandis que cette capacité agit généralement à son avantage, elle ne fonctionne pas sur ce groupe d'interlocuteurs. Elle réalise qu'elle doit se mettre en phase avec leur style de discussion et de prise de décision. À cet effet, lorsque lui vient une idée convenant à une situation donnée, elle se retient délibérément de formuler sa géniale suggestion, jusqu'au moment où elle juge le groupe de travail prêt à la recevoir. Du fait qu'elle accorde aux hommes un temps de traitement plus long pour réfléchir et débattre de plusieurs concepts, elle choisit le moment idéal pour placer ses idées sur la table. De la sorte, Madeline conduit ses collaborateurs vers des programmes novateurs bien reçus puis suivis d'actions.

À l'exemple de Madeline, il vous est sans doute arrivé de vous quereller avec quelqu'un, ou de voir une relation avec un individu ou un groupe de personnes suivie d'un feedback vraiment négatif. Il est probable que vous n'ayez pas mis en œuvre un processus de mise en phase/conduite de façon très habile. L'exercice qui suit va vous donner l'occasion de tirer d'une expérience négative une leçon vous permettant de passer à la suite, et de perfectionner votre technique de mise en phase/conduite pour améliorer globalement votre méthode pour établir le rapport.

1. **Repensez à une situation dans laquelle vous avez fortuitement perdu le rapport établi avec quelqu'un.** Souvenez-vous de la façon dont vous avez vécu la situation. Qu'avez-vous ressenti ou fait en conséquence de la mise en phase/conduite ratée avec cette personne.

2. **Quels autres problèmes ont découlé de cet incident ?** Avez-vous gaspillé beaucoup d'énergie à revivre mentalement ce qui s'était passé, ou endommagé une relation d'importance ?

3. **En quoi exactement avez-vous échoué dans votre mise en phase/conduite de l'autre ?** Réfléchissez ici à son style, à ses besoins. En quoi votre style et vos besoins se sont-ils avérés différents des siens ?

4. **Si vous reviviez une situation similaire, comment souhaiteriez-vous que se passent les choses, du point de vue des images et des sensations ?** Décrivez par écrit ce que serait ce rapport sur le plan auditif.

5. **À l'avenir, comment pensez-vous pouvoir procéder à la mise en phase de cette personne ?** Vous faudrait-il accélérer ou ralentir le rythme ? Seriez-vous mieux armé si vous possédiez plus d'informations, ou préféreriez-vous passer sur les détails et viser directement une vision globale ?

6. **D'autres idées vous viennent-elles ?** Par exemple, au vu des enseignements que vous tirez de cette expérience, pourrez-vous procéder différemment pour mener à bien votre processus de mise en phase/conduite ?

Lisa et sa sœur Angela ont eu des relations difficiles pendant un an, à la suite d'un différend dans lequel aucune d'elles n'avait utilisé la technique de la mise en phase/conduite. Regardez, à l'Exercice 7-5, l'expérience vécue par Lisa avant de consigner votre exemple personnel à l'Exercice 7-6.

Exercice 7-5 : L'expérience de mise en phase/conduite de Lisa

L'incident que vous analysez et le nom de la personne/du groupe concerné.	*Ma sœur Angela – nous nous sommes querellées quand je me suis séparée de mon copain, Richard, et qu'elle a insisté pour l'inviter à sa pendaison de crémaillère.*
Qu'avez-vous ressenti ?	*J'étais en colère et frustrée de ne pas pouvoir lui faire entendre mon point de vue.*
Quels autres problèmes cet incident a-t-il engendrés pour vous ?	*Ça a compliqué les choses vis-à-vis de mes parents, et j'appréhendais aussi les grandes réunions de famille. Les membres de notre famille étaient très mal à l'aise lorsqu'ils voulaient nous inviter ensemble. Nous sommes toutes deux passées à côté de beaucoup de bons moments que nous aurions pu partager pendant tout ce temps.*
En quoi avez-vous raté votre mise en phase/conduite ?	*J'étais si centrée sur mon propre point de vue que je n'ai pas suffisamment pris le temps d'écouter le sien. Je suis passée en mode « transmission », en lui disant exactement le fond de ma pensée, sans lui accorder suffisamment de place ou de temps pour exprimer sa version de l'histoire.*
Si vous vous trouviez de nouveau dans la même situation, comment souhaiteriez-vous que se passent les choses ?	*J'aimerais voir s'instaurer un dialogue à double sens entre deux adultes qui tiennent énormément l'une à l'autre.*
Comment instaurer la mise en phase/conduite avec cette personne à l'avenir ?	*Si je sens la frustration me gagner, je serai plus calme, et je laisserai une place importante à son point de vue. J'aborderai la situation avec un esprit ouvert et l'intention d'écouter tout ce qu'elle a à dire sans l'interrompre. Je demanderai son accord pour relater ma version de l'histoire avant de commencer à parler.*
Cet exercice vous donne-t-il d'autres idées ?	*Je peux me « faire la main » sur ma sœur, ce qui m'aiderait à améliorer aussi ma relation avec Ben, mon nouvel ami. Je pense à plusieurs personnes avec qui je ne pratique pas la mise en phase/conduite de manière suffisamment rigoureuse. En résumé, il s'agit d'acquérir une meilleure écoute. J'ai tendance à partir bille en tête.*

À l'Exercice 7-6, vous allez vous replonger dans le passé et repenser à une situation dans laquelle vous vous êtes trouvé face à quelqu'un dont les priorités et le mode de fonctionnement différaient en tout point des vôtres, à une époque où vous étiez conscient de vos difficultés à établir le rapport mais ne parveniez pas à pratiquer la mise en phase/conduite. Peut-être la situation s'est-elle soldée par une brouille sérieuse ? La situation peut avoir été si pénible que vous en êtes encore contrarié, ou peut-être s'est-il agi d'un simple quiproquo et d'un problème de communication que vous préféreriez, à l'avenir, éviter en le résolvant plus vite. Vous pouvez choisir un membre de votre famille, un collègue de travail ou peut-être quelqu'un que vous avez rencontré en faisant du sport, dans le cadre d'une entreprise de bénévolat ou d'une activité impliquant votre communauté de vie. L'exercice fonctionne avec un individu comme avec un groupe.

Exercice 7-6 : Mon expérience de mise en phase/conduite

L'incident que vous analysez et le nom de la personne/du groupe concerné.	
Qu'avez-vous ressenti ?	
Quels autres problèmes cet incident a-t-il engendrés pour vous ?	
En quoi avez-vous raté votre mise en phase/conduite ?	
Si vous vous trouviez de nouveau dans la même situation, comment souhaiteriez-vous que se passent les choses ?	
Comment instaurer la mise en phase/conduite avec cette personne à l'avenir ?	
Cet exercice vous donne-t-il d'autres idées ?	

Rompre le rapport

Vive le rapport ! Et pourtant, quid des matinées où vous avez si bien papoté que votre travail n'a pas avancé d'un iota ? Avec un emploi du temps chargé et peu de temps pour bavarder, vous pouvez avoir besoin de rompre le rapport. Ou encore, vous êtes si doué pour établir le rapport que vous attirez toutes sortes de gens qui veulent entrer en relation avec vous alors que vous ne voulez pas entrer en relation avec eux !

Nous allons nous intéresser dans cette rubrique à la rupture délibérée du rapport, tout en ménageant le respect de l'autre. Les méthodes présentées ci-après fonctionnent aussi bien en face à face qu'à distance.

Voici un jeu de groupe basé sur la technique de la synchronisation et du mimétisme comportemental. Il vous suffit de trouver un partenaire de jeu bien disposé.

1. **Asseyez-vous face à votre partenaire.**
2. **Démarrez une conversation à propos d'un sujet anodin sur lequel vous pouvez vous accorder.**
3. **Implémentez la technique de la synchronisation et du mimétisme comportemental pour refléter le langage corporel de votre interlocuteur.**
4. **Au fil de la conversation, commencez à modifier votre gestuelle et le ton de votre voix afin de les opposer à ceux de la personne en face de vous.**

   Par exemple, votre voix va devenir très forte, ou très douce. Si votre interlocuteur est assis, levez-vous. Cependant, continuez à signifier votre accord avec ce que dit cette personne.

Vous vous apercevez immédiatement de la difficulté à être en phase avec quelqu'un dont les gestes et le ton ne concordent pas avec les vôtres. Démonstration terminée.

Bob a le chic pour se déconnecter élégamment des gens auxquels il ne veut pas consacrer de temps. Et pourtant, il lui est arrivé de se faire coincer lorsque, invitant des membres de son club sportif à boire un verre chez lui, il s'est aperçu qu'ils étaient venus avec l'intention de parler affaires en lui vendant une solution de placement à court terme dont il n'avait que faire. Juste au moment où ses visiteurs commençaient leur laïus commercial, Bob s'est levé et a dit en souriant : « Visiblement, ce genre de situation arrive à certaines personnes et pas à d'autres. Je fais partie de ceux à qui ça n'arrive pas. » Comprenant l'allusion, l'un des vendeurs a écourté sa présentation commerciale et préféré accepter une bière.

Pour déconnecter des gens avec lesquels vous voulez passer moins de temps, vous devez d'abord identifier les « chronophages » qui se faufilent et réussissent toujours à s'approprier votre temps. Vous êtes en train de vous faire vampiriser par une personne pour qui vous n'avez aucun intérêt ? Vous ne parvenez pas à vous débarrasser d'un télémarketeur qui tente de vous fourguer marchandises ou services, simplement en disant « non merci » et en passant à autre chose ? Peut-être avez-vous beaucoup de mal à refuser ce qu'on vous demande au bureau ? Prenez conscience de la démarche – physique et orale – de ceux qui vous tirent par la manche afin de rester connecté. Est-il possible que vous les attiriez par certains de vos comportements ? Peut-être éprouvez-vous pour eux de la pitié, et êtes-vous prêt à écouter leurs histoires alors que personne d'autre ne le fait ? Votre excès de gentillesse ou d'empathie finit-il par vous porter préjudice ?

Réfléchissez à ce que vous pouvez dire et faire pour offrir à cette personne une porte de sortie honorable, en envoyant un message clair mais sans lui infliger une blessure identitaire offensive. Voici venu le moment de vous mettre en porte-à-faux par rapport à la voix et à la gestuelle de votre interlocuteur, plutôt que de vous ajuster sur lui et de rester connecté. Par exemple, vous est-il possible de reconnaître sa démarche courageuse parce qu'il travaille dur pour gagner sa vie, sans pour autant vous laisser convaincre par ce qu'il veut obtenir de vous ? Veillez à rester honnête plutôt que d'avoir recours à des prétextes fallacieux et des arguments biaisés. Souvenez-vous que pour éviter de vous engager malgré vous dans une discussion interminable, vous n'êtes pas tenu d'expliquer votre démarche ou de justifier votre point de vue en détail.

Prenez l'habitude d'énoncer clairement vos besoins. Répétez les expressions et les phrases vous permettant de vous déconnecter rapidement, comme par exemple :

- « Merci de m'avoir contacté. Je suis en train d'économiser, donc je ne prévois pas d'acheter à court terme. »
- « Je souhaite consacrer mon temps à ma famille, et ne peux donc accepter votre invitation. »
- « Je suis tenu par un délai, mais je vous appellerai dès que je serai disponible. »

Vous pouvez également :

- Annoncer au début d'une réunion ou d'une conversation le temps dont vous disposez, de sorte qu'il vous sera plus facile de clore poliment la discussion sur une formule convenue du type : « Nous allons en rester là pour aujourd'hui. »
- Prévenir votre interlocuteur que le temps imparti à la discussion arrive à son terme – « Bien, nous allons devoir clore la discussion d'ici cinq minutes – y a-t-il d'autres points que vous souhaitez aborder ? »
- Regarder poliment votre montre et prendre l'air navré pour dire : « Que le temps passe quand on s'amuse ! »
- Changer d'intonation : « Je vous remercie. J'ai eu plaisir à discuter avec vous/à vous rencontrer. »
- Initier un mouvement, vous lever ou vous approcher de la porte en vous démarquant de l'autre personne, lentement d'abord, puis de façon plus marquée.
- Faire en sorte que quelqu'un intervienne ou appelle au téléphone pour rompre la connexion.

Le langage corporel et l'intonation de la voix peuvent traduire vos intentions au même titre que les mots. En moyenne, 93 % de votre communication est non verbale. Assurez-vous que votre langage corporel envoie le même message de désintérêt courtois que souligne votre discours.

Pensez à la *rupture du rapport* de la même façon que l'on éteint une lumière ou que l'on débranche un appareil électrique que l'on n'utilise pas, sachant que vous pouvez rétablir la connexion à tout moment.

Infirmière dans un cabinet médical de campagne, Sarah possède une patientèle fidèle dans sa région, qui choisit toujours des rendez-vous les jours où elle est présente au cabinet. Ses rendez-vous calibrés sur 15 minutes passent facilement à 30 minutes et elle a toujours l'impression d'être en retard et de travailler dans l'urgence. Son problème ? Elle a le contact facile mais déteste le rompre. Elle invite ses patients à « repasser la voir la semaine prochaine » même si aucune raison clinique ne justifie cette visite de contrôle.

Il est parfois plus facile de remarquer ce que devraient faire les autres que de voir ce qu'on ne fait pas. Imaginez que vous êtes le patron de Sarah, son coach ou son ami, et que vous trouviez des solutions que Sarah pourrait mettre en œuvre pour rompre le rapport avec ses patients, tout en restant professionnelle et courtoise à leur égard. Réfléchissez à la façon dont Sarah peut utiliser l'espace physique, gérer son temps, ou solliciter de l'aide à l'extérieur. Quels changements peut-elle apporter à la façon dont elle se comporte, dont elle parle, et dont elle regarde ses patients ? L'Exercice 7-7 suggère trois idées pour amorcer votre réflexion.

Continuez à réfléchir jusqu'à épuisement de vos capacités cérébrales. Puis réservez l'exercice, par exemple jusqu'au lendemain, et revenez-y avec un œil frais et une ou deux idées supplémentaires.

Exercice 7-7 : Techniques utilisables par Sarah pour rompre le rapport dans les face-à-face

Annoncer « Aujourd'hui j'ai 15 minutes à vous consacrer » en début de rendez-vous.	
Lorsqu'elle doit mettre un terme à la séance, rompre le contact visuel et se focaliser sur la prise de notes sur son ordinateur.	
Demander au responsable du cabinet médical si elle peut organiser à l'occasion une opération portes ouvertes en dehors des heures de travail, pendant laquelle les patients et le personnel du cabinet pourraient discuter à loisir.	

Tourner le dos à un interlocuteur est l'une des façons les plus brutales de rompre le rapport (se désynchroniser de quelqu'un). Prenez garde de ne pas le faire par inadvertance. Vous perdriez toutes vos chances de démarrer une relation prometteuse.

Lorsque vous aurez terminé l'Exercice 7-7, interrogez-vous pendant quelques instants pour savoir si vous pourriez reprendre à votre compte certains des éléments propres à la situation de Sarah. Par exemple, si l'un de vos amis ou quelqu'un parmi vos clients s'approprie une trop grande part de votre temps et empiète sur votre temps libre.

TRUC

Étoffez votre capacité à vous déconnecter des autres en douceur ; doucement pour commencer, puis en allant crescendo. Si vous êtes trop abrupt, vous risquez de gâcher vos amitiés et réduire votre aptitude à jouer honnêtement de votre influence sur les autres. Le langage corporel peut être un vecteur subtil. Si vous étiez assis, penché en avant en signe d'intérêt pour la conversation, reculez-vous progressivement dans votre chaise ou placez vos lunettes sur votre crâne. Étirez-vous ou levez-vous. Il en va de même de votre voix : accélérez votre rythme d'élocution ou parlez plus fort que votre interlocuteur s'il s'exprime relativement bas. Au rebours, si la personne parle de façon sonore et animée, taisez-vous.

À VOUS DE JOUER

Vous pouvez bloquer les intrusions dans votre temps, votre espace et votre énergie de différentes façons, tout en restant courtois vis-à-vis de votre entourage. L'Exercice 7-8 vous aide à identifier votre vulnérabilité face à des correspondants téléphoniques envahissants – les inconnus tout comme vos proches – et vous propose des moyens de vous déconnecter des opportuns.

Exercice 7-8 : Ma méthode de déconnexion courtoise

Par quelle personne suis-je susceptible de me faire piéger, celle avec qui j'ai le moins envie de passer du temps ?	
Y a-t-il quoi que ce soit, dans ce que je fais ou ce que je dis, qui attire cette personne ?	
Dans son comportement, quel est l'élément dont je trouve le plus difficile de me déconnecter ?	

Exercice 7-8 : Ma méthode de déconnexion courtoise *(suite)*	
À quelles formulations pourrais-je avoir recours dans cette situation ?	
Comment utiliser mon langage corporel et l'intonation de ma voix pour émettre les signaux de déconnexion adéquats ?	

Se mettre dans la peau de son interlocuteur

Il y a bien des années, lorsque nous travaillions ensemble chez Hewlett-Packard, nous étions immergées dans une culture d'entreprise établie cinquante ans auparavant par Bill Hewlett et Dave Packard, qui prêchaient (pour reprendre les mots de Dave) : « Pensez d'abord à l'autre gars. C'est le fondement – le premier impératif – de la bonne entente avec les autres. Et de tous, c'est l'accomplissement réellement le plus ardu à réaliser. Lorsque vous y serez parvenu, le reste vous paraîtra un déjeuner de soleil. »

Imaginez l'espace d'un instant devoir négocier un contrat ou passer un accord avec quelqu'un. Ou encore que votre conjoint a un projet de décoration ou d'aménagement d'une pièce assez lointain du vôtre. Dans ce genre de cas, vous vous trouvez face à quelqu'un dont l'approche diffère substantiellement de la vôtre. Dans la vie de tous les jours, disposer d'un point de vue alternatif s'avère souvent utile. Néanmoins, si vous n'avez que le choix entre deux possibilités, vous vous trouvez en présence d'un dilemme – adopter votre point de vue ou celui de l'autre ? Afin d'ouvrir le champ des choix et des options disponibles, la PNL propose une approche consistant à explorer la situation à partir de plusieurs points de vue appelés *positions perceptuelles* – il peut y en avoir trois, quatre, voire plus. En ayant recours à ces perspectives multiples, vous commencez à séparer votre point de vue de l'attachement émotionnel lié à une position particulière, et vous êtes capable d'observer la situation bien plus objectivement.

Dans l'exercice mental de mise en situation, pensez à une personne avec laquelle vous aimeriez avoir un rapport de meilleure qualité. Cette personne ne sera pas physiquement à vos côtés, contentez-vous de l'imaginer. Si nécessaire, retournez à l'Exercice 7-2 pour revoir la liste des relations qui comptent le plus pour vous. Il peut également s'agir de quelqu'un avec qui vous avez entamé une nouvelle relation clé depuis que vous avez entamé la lecture de ce chapitre. Consignez vos observations à l'Exercice 7-9.

Commencez l'exercice en disposant trois feuilles de papier au sol en triangle. Vous pouvez aussi positionner trois chaises sur lesquelles vous prendrez place tour à tour. Les feuilles ou les chaises représentent les trois positions perceptuelles différentes dans lesquelles vous allez vous glisser selon l'ordre décrit ci-dessous. Il est important que vous vous déplaciez physiquement dans l'espace au moment où vous investissez chaque position.

Lorsqu'on vous demande au cours de l'exercice de *rompre l'état*, signifiez physiquement cette démarche, en vous secouant doucement comme pour vous ébrouer, ou en pensant à un sujet très différent, comme vos dernières vacances ou la couleur de la chemise que vous avez repassée ce matin !

1. **Dans la *première position*, soyez simplement vous-même et imaginez-vous en train de regarder la personne qui occupe la seconde position, avec laquelle vous aimeriez améliorer le rapport.**

   Notez ce que vous pensez et ressentez pendant ce moment où vous vous imaginez être en train de regarder la deuxième personne, qui vous regarde elle aussi. Par exemple, peut-être êtes-vous inquiet, excité ou curieux de savoir ce que pense et ressent la personne que vous regardez.

2. **Notez vos impressions à l'Exercice 7-9. Puis rompez avec cet état (c'est ce que la PNL désigne par le terme *état de rupture*) et changez de feuille ou de chaise pour passer à la seconde position.**

3. **Dans la seconde position, vous occupez la place de l'autre personne. Raisonnant dans cette nouvelle perspective, imaginez que vous vous regardez.**

   Notez ce que vous pensez et ressentez pendant ce moment où vous vous imaginez être la personne qui vous regarde. Par exemple, du point de vue de l'autre, peut-être êtes-vous inquiet, excité ou curieux de savoir ce que pense et ressent le « vous » actuellement à la première position, que vous regardez.

4. **Notez vos impressions dans l'exercice. Puis rompez avec cet état et changez de feuille ou de chaise pour passer à la troisième position.**

5. **Dans la troisième position, imaginez que vous êtes un observateur impartial.**

   De ce point de vue, imaginez-vous en train de vous regarder vous-même ou de regarder l'autre personne, notez ce que vous pensez et ressentez pendant ce moment où vous imaginez ce qui se produit pour les deux participants.

   Par exemple, en qualité d'observateur, vous pouvez percevoir des détails pertinents concernant les points communs des deux protagonistes, et imaginer des manières de rapprocher leurs différences.

6. **Revenez à la première position.** Fort des données remarquées au cours de vos passages dans les différentes positions, demandez-vous : « En quoi la situation m'apparaît-elle maintenant comme différente ? »

7. **Prévoyez des actions**. Le point le plus important est d'agir. Demandez-vous : « Quelle va être ma première action concrète ? » Cette décision est essentielle. Vous disposez de l'Exercice 7-10 pour consigner vos perceptions clés et prendre un engagement sur votre première action à venir.

Exercice 7-9 : Se mettre dans la peau de l'autre

Position	*Observations relevées depuis cette position. Que suis-je en train de vivre, de penser, de ressentir ?*
Première position :	
Seconde position :	
Troisième position :	
Première position (la deuxième fois) :	

Notez à l'Exercice 7-10 vos perceptions les plus importantes et la façon dont vous allez les mettre en application.

Exercice 7-10 : Mes perceptions clés et mes actions

Quelles perceptions clés ai-je retiré du passage par les différentes positions ?	
En quoi les choses sont-elles maintenant différentes ?	
Quelles nouvelles idées en ai-je retiré ?	
Qu'est-ce qui a changé pour moi ?	
Quelle est ma première action ?	

Chapitre 8

Exercer son influence avec les métaprogrammes

Dans ce chapitre :

- Identifier les métaprogrammes
- Étudier les combinaisons viables
- Approfondir le rapport par la synchronisation des métaprogrammes

Jour et nuit, vous êtes bombardé de messages qui réclament votre attention – un magnifique panorama, le crissement des pneus sur le macadam, les bruits de fond au bureau, le bruissement de vos vêtements. C'est en filtrant une bonne partie des messages que vous recevez que vous gérez ce déluge d'informations. En PNL, on appelle *métaprogramme* l'un de ces filtres.

Vos métaprogrammes affectent votre comportement en ce sens que c'est grâce à eux que vous décidez à quoi prêter attention et comment vous comporter en réaction aux informations perçues au travers de vos sens. Par exemple, l'un des métaprogrammes présentés dans ce chapitre est le métaprogramme qui constitue le filtre de perception primaire, celui qui gère le degré d'attention que vous accordez aux gens, aux lieux, aux choses, aux activités ou aux informations. Si vous êtes naturellement porté sur les rapports humains et que vous marchez dans la rue accompagné de quelqu'un qui a un grand besoin d'information, il est possible que vous commentiez la tenue vestimentaire d'un passant, sa démarche ou tout autre détail afférent à cette personne. En revanche, la personne qui vous accompagne se dirigera peut-être vers une boutique afin d'en étudier la vitrine en commentant les informations qu'elle perçoit.

Nous sommes tous différents. La plupart d'entre nous portent au quotidien plusieurs casquettes. De même, nous avons différents métaprogrammes, un pour chacun des rôles que nous jouons. En tant que parent, vous vous trouvez à la tête d'un jeu de métaprogrammes différents de ceux que vous utilisez en tant qu'amant, eux-mêmes différents de ceux que vous mettez en œuvre en tant que supérieur hiérarchique ou collaborateur.

Pour interagir et communiquer de façon satisfaisante avec les autres, quel que soit le contexte, il est nécessaire d'établir le rapport, c'est-à-dire d'être sur la même longueur d'onde. Dans ce chapitre, nous démontrons en quoi les métaprogrammes peuvent vous aider à faire passer la communication de telle sorte que votre interlocuteur puisse instantanément interpréter votre message et y répondre.

N'OUBLIEZ PAS !

Les métaprogrammes fonctionnent sur une échelle mobile. L'endroit de l'échelle où vous vous situez dépend de votre histoire et de votre mode de fonctionnement. Souvenez-vous toujours que vous utilisez différents métaprogrammes, à différents degrés, dans différentes situations, et qu'il en va de même des personnes avec lesquelles vous communiquez. Prenez l'habitude de poser des questions et d'écouter attentivement, afin de découvrir les métaprogrammes de votre interlocuteur dans des circonstances données.

Être à l'écoute des métaprogrammes et découvrir les filtres

Nous vous donnons dans cette rubrique une vue globale des métaprogrammes de la PNL et suggérons des questions types à poser pour découvrir les métaprogrammes de vos interlocuteurs. Nous ne nous lancerons pas dans de longues discussions théoriques sur le sujet parce que vous en apprendrez beaucoup plus en réalisant les exercices.

Pour amorcer la pompe, soyez à l'écoute de vos propres métaprogrammes et prenez quelques notes. Parce que vous connaissez par cœur votre façon de fonctionner et votre sensibilité, vous pouvez en toute sécurité construire votre raisonnement en vous appuyant sur votre sensibilité.

Vous pouvez devenir maître dans l'art d'utiliser les métaprogrammes en vous projetant au-delà des exemples que vous trouvez dans les exercices pour identifier la meilleure façon d'exploiter vos découvertes. Par exemple : au bureau, à la maison avec votre conjoint, vos parents, vos adorables ados ; et même avec vos amis à quatre pattes – sauf si vous faites partie de ces gens qui sont esclaves d'un chat ou un chien dépourvu de toute personnalité !

Certaines personnes adorent les gadgets mais sont incapables de communiquer avec le genre humain. D'autres, lorsqu'on leur demande comment se sont passées leurs vacances, pourront relater par le menu tous les détails de l'architecture de chaque monument qu'ils ont visité, mais ne se souviendront en rien de l'atmosphère d'un restaurant où ils ont passé une soirée. Notre expérience du monde dépend de nos *métaprogrammes*, qui représentent l'un des multiples filtres que nous utilisons pour tamiser le flux de données entrantes *et* sortantes, qu'il s'agisse de décrire une expérience, faire une présentation, ou écrire sur un sujet donné. L'amateur de gadgets utilise probablement un métaprogramme qui filtre plus volontiers les données relatives aux choses que celles liées aux gens, et la personne qui est férue d'architecture remarque l'environnement dans lequel elle se trouve parce que son métaprogramme s'arrête aux lieux plus qu'aux gens. Certains individus peuvent sans mal s'attacher aux plus minces détails d'une tâche, mais sont incapables d'avoir une vision globale parce que leur filtre laisse passer les micro-informations mais bloque sur les données de plus gros calibre.

Vous avez certainement déjà une petite idée de la façon dont fonctionnent vos métaprogrammes, mais dans cette rubrique, nous allons vous présenter le concept dans son ensemble. Nous avons choisi quatre métaprogrammes (présentés au tableau ci-dessous) pour vous montrer exactement comment apprendre à reconnaître les tendances de quelqu'un, afin de les exploiter pour améliorer la qualité de la communication entre vous et cette personne.

Le filtre directionnel	Rapprochement/Éloignement
Le filtre de dimensionnement	Global/Spécifique
Le filtre de la raison (également connu sous le nom d'*opérateur modal*)	Options/Procédures
Le filtre de perception primaire	Gens, lieux, choses, activité, information

Le filtre directionnel : Éloignement/Rapprochement

Le *filtre directionnel* est le métaprogramme qui vous mène vers le plaisir et vous éloigne de la douleur. Nous sommes motivés par la « carotte », qui représente le plaisir et la récompense, connue en jargon PNL comme le *rapprochement*, ou le « bâton », qui représente la douleur et la sanction, désigné en termes de PNL par l'*éloignement*.

Quelqu'un qui fonctionne sur le modèle du *rapprochement* se centrera volontiers sur des objectifs et s'attachera aux buts qu'il veut atteindre. Il aura tendance à agir précipitamment, sans états d'âme par rapport aux problèmes potentiels. Une personne orientée *éloignement* va consacrer son énergie à éviter les situations qu'elle juge risquées ; elle sera considérée par les autres comme prudente.

Par son enthousiasme, une personne très orientée *rapprochement* peut considérablement agacer quelqu'un dont le modèle est l'*éloignement*, et les atermoiements du profil qui fonctionne selon l'*éloignement* auront vraisemblablement le même effet sur un adepte du *rapprochement* !

Dans le monde du travail, les personnes qui emploient les filtres directionnels de *rapprochement* possèdent autant d'atouts que ceux qui sont menés par l'*éloignement.* Simplement, mieux vaut éviter de placer à la tête du département contrôle qualité ou certification un individu très porté sur le *rapprochement.* En revanche, il trouvera parfaitement sa place dans les postes requérant des dispositions pour le management et l'implémentation d'évolutions nouvelles. Un adepte de l'*éloignement* peut être une aubaine si vous voulez prévoir les dangers d'un projet. En revanche, s'il vous faut des réponses rapides, vous devrez peut-être le pousser dans ses retranchements s'il n'a pas terminé l'évaluation exhaustive des risques. Les mots utilisés par les gens donnent généralement une indication des filtres qu'ils utilisent. Le Tableau 8-1 présente un certain nombre de termes associés aux filtres directionnels.

Tableau 8-1 : Termes indiquant un filtre directionnel

Termes de rapprochement	***Termes d'éloignement***
On y va	Attention à
Je veux, je voulais	Je ne veux pas
Facile	Sans stress
La valeur de, valoir	Le coût de, coûter
Avantages	Inconvénients
Sûr	Risqué
Accomplir, faire avancer les choses	Reporter jusqu'à
Solutions	Problèmes
Satisfaction	Insatisfaisant, ne pas accomplir, manque de
Avoir les moyens de	Ne pas avoir les moyens, manquer de budget

Pour découvrir le filtre directionnel de quelqu'un (quelles choses déclenchent de sa part une action), la question à poser est « Qu'attendez-vous de X ? » ou « Quel est l'avantage pour vous d'avoir X ? » – où X peut être une relation, un job, un nouveau PC, ou quelque chose de plus imaginatif. Il est utile d'identifier ce qui motive vos interlocuteurs, notamment si vous essayez d'atteindre un résultat, par exemple, amener un directeur d'agence bancaire à vous attribuer un prêt, ou inciter vos enfants à ranger leur chambre.

Il vous faudra peut-être recourir jusqu'à trois formulations différentes d'une même question pour parvenir à identifier les tendances au rapprochement ou à l'éloignement de quelqu'un, car ces dispositions se révèlent rarement en une tentative.

Dans la conversation qui suit, Jill met Harry sur le gril afin de parvenir à décider quel filtre directionnel a sa préférence. Les termes en **gras** indiquent les filtres directionnels d'Harry. L'interprétation faite par Jill des filtres directionnels de Harry apparaît entre parenthèses.

Jill : Pourquoi as-tu choisi de travailler dans le tourisme ?

Harry : Parce que **je voulais** voir le monde. *(Rapprochement)*

Jill : Sans travailler dans ce domaine, tu pourrais t'offrir régulièrement de belles vacances, sans contraintes.

Harry : Mais dans ce cas, je serais obligé de **payer mes déplacements**, et je **n'aurais pas les moyens de voyager**. De plus, ça **aurait pris plus longtemps** de cette façon et **je veux** m'amuser tant que je suis jeune. *(Éloignement avec tendance au rapprochement)*

Jill : Mais tu n'aurais pas à subir le stress de gérer tous ces gens.

Harry : **J'adore le contact avec les gens** et je **trouve très satisfaisant** de régler leurs problèmes. *(Rapprochement)*

Dans cette conversation, Harry a initialement donné une réponse qui traduit le rapprochement par « Je voulais ». S'il avait dit « Je ne voulais pas un job sédentaire », il aurait révélé des tendances à l'éloignement. En creusant un peu, Jill a pu détecter certaines tendances à l'éloignement, au moment où Harry a fait allusion à un manque d'argent : « je n'aurais pas les moyens de voyager ».

La majeure partie du vocabulaire utilisé par les uns et les autres donne des indications quant à leurs valeurs ; « m'amuser » et « satisfaisant » en sont des exemples dans la conversation entre Jill et Harry. (Le Chapitre 5 traite de la façon dont on filtre sa pensée.) Le filtre des valeurs (reportez-vous au Chapitre 5 pour plus d'infos sur les valeurs) constitue un autre moyen d'améliorer votre communication. Observez la façon dont Harry s'affirme à l'Exercice 8-1. Certains des mots qu'il emploie proviennent d'autres conversations qu'il a eues avec ses collègues et ses clients.

Exercice 8-1 : Les tendances de Harry au rapprochement et à l'éloignement

Contexte :	*Professionnel*
Termes de rapprochement que je me suis déjà entendu utiliser :	*Je veux ; ça m'amuse ; aide ; satisfaction ; je me débrouillerai ; je n'abandonnerai pas ; amour*
Termes d'éloignement que je me suis déjà entendu utiliser :	*Je n'aurais pas les moyens de ; je n'aurais pas le temps ; problèmes ; contraintes de temps*
Où je me situe sur l'échelle rapprochement/éloignement :	X Plus près — Plus loin
Mes observations :	*Je pense que je suis plus prudent professionnellement parce que j'ai la responsabilité de mes clients. Je viens de comprendre pourquoi je suis fauché : j'ai tendance à prendre du bon temps en dépensant et dans mon rapport à l'argent, j'affiche une tendance au rapprochement. Je suis plus prudent dans mes dépenses professionnelles que lorsqu'il s'agit de voyages personnels. Il faut que je change ma stratégie !!*

Vous devez comprendre votre propre mode de pensée avant de réussir à comprendre celui des autres. Pour citer l'écrivain Stephen R. Covey : « Le principe le plus important dans le domaine des relations interpersonnelles est le suivant : cherchez d'abord à comprendre, ensuite à être compris. La plupart des gens écoutent, non dans l'intention de comprendre, mais dans l'intention de répondre. »

En gardant à l'esprit la sagesse de Stephen R. Covey, aidez-vous de l'Exercice 8-2 pour commencer à évaluer vos dispositions pour la carotte (tendance au *rapprochement*) ou le bâton (tendance à l'*éloignement*). À partir de là, vous pouvez commencer à bâtir votre modèle propre en travaillant sur les autres métaprogrammes.

Exercice 8-2 : Mes tendances au rapprochement/éloignement

Contexte :	
Termes de rapprochement que je me suis déjà entendu utiliser :	
Termes d'éloignement que je me suis déjà entendu utiliser :	
Où je me situe sur l'échelle rapprochement/éloignement :	Plus près … Plus loin
Mes observations :	

Il est génial de parvenir à reconnaître vos propres tendances, mais cela devient plus utile encore lorsque vous êtes en mesure de capter le discours de quelqu'un et d'ajuster votre langage et votre comportement en conséquence pour arriver aux résultats que vous souhaitez. Dans l'Exercice 8-3, pensez à une personne avec laquelle la communication n'est pas optimale et essayez d'analyser l'origine de la désynchronisation. Vous pouvez ensuite en déduire les amendements à apporter à votre discours et vos actions. Vous vous appropriez vraiment l'exercice dès lors que vous identifiez la personne avec laquelle vous connaissez ce problème de communication.

Exercice 8-3 : Reconnaître les tendances rapprochement/éloignement des autres

Individu et contexte :	
Termes de rapprochement que j'ai déjà entendu cette personne utiliser :	
Termes d'éloignement que j'ai déjà entendu cette personne utiliser :	
Où se situe cette personne sur l'échelle rapprochement/éloignement :	Plus près … Plus loin
Mes observations et les points que je peux modifier :	

Le filtre de dimensionnement : observer la dimension qui est la vôtre

Le *dimensionnement* fait référence à la dimension de l'information que vous recevez ou transmettez concernant un objet ou une situation. Lorsque vous voyez les images d'une merveilleuse sphère bleue en suspension dans l'univers, vous vous représentez une version *dimensionnée* de la Terre. En affinant, vous accédez à des données plus détaillées comme les personnes, les voitures, la flore et la faune. Si vous affinez plus encore, vous arrivez au niveau des puces dans la fourrure d'un chien, des bactéries dans l'organisme humain, et ainsi de suite.

Ce métaprogramme concerne les filtres globaux et les *filtres spécifiques*. Les personnes fonctionnant sur le modèle *global* ont une vue d'ensemble, une vision synthétique des choses, et considèrent la gestion des détails comme un pensum. Les individus présentant une dimension *spécifique* sont ceux qui apprécient de traiter une situation par le menu, mais ont du mal à envisager les choses dans leur ensemble. Être porté sur le *global* ou le *spécifique* ne constitue pas une préférence exclusive, mais correspond plutôt à la façon de chacun de se situer dans l'espace-temps.

Une personne orientée *global* ne sera pas perturbée par les interruptions, l'arbre ne lui cachera jamais la forêt. Après une interruption, elle sera capable de reprendre ce qu'elle était en train de faire ou de passer à un sujet annexe. Un individu prédisposé pour le *spécifique* ne voit pas les situations dans leur globalité ; être interrompu dans ce qu'il fait lui fait perdre le fil, et il peut être si absorbé par les détails qu'il lui arrive parfois de devoir reprendre la conversation au début en cas d'interruption.

Tim est le patron de John, qu'il apprécie beaucoup. Néanmoins, après quelque temps de collaboration, Tim a commencé à redouter leur réunion d'avancement de projet hebdomadaire parce qu'elle semble durer deux fois plus longtemps que ses autres réunions. Tim est irrité que John se répète constamment. Mais lorsque Tim s'aperçoit que John ne supporte pas les interruptions parce qu'il perd le fil, Tim demande simplement « Que s'est-il passé après X ? » – X étant le point de la conversation auquel John s'est trouvé interrompu.

Une personne capable de se concentrer sur les détails d'un projet s'orientera vers la comptabilité, la maintenance et la fabrication plus facilement que celle affichant des tendances *globales*. La prochaine fois que vous prendrez l'avion, vous serez peut-être rassuré d'apprendre que le pilote est orienté *spécifique* : c'est l'assurance qu'il ne bâclera pas le plan de vol, et n'annoncera pas nonchalamment au micro : « Ça c'est OK, ça c'est OK, et le reste, on va dire que ça ira aussi. » Le pire serait un pilote présentant à la fois des tendances au *rapprochement* et des tendances *globales*. Quoique, dans ce cas, vous seriez assuré de ne pas passer trop de temps à l'arrêt sur la piste !

Pour découvrir si votre interlocuteur est orienté *global* ou *spécifique*, la question de rigueur est la suivante : « Lorsque vous démarrez un nouveau projet, aimez-vous avoir une vue d'ensemble ou avez-vous besoin de connaître tous les tenants et les aboutissants et de prévoir chaque détail ? » Attachez-vous autant à la structure qu'à la terminologie de la réponse, dont vous trouverez des exemples au Tableau 8-2. Un interlocuteur orienté *global* pourra décrire globalement l'idée en faisant de grands gestes, accompagnés d'un commentaire du type « J'ai besoin de connaître les grandes lignes pour avoir une idée de la direction générale du projet ». Une personne à tendance plus *spécifique* va relater une histoire du début à la fin, avec moult détails. Par exemple, la réponse de John à la question sera peut-être : « J'ai besoin de connaître les étapes en détail pour savoir que je suis sur la bonne voie. Le dernier déménagement m'a servi de leçon. Je n'arrivais pas à savoir où nous en étions parce que Tim s'occupait de tout et il ne semblait pas savoir comment gérer la situation. Il passait sans cesse d'une chose à une autre et mes dossiers ont été perdus et je me sentais perdu et il m'a fallu longtemps pour me réorganiser et ranger mes affaires lorsqu'elles ont fini par refaire surface. »

En revanche, la réponse de Tim sera probablement : « Une vue d'ensemble, cela va de soi. J'ai essayé de procéder à la manière de John mais je butais sans cesse sur des détails. »

Travailler avec des individus qui se trouvent aux antipodes de vous sur l'échelle *global/spécifique* peut engendrer des discordes non négligeables. L'une des façons de réduire les distances est de poser à une personne orientée *global* des questions dont les réponses vous fourniront les détails. Par exemple, vous pouvez demander à quelqu'un qui a un projet d'animation d'ateliers : « Quel public visez-vous ? » Si vous traitez avec quelqu'un qui a besoin d'un fort degré de détails, qui a du mal à accéder à une vision d'ensemble, faites en sorte que la personne puisse se projeter sur le projet terminé. Dans le cas du déménagement qui occupe John et Tim, Tim aurait pu dire à John : « Imagine un bureau individuel, avec des armoires de classement rien que pour tes dossiers, et le calme dont tu jouirais si tu n'avais pas à partager l'espace avec Janice dont le téléphone sonne constamment. » Cette démarche aiderait John à se débarrasser de l'anxiété que génère chez lui la perspective du déménagement.

Tableau 8-2 : Termes indiquant les filtres de dimensionnement

Termes dénotant une orientation globale	*Termes dénotant une orientation spécifique*
Vue d'ensemble	Précis
Perspective globale	Étapes
Vue globale	Étapes, étape par étape, plan détaillé
En un mot	Décomposition d'un projet
Vague	Exact
Approche holistique	Vue détaillée
Grandes lignes`	Affiner, traiter point par point

Évaluez vos tendances à utiliser les filtres d'orientation *globale* ou *spécifique* à l'Exercice 8-4.

Exercice 8-4 : Mes tendances globales/spécifiques

Contexte :	
Termes orientés *spécifique* que je me suis déjà entendu utiliser :	
Termes orientés *global* que je me suis déjà entendu utiliser :	
Où je me situe sur l'échelle global/spécifique :	Global ⊢⊢⊢⊢⊢⊢⊢⊢⊢⊢⊢⊢⊢⊢⊢⊢⊢⊢ Spécifique
Mes observations :	

Au fait, si vous travaillez avec un adepte du micromanagement, qui stresse parce qu'il préfère tout faire lui-même plutôt que de déléguer, cette personne se situe probablement quelque part à mi-chemin sur l'échelle *global/spécifique*. Parce qu'il perçoit les deux côtés de l'échelle, il essaie de tout faire lui-même. Essayez de le faire accéder à une vision globale, puis exposez-lui en détail la façon dont vous allez mener le projet à bien. Ensuite, si vous avez remarqué qu'il privilégie la « carotte » (*rapprochement*), démontrez-lui en quoi il est préférable que vous soyez autonome sur le projet, ce qui lui donnera plus de temps pour l'organisation. En jouant sur l'approche « bâton » (éloignement), expliquez-lui l'impact du stress sur la santé.

Et puisque c'est en forgeant que l'on devient forgeron, nous passons à l'Exercice 8-5. Pensez à quelqu'un avec qui vous travaillez, ou même une personne rencontrée dans la queue à la caisse du supermarché. Écoutez précisément les mots qui traduisent ses tendances globales/spécifiques. L'astuce consiste à écouter les mots sans se laisser distraire par la teneur de la conversation.

Exercice 8-5 : Reconnaître les tendances global/spécifique des autres

Individu et contexte :	
Termes orientés *spécifique* que j'ai déjà entendu cette personne utiliser :	
Termes orientés *global* que j'ai déjà entendu cette personne utiliser :	
Où se situe cette personne sur l'échelle :	Global ... Spécifique
Mes observations et les points que je peux modifier :	

Le filtre de la raison : le métaprogramme options/procédures

Le métaprogramme qui utilise le filtre de la raison est constitué d'*options* à un bout de l'espace-temps et de *procédures* à l'autre bout. Si vous demandez à une personne orientée *options* de se garer dans un parking où de nombreux emplacements sont disponibles, elle essaiera tous les emplacements avant de se décider pour l'un d'eux ! Un individu porté sur la tendance *options* agit en réponse à un choix, alors que quelqu'un qui fonctionne en mode *procédure* se sent obligé d'agir et son comportement est dicté par le sens du devoir. Un individu orienté *procédures* se garera dans le premier emplacement disponible. Une personne orientée *procédures* suit les règles, alors qu'une autre, orientée *options* sera probablement plus inventive en ce sens qu'elle essaiera plusieurs solutions pour savoir si elle a exploité toutes les options.

Nous vous proposons maintenant de cocher les énoncés avec lesquels vous êtes en phase dans la liste suivante.

- ❑ Je suis séduit par le challenge que constitue la résolution d'un problème.
- ❑ Pour résoudre un problème, j'aime mettre en place une série de processus.
- ❑ J'ai des difficultés à mettre en œuvre le processus que j'ai ainsi créé.
- ❑ Je veux passer au problème suivant.
- ❑ Je trouve toujours moyen de « réparer ce qui n'est pas cassé ».

Beaucoup de cases cochées ? Vous appartenez probablement à la catégorie *options* de l'échelle de raisonnement.

Si, en revanche, vous trouvez difficile dans la vie de ne pas disposer d'un modèle à suivre, si le changement vous déconcerte, si la conformité à un processus vous conforte et que la redondance ne vous ennuie pas, on peut vous considérer comme étant porté sur le mode *procédures*.

Pour déterminer si quelqu'un se situe du côté *options* ou *procédures* de l'échelle, posez la question : « Pourquoi avez-vous choisi X ? », X figurant son métier actuel, la voiture qu'il conduit, l'endroit où il vit, la personne avec laquelle il est associé – ou son conjoint si vous tenez à vous montrer particulièrement indiscret. Une personne aux tendances *options* énumérera une liste de raisons et de valeurs qui ont dicté un choix donné, pouvant ressembler aux arguments suivants :

> Eh bien, je n'étais pas vraiment **satisfait** de ma dernière voiture. Elle n'était pas très **fiable**. Parce que **je voyage plus** dans mon nouveau poste, j'ai décidé de me jeter à l'eau et d'investir dans un véhicule de meilleure qualité. En outre, ce nouveau modèle a **une foule de manettes et de boutons,** il a **vraiment de la reprise** pour les moments où j'ai envie de **me faire plaisir**, mais il est économique pour faire de la route.

Dans cet exemple, les valeurs *sont indiquées par des mots comme satisfait, fiable* et *plaisir,* tandis que les raisons sont qu'il voyage plus souvent, ce qui justifie une voiture de meilleure qualité, avec beaucoup d'options et une bonne reprise.

Une personne orientée *procédures* raconte une histoire en incluant toutes les étapes qui lui ont permis d'arriver à sa décision, ce qui donne quelque chose du type :

> Tu sais, je n'étais pas satisfait de ma dernière voiture. Tu te souviens du projet sur lequel on avait travaillé ensemble à Düsseldorf, tu avais dû me ramener parce que j'avais eu un problème d'allumage ? Eh bien, les problèmes n'ont cessé de se succéder les uns aux autres, et puis Jack est venu dîner à la maison le mois dernier et il m'a dit qu'il avait du mal à trouver un nouveau responsable de l'IT – tu te souviens de Jack, n'est-ce pas ? Il était à mon pot de départ et il m'a demandé si je ne prendrais pas le poste en intérim. Les entretiens se sont bien passés et je démarre dans deux semaines, alors j'ai décidé de me jeter à l'eau et d'investir dans une nouvelle voiture, et comme je ne savais pas si je voulais acheter japonais ou européen, alors je me suis plongé dans la presse spécialisée pour en trouver une qui corresponde à mes critères.

Le Tableau 8-3 illustre certains des mots qui peuvent vous permettre d'identifier les tendances *options* ou *procédures* de vos interlocuteurs.

Tableau 8-3 : Termes indiquant les filtres de la raison

Termes orientés options	*Termes orientés procédures*
Possibilité	Afin de
Choix	Ordonné

Tableau 8-3 : Termes indiquant les filtres de la raison *(suite)*

Termes orientés options	*Termes orientés procédures*
Peut faire	Doit suivre les règles
Qui dit	D'après le règlement
Essaie ça et si ça ne fonctionne pas, essaie autre chose	Si rien ne fonctionne, lis la doc
Termes indiquant des valeurs, tels que *valeur, amusement, indépendance absolue*	Termes d'ordonnancement, tels que *premier, second et dernier*

L'Exercice 8-6 vous aide, comme vous l'avez deviné, à identifier vos tendances sur l'échelle *options/procédures*. Le processus ne se fera certainement pas en un jour, mais si vous vous fixez une journée pendant laquelle travailler sur une série de métaprogrammes, vous allez pouvoir commencer à déceler les mots que vous utilisez. Vous verrez qu'en vous mettant à noter votre vocabulaire dans votre cahier, vous allez vous mettre à remarquer d'autres mots et expressions que votre inconscient va vous souffler.

Exercice 8-6 : Mes tendances options/procédures

Contexte :	
Termes orientés *options* que je me suis déjà entendu utiliser :	
Termes orientés *procédures* que je me suis déjà entendu utiliser :	
Où je me situe sur l'échelle :	Options … Procédures
Mes observations :	

L'une des similitudes que vous rencontrez chez quelqu'un d'autre peut venir des modèles de métaprogrammes communs que vous utilisez. La difficulté consiste à comprendre et apprendre à appréhender les métaprogrammes dont la pratique ne vous est pas naturelle. On rencontre souvent des difficultés à essayer de communiquer avec une personne qu'on ne comprend pas, mais si vous parvenez à faire l'effort de comprendre et d'utiliser les métaprogrammes de vos interlocuteurs, vous réaliserez peut-être qu'au-delà de vos attentes, vous arrivez à influencer et à vous accorder avec des gens auxquels vous n'auriez un temps prêté aucune attention. L'Exercice 8-7 peut vous y aider.

Exercice 8-7 : Reconnaître les tendances options/procédures des autres

Individu et contexte :	
Termes orientés *options* que j'ai déjà entendu cette personne utiliser :	
Termes orientés *procédures* que j'ai déjà entendu cette personne utiliser :	
Où se situe cette personne sur l'échelle :	Options ⟵⟶ Procédures
Mes observations et les points que je peux modifier :	

Diriger les feux de la rampe sur le filtre de perception primaire

Le métaprogramme du filtre de perception primaire porte sur ce qui intéresse et qui attire le plus les individus. Vous avez certainement déjà rencontré des personnes passionnées par leur passe-temps, et qui semblent faire passer leur hobby avant les rapports humains. Ce type de personnalité juge souvent trop familiers les individus orientés *personnes*, à leur goût trop portés sur le contact physique. D'autres, dont les rapports humains constituent le filtre de perception primaire, font de leur priorité le *qui* plutôt que le *où* ou le *quoi* d'une situation.

Vous pouvez mettre au jour le filtre de perception primaire de quelqu'un en lui demandant, par exemple, quel est son type de vacances préféré, son restaurant ou son passe-temps de prédilection. Son filtre de perception primaire paraît au travers de sa réponse :

- **Filtre *gens* :** Un individu qui fonctionne sur ce modèle de filtre est orienté *homo erectus*. La réponse à cette question va porter sur le *qui* de l'expérience. Quelqu'un orienté *gens* sera compatible avec des postes impliquant des interactions et des rapports humains.
- **Filtre *lieu* :** Quelqu'un dont le filtre de perception primaire est le facteur *lieu* aura tendance à être axé sur le cadre dans lequel il évolue, les endroits, et considérera son environnement essentiel à son bien-être. Avec le filtre *lieu*, le *où* occupe une grande place du discours.
- **Filtre *information* :** Pourquoi, pourquoi, pourquoi. Une personne orientée *information* peut répondre à quasiment n'importe quelle question.
- **Filtre *activité* :** Vous connaissez probablement dans votre entourage un ou deux « faiseurs ». Un exemple ? Celui qui ne sait pas se poser, n'arrête jamais, et vous laisse épuisé en fin de journée, même si vous n'avez fait que le regarder s'agiter. Ce type d'individu vous explique *comment* il occupe son temps et ce qu'il fait. Si on le laisse s'ennuyer dans un poste, il peut être dangereux et tout balayer sur son passage.

- **Filtre *choses* :** Ce profil d'individu achète des trucs et des bidules parce que sa priorité est de posséder et de faire étalage des derniers gadgets à la mode. *Une personne qui choisit un filtre choses sera intarissable sur ses gadgets, les options de sa voiture et les derniers appareils électroniques qu'il s'est offerts.* C'est quelqu'un qui thésaurise, qui accumule, tout comme les *people* qui font la une des magazines.

Le Tableau 8-4 énumère certains des mots employés par les différents profils qui utilisent le filtre de perception primaire en fonction de la catégorie vers laquelle ils tendent.

Tableau 8-4 : Termes révélant les filtres de perception primaires

Termes propres au profil Gens	*Termes propres au profil Lieu*	*Termes propres au profil Information*	*Termes propres au profil Activité*	*Termes propres au profil Choses*
Ils	Lieu	Données	Je n'arrive pas à tenir en place	But
Ressentir	Distance	Connaissance	Il faut que je fasse quelque chose	Livres
Nous, notre, mon	Près de	Pourquoi	Le facteur temps est essentiel	Vêtements
Équipe	Foyer	J'aimerais bien savoir	Il faut que j'y aille	Entreprise
Famille	Maison accueillante	Traiter des informations	Allons-y	Gadget

À l'Exercice 8-8, nous vous demandons d'élire votre sujet préféré, et d'écrire un court paragraphe en changeant les mots liés à chaque filtre de perception primaire, afin de sensibiliser au sujet une personne utilisant ce filtre. Plus vous vous entraînez à passer d'un référentiel à un autre, plus il vous deviendra aisé de passer d'un filtre à l'autre, jusqu'au jour où vous vous direz tout à coup : « Ça y est, ça marche ! » parce que vous aurez réalisé que non seulement vous passez d'un filtre de perception primaire à un autre de façon automatique, mais encore vous le faites en réaction à une reconnaissance inconsciente du discours de votre interlocuteur.

Exercice 8-8 : Modifier son langage afin de s'accorder aux filtres de perception primaires de ses interlocuteurs

Sujet :	
Filtre de perception primaire : Gens	
Filtre de perception primaire : Lieu	
Filtre de perception primaire : Information	

Exercice 8-8 : Modifier son langage afin de s'accorder aux filtres de perception primaires de ses interlocuteurs *(suite)*

Filtre de perception primaire : Activité	
Filtre de perception primaire : Choses	

Les combinaisons gagnantes

Dans la rubrique « Être à l'écoute des métaprogrammes et découvrir les filtres » en début de chapitre, nous avons traité les métaprogrammes de façon isolée. Néanmoins, dans la réalité, le genre humain est un groupe assez complexe, et les choses seraient trop simples si nous ne faisions appel qu'à un métaprogramme isolé. Par exemple, les médecins et les infirmières sont formés à suivre les procédures, mais en cas d'urgence, leurs tendances *options* prennent le dessus afin qu'ils puissent traiter l'urgence. Autre exemple : peut-être aimeriez-vous que votre comptable soit suffisamment créatif pour ne pas confier au fisc tous vos sous, tout en restant bien entendu dans le cadre de la loi, de sorte qu'en procédant conformément aux bonnes pratiques, vous échappez à la fois au percepteur et au juge.

Vous pouvez faire jouer les méninges de vos métaprogrammes en étudiant les combinaisons pouvant être utiles dans certaines professions. Par exemple, un responsable marketing devra :

- Être capable d'avoir une vue d'ensemble (global).
- Mettre en place des objectifs marketing pour permettre à l'entreprise d'atteindre ses objectifs (procédure).
- Veiller à ce que le département marketing s'intègre dans la structure de l'entreprise (global).
- Être en mesure de mettre en œuvre et de suivre les procédures permettant d'optimiser l'activité marketing, afin de créer un plan d'action (activité).
- Avoir une tendance au rapprochement afin d'atteindre les objectifs marketing de l'entreprise.
- Être orienté *rapports humains* (gens) tout en étant conscient des points de passage obligatoire pour obtenir des résultats (procédures, informations).

Prenez l'exemple d'un enseignant. Idéalement, il peut présenter une leçon dans son ensemble afin de sensibiliser les élèves qui ont un référentiel *global*. Un enseignant doit savoir comprendre non seulement les détails du sujet qu'il enseigne, mais également avoir la capacité de l'expliquer. Concevoir un cours implique que l'enseignant suive un modèle (procédure) tout en ayant la souplesse d'adapter son enseignement aux élèves qui ne sont pas en mesure de comprendre le cours. Selon le sujet, les filtres de perception primaires diffèrent (en géographie : les lieux, en psychologie : les gens). La vocation de cet exemple est de reconnaître que si vous fonctionnez selon certains référentiels, vous devez être conscient des tendances des autres et posséder la connaissance requise pour adapter vos référentiels le cas échéant. Dans le cas de l'enseignant, il doit veiller à garder à l'esprit son rôle d'éducateur et faire de ce rôle sa priorité (rapprochement) plutôt que de penser à ce qu'il n'est pas censé enseigner ! Les filtres de perception primaires susceptibles d'être le dénominateur commun à tous les enseignants compétents sont l'*activité* (comment maintenir l'implication des élèves) et les *informations* (être capable de digérer de gros volumes de données afin de rester à jour des évolutions dans leur domaine).

Mettre les métaprogrammes en pratique

Reconnaître les métaprogrammes de son interlocuteur et se synchroniser sur eux vous aide à établir le rapport avec cette personne.

Souvenez-vous qu'imiter le maniérisme et le langage de quelqu'un est une entreprise délicate, qui doit être menée à bien avec le plus grand respect !

Et pourquoi ne pas préparer un script ?

On cherche souvent chez les autres ce qu'on aime en nous-mêmes. Lorsque quelqu'un utilise pour s'exprimer le même langage que le nôtre, nul besoin de traduction. Le rapport s'établit donc plus rapidement.

Si vous voulez creuser le rapport avec les gens qui fonctionnent sur un autre mode que le vôtre, l'écoute des expressions qu'ils emploient vous indiquera quels métaprogrammes ils utilisent, et vous pourrez utiliser en retour les mêmes expressions. Si vous pouvez vous permettre le luxe de vous préparer à l'exercice, la méthode explicitée ci-après peut vous aider à concevoir et préparer un script à utiliser au téléphone ou en face à face.

Pour le moment, identifiez le plus grand nombre possible de mots et d'expressions utilisés par votre interlocuteur et entraînez-vous à les réinjecter dans des réponses adéquates.

Il serait bon d'identifier ce que vous voulez faire passer dans votre message, afin de pouvoir ensuite le dire ou l'écrire de telle façon que la personne à qui vous l'adressez ne pourra manquer d'y répondre. Quoi de plus satisfaisant que de parvenir à établir une communication de qualité avec les gens avec lesquels vous interagissez ?

Jusqu'à ce qu'une expérience suffisante vous permette de savoir manier les métaprogrammes sans réfléchir, vous pouvez toujours préparer un script. Afin d'optimiser votre démarche, gardez les points suivants à l'esprit :

- **Savoir ce que vous cherchez à déceler.** Vous trouverez à la rubrique « Être à l'écoute des métaprogrammes et découvrir les filtres » plus haut dans ce chapitre des exemples de locutions correspondant aux différents métaprogrammes. Vous pouvez commencer à bâtir une liste de mots utilisés par les gens sur lesquels vous souhaitez exercer votre influence.
- **Penser au message que vous voulez faire passer.** Bâtir un script pour demander une augmentation de salaire à votre patron n'aura rien à voir avec l'approche à utiliser pour obtenir un rendez-vous galant.
- **Répéter votre script à haute voix, de préférence en privé.** Ainsi, votre discours ne sonnera pas gauche lorsque vous l'utiliserez en situation, et vous aurez l'air sincère.

Voici la stratégie à laquelle Tom, notre manager, a dû recourir pour que sa compagne réponde « OUI ! » à la question fatidique. Et avant de conclure qu'il est dominateur, calculateur et sournois, sachez pour sa défense que Sue et Tom sont mariés – et heureux de l'être – depuis cinq ans. Sachant que Sue avait refusé la demi-douzaine de demandes en mariage formulées par Tom avant celle-ci – par peur de se faire couper les ailes –, il s'agissait ici de l'ultime tentative de Tom pour la convaincre qu'il souhaitait vraiment l'épouser.

Exercice 8-9 : Le script utilisé par Tom pour convaincre Sue de l'épouser !

Résultat souhaité : Sue accepte de m'épouser

Les métaprogrammes de Sue	*Indications comportementales*	*Mots et expressions à utiliser*
Spécifique	*Sue est comptable. Elle est extrêmement rigoureuse et portée sur les détails. Elle est redoutable pour relire les contrats, et extrêmement ponctuelle. Lorsque nous dînons à l'extérieur, elle veut systématiquement connaître le détail des ingrédients entrant dans la composition de chaque plat.*	*JE T'AIME. Pense à l'organisation à prévoir pour régler tous les détails des préparatifs de notre mariage. Tu te souviens, au mariage de mon frère, comme Oncle Peter était contrarié parce que ma mère n'avait pas commandé suffisamment de dragées et il s'est senti exclu ?*
Options + tendance partielle au mode *procédures*	*Elle dit toujours qu'elle ne veut pas s'engager. Elle doit toujours tout essayer. Elle suit son budget de très près grâce à un très bon logiciel qu'elle utilise à la lettre.*	*Lorsque nous nous marierons, pense à tout ce que nous pourrons faire. Une foule de possibilités nouvelles s'offrira à nous.*
Éloignement assez marqué	*Je sais qu'elle est très à cheval sur la sécurité matérielle et veut une certaine liberté pour étudier tous les choix de carrière envisageables.*	*Nous pouvons louer un de nos biens et tu pourras te consacrer à sa gestion. Nous pouvons emménager ensemble et nous n'aurons plus à faire le trajet entre nos deux domiciles.*
Filtre de perception primaire Lieux	*Elle se pâme toujours sur la beauté de l'Écosse, et sur le grandiose de l'architecture viennoise. Elle dit souvent qu'elle veut voir le monde et évoque la façon dont elle s'organisera lorsque son entreprise emménagera dans des locaux plus spacieux.*	*Lorsque nous serons mariés, ne serait-il pas formidable de partir en lune de miel à Belize ? C'est un endroit vert, luxuriant et chaud, et la faune et la flore y sont vraiment intéressantes.*

À VOUS DE JOUER — À votre tour

Avec l'Exercice 8-10, vous pouvez appliquer la démarche de Tom à quelque chose que vous voulez vraiment obtenir. Pensez à quelqu'un qui refuse de voir votre point de vue et que vous avez du mal à convaincre. Essayez de voir comment faire passer votre message. (N'hésitez pas à occulter le « JE T'AIME », surtout s'il s'agit d'un contexte professionnel !)

Exercice 8-10 : Mon script pour parvenir à mon résultat souhaité

Résultat souhaité :

Les métaprogrammes de mon interlocuteur	*Indications comportementales de mon interlocuteur*	*Mots et expressions à utiliser*

Exercice 8-10 : Mon script pour parvenir à mon résultat souhaité *(suite)*

Résultat souhaité :

Les métaprogrammes de mon interlocuteur	*Indications comportementales de mon interlocuteur*	*Mots et expressions à utiliser*

TRUC

Lorsque vous voulez établir le rapport, essayez la synchronisation. Si vous êtes coincé et que vous ne parvenez pas à définir si la personne est orientée *global* ou *spécifique*, *rapprochement* ou *éloignement*, ou utilise une quelconque combinaison, pensez à certaines des expressions préférées de votre interlocuteur et replacez-les dans vos conversations avec lui – en tenant compte du contexte, cela va de soi.

Troisième partie

Affûter ses outils de PNL

« Voyons si nous parvenons à identifier certains des déclencheurs de stress dans votre vie. Vous avez mentionné un gros loup, qui revient régulièrement et tente de détruire votre maison en soufflant dessus ? »

Dans cette partie...

Nous vous aidons à gérer votre émotionnel, même dans les situations dont le contrôle vous échappe. Nous vous permettons également de modifier votre perception des situations difficiles émanant de votre passé. En travaillant à partir de vos croyances et vos valeurs, vous parvenez à identifier plus précisément vos moteurs personnels, susceptibles de booster votre développement personnel en vous permettant de vous aligner sur un plus fort degré de détermination.

De même, vous allez comprendre au fil de ces chapitres les réels changements que vont induire les concepts fondamentaux de la PNL au fur et à mesure que vous les intégrerez. Ce sont, par exemple, des outils tels les ancrages, les niveaux logiques, les sous-modalités, la modélisation et les lignes de temps. Chacun de ces concepts vous aide à modifier les habitudes qui vous agacent vous-même, et à rendre vos objectifs extraordinairement incontournables.

Chapitre 9

Gérer vos émotions

Dans ce chapitre :

- Examiner les ancres
- Changer d'état émotionnel
- Venir à bout des challenges
- Capitaliser sur les bons moments
- Échapper aux pensées négatives et aux critiques
- Repérer les déclencheurs
- Transformer les critiques en feedback

Vous marchez dans la rue et vous percevez un effluve de parfum qui vous transporte instantanément dans un autre lieu, à un autre moment. Ou vous apercevez quelqu'un qui vous rappelle aussitôt un proche cher à votre cœur ou un collègue insupportable. Ou peut-être encore, votre cœur se met à battre au son de cette voix sur votre répondeur.

La vue, l'ouïe, le goût, l'odorat et le toucher – vos cinq sens – sont capables de raviver certains souvenirs et de vous faire changer d'état émotionnel. En théorie, vos capacités intellectuelles à traiter la pensée complexe rationnelle vous donnent, en qualité d'humain, l'avantage sur le monde animal. Cependant, en dépit de votre merveilleux statut d'être humain, vous exhibez une tendance naturelle à répondre aux stimuli. Il vous arrive d'être submergé par vos émotions – par exemple, l'amour, la haine, la rage et la peur. Dans ces situations, votre respiration et votre rythme cardiaque s'accélèrent, menaçant à l'occasion d'échapper à votre contrôle.

Alors imaginez un monde dans lequel, d'un simple claquement de doigts, vous pourriez instantanément changer votre mode de pensée, vos sensations ou votre manière de réagir à certaines situations. Ce monde est à portée de main, grâce à la maîtrise des techniques d'ancrage de PNL. Dans ce chapitre, nous allons vous guider à travers les étapes vous permettant de contrôler et de gérer vos émotions.

Apprécier les capacités des ancres

Une *ancre* est un déclencheur qui génère une action ou un état émotionnel. Le processus d'ancrage est basé sur l'association d'une expérience avec un état émotionnel donné, produisant ainsi cet état en vous.

Pour optimiser votre comportement, vous devez être en mesure de créer pour vous-même un état d'excellence, et c'est ce que vous apprend la PNL. Dans les situations où vous êtes sous pression, le processus d'ancrage de la PNL vous apprend à modifier votre état émotionnel en déclenchant sciemment une ancre. Dans la vie, il est utile de savoir faire preuve de force mentale à tous points de vue, c'est-à-dire trouver en nous la résilience qui nous permet de faire face à tout ce que la vie décide de nous faire subir. Les ancres vous donnent l'accès instantané à cette force.

Maîtriser les ancres vous met sans hésitation dans le mode « cause » plutôt que dans le mode « effet », tous deux abordés au Chapitre 2.

Par chance, grâce à vos sens, qui agissent sur votre état émotionnel, vous créez naturellement les *ancres* qui vous maintiennent fermement en place, tout comme celle qui empêche un bateau de dériver vers le large. Certains de vos sens sont vecteurs de sensations positives et d'autres de sensations moins positives. Par exemple, dans le bureau de Kate est encadrée une magnifique photo de la mer, prise par un ami proche. La vue de cette photo met Kate dans des dispositions positives, lui permettant d'avoir les idées claires et de prendre plaisir à son travail. C'est une vision engageante lorsqu'elle arrive au bureau.

Dans le film *La Fiancée de papa* (*The Parent Trap*, 1961), la petite fille enfouit son visage dans la veste de son grand-père en disant : « Je me crée un souvenir. Plus tard, quand je serai adulte, je me souviendrai que mon grand-père sentait le tabac et la menthe. » Il peut ne pas vous paraître facile de convoquer sur commande un souvenir olfactif et pourtant, une odeur particulière agit souvent comme une ancre très puissante parvenant à vous transporter dans une expérience du passé. Êtes-vous curieux de savoir comment vos parfums préférés et autres arômes affectent votre état, et lesquels génèrent chez vous une sensation de bien-être ?

Vous serez surpris de remarquer, au fur et à mesure que vous parviendrez à maîtriser le processus d'ancrage, à quel point vos souvenirs positifs peuvent vous venir en aide dans des situations de stress où vous devez maîtriser vos émotions. Les bons souvenirs constituent un capital inépuisable.

Toutes les ancres ne sont pas positives. Lorsque Richard voit sa déclaration de revenus dans sa boîte aux lettres, il émet un grognement en reniflant l'enveloppe kraft, puis enfouit les formulaires au fond d'un tiroir, jusqu'à ce que son comptable le harcèle pour qu'il les remplisse. Les ancres déclenchent des habitudes. (Les publicitaires le savent parfaitement, et créent des musiques et des images associées aux marques, qui restent gravées dans notre souvenir et nous poussent à acheter leurs produits lors de nos expéditions shopping.) C'est pourquoi, si vous souhaitez modifier une habitude, vous devez modifier l'ancre correspondante. Si, chaque fois que vous prenez un café, vous tendez le bras pour saisir le carré de chocolat que vous associez à ce moment, vous jugerez peut-être qu'il est temps de changer cette réaction en chaîne. En revanche, si chaque fois que vous buvez une boisson chaude vous prend l'envie de danser dans votre cuisine, la boisson en question constitue, à n'en pas douter, une ancre positive que vous ne pouvez que souhaiter entretenir, particulièrement si votre cuisine est suffisamment spacieuse pour permettre l'exercice et que vous prenez plaisir à brûler ainsi vos calories !

Utilisez l'Exercice 9-1 pour noter les petites choses du quotidien qui engendrent instantanément en vous des sensations positives ou négatives. Remarquez les images, les sons, les odeurs, les sensations et les goûts qui agissent comme des ancres en déclenchant chez vous des états émotionnels positifs et négatifs. Ainsi, vous prendrez précisément conscience des changements subtils vous permettant de passer d'un état d'anxiété et de tension à un autre, détendu et heureux. Capturez vos pensées initiales, en prêtant attention à l'ensemble de vos sens. Notez les choses comme les objets, les gens, l'activité et les endroits qui vous affectent et identifiez celles qui valent la peine d'être conservées et celles dont vous aimeriez vous défaire. Il est possible qu'un tas de choses qui vous procurent du bien-être à court terme ne soient pas si bénéfiques que vous ne le pensez à long terme.

REMEMBER

La plupart de vos ancres négatives méritent certainement d'être supprimées, mais sachez que certaines peuvent remplir un office bénéfique en induisant une habitude positive, comme le fait de remplir votre déclaration de revenus. Une personne de notre entourage laisse sur son tableau d'affichage au bureau une photo de poumons encrassés pour ne pas perdre de vue les ravages du tabac ? Son fort métaprogramme d'éloignement la motive pour rester en bonne santé (voir le Chapitre 8 pour en savoir plus sur les métaprogrammes).

Exercice 9-1 : Mes ancres au quotidien

Les ancres positives :

Les ancres négatives :

Lesquelles est-ce que je souhaite conserver ?

Définir les ancres

Dans cette rubrique, nous vous montrons comment définir une ancre qui vous permet de modifier votre état émotionnel – sur la base du souvenir d'un moment vous ramenant à cet état émotionnel.

Créer votre cercle d'excellence

En PNL, la *technique du cercle d'excellence est* une méthode classique d'ancrage dont la vocation est de faire appel à votre confiance en soi dans une situation de crise, ou de mobiliser tous vos talents lors d'une prise de parole en public. Vous pouvez par exemple utiliser votre cercle d'excellence au moment de faire un discours, d'entamer une négociation, ou de rassembler vos forces avant une compétition sportive. Le cercle d'excellence vous permet simplement d'avoir recours à un déclencheur – le fait de pénétrer dans un cercle imaginaire, généralement accompagné d'un geste de la main, afin de booster un état émotionnel positif dans des circonstances stressantes.

Mettez en œuvre les étapes ci-dessous pour créer votre propre cercle d'excellence. Vous pouvez optimiser l'effet de cet exercice en le réalisant en compagnie d'un coach ou d'un proche qui vous aidera à accomplir les actions qui le composent. Votre accompagnant peut ensuite noter pour vous vos conclusions sur l'exercice.

Commencez en position debout, en traçant au sol, devant vous, un cercle imaginaire.

Prévoyez-le suffisamment vaste pour pouvoir vous tenir à l'intérieur.

1. **En vous plaçant à l'extérieur du cercle, identifiez l'état mental que vous souhaitez ancrer et décrivez-le à votre accompagnant à votre manière.**

   Par exemple, vous pouvez évoquer l'état de « confiance en soi » à l'aide des expressions « avoir la tête froide » ou « maîtriser la situation ».

2. **Pénétrez à l'intérieur du cercle et remémorez-vous une situation dans laquelle vous avez fait l'expérience de ce même état. Ressentez ce moment de façon concrète, comme si vous reviviez l'instant. Remarquez les images, les sons, les odeurs ainsi que vos sentiments d'alors.**

   Il est probable que cette expérience du passé ait lieu dans des circonstances totalement différentes de la situation qui vous pose actuellement question, mais ce n'est pas un problème.

3. **Lorsque l'expérience est bien présente dans votre esprit, figez cette pensée, puis ancrez-la d'un geste de la main que vous n'utilisez pas habituellement.**

   Par exemple, formez un cercle avec votre pouce et votre index, ou entrelacez les petits doigts de vos deux mains.

4. **Sortez du cercle et réitérez les étapes 2 et 3 en vous rappelant une seconde expérience au cours de laquelle vous avez connu le même état d'esprit optimal. Sortez du cercle.**

5. **Pensez à un moment du futur au cours duquel cet état pourra vous être utile.**

6. **Entrez de nouveau dans le cercle en imaginant la réussite que représente cet événement futur et en réalisant simultanément le geste-ancre pour lequel vous avez opté.**

Notez la facilité avec laquelle vous vivez cet événement et l'intensité de l'expérience future. (En PNL, on appelle cela *parcourir le futur.*)

Pour renforcer votre ancre, vous pouvez répéter le procédé du cercle d'excellence.

L'Exercice 9-2 offre un exemple de définition des ancres positives de Teresa et décrit les gestes de la main qui les accompagnent.

Exercice 9-2 : Les souvenirs positifs et les ancres manuelles de Teresa

État émotionnel auquel je souhaite accéder	Souvenir qui déclenche cet état – images, sons et sensations	Mon ancre manuelle
État énergétique	*Je suis aux sports d'hiver à Chamonix. Je pars pour une journée en altitude et je sens l'air froid sur mon visage. Le ciel est bleu et c'est le bonheur total !*	*Je viens d'enfiler mes gants de ski ; je pose une main sur l'autre en appuyant légèrement et me voilà prête à partir.*
En position d'autorité	*J'explique à mon équipe le fonctionnement du logiciel graphique. Je les vois hocher la tête et je sens que je maîtrise vraiment mon sujet.*	*Mon pouce gauche appuie fortement sur l'intérieur de ma paume droite.*

Définir vos propres ancres

L'Exercice 9-3 vous offre un espace où consigner vos ancres personnelles. Vous pouvez en noter une ou deux dans l'immédiat et revenir à l'exercice pour le compléter au fur et à mesure que vous étofferez votre palette d'ancres.

Au fil de l'apprentissage qui vous permettra d'ancrer les états positifs, vous allez bâtir un ensemble d'ancres qui vous aideront à activer vos souvenirs positifs à tout moment. Essayez de changer d'état à volonté en déclenchant vos ancres manuelles propres.

TRUC

Entraînez-vous à simuler votre cercle d'excellence de façon à être capable d'y recourir lorsque nécessaire en convoquant de manière impromptue l'état positif qui peut vous aider. Développez votre pratique pour parvenir à faire appel à vos ancres manuelles de façon suffisamment discrète pour que personne ne le remarque.

Exercice 9-3 : Mes souvenirs positifs et mes ancres manuelles

État émotionnel auquel je souhaite accéder	Souvenir qui déclenche cet état – images, sons et sensations	Mon ancre manuelle

ANECDOTE

Debbie planifiait son mariage avec le même soin qu'elle apporte à son métier d'assistante dans un cabinet d'avocats. Le jour de la cérémonie approchant, elle se sentait de plus en plus anxieuse, au point où l'anticipation gâchait un peu le plaisir des préparatifs de cette journée tant attendue, sans qu'elle parvienne à s'expliquer l'origine de cette peur. Dès qu'elle eut commencé à travailler avec Kate, son coach de PNL, pour essayer d'identifier les raisons de ses soucis, Debbie réalisa qu'elle redoutait que le comportement indiscipliné d'une des petites filles d'honneur ne gâche la fête. Le problème avait pris une ampleur telle que chaque fois qu'elle rencontrait les petites pour les essayages ou les répétitions, Debbie se mettait à paniquer. Pire, sa peur commençait à faire tache d'huile, au point où les petites filles d'honneur commençaient à redouter la responsabilité qui leur incombait pour ce « grand jour ». Lors de ces exercices portant sur le cercle d'excellence avec Kate, la jeune femme décida d'activer une ancre générant chez elle un état calme et confiant, qu'elle entretenait d'un discret mouvement de la main. Lorsqu'elle commençait à sentir pointer l'inquiétude, Debbie activait sa nouvelle ancre par ce simple mouvement de la main.

Elle s'aperçut rapidement que cette technique lui permettait de se détendre et put ainsi prendre du plaisir en compagnie de la petite troupe impliquée dans les préparatifs du grand jour.

D'ailleurs, Debbie se mit à utiliser cette ancre au bureau, où les relations entre certains des avocats impliqués dans des dossiers épineux commençaient à être tendues.

Chez certains individus, le processus d'ancrage se révèle incroyablement efficace dès la première fois, alors que d'autres ont besoin de plus de temps pour en ressentir les effets. Tandis qu'au fil du temps, vous développerez vos propres ancres, veillez à garder à l'esprit les trois points essentiels que voici :

- **Définissez les ancres manuelles au paroxysme d'intensité de votre souvenir. L'instant où vous définissez** une ancre doit correspondre au point le plus chargé d'intensité de votre souvenir, comme si vous étiez vraiment en train de vivre de nouveau cette expérience. Il est donc essentiel de choisir le moment le plus propice pour définir votre ancre.
- **Le mouvement de la main qui accompagne votre ancre doit être distinctif. Assurez-vous** que le geste que vous choisissez est réellement différent de ceux que vous effectuez habituellement avec vos mains ; veillez également à ce qu'il soit discret.
- **Vos ancres manuelles doivent être uniques. Réfléchissez à la façon de personnaliser** vos ancres manuelles, plutôt que de vous inspirer de celles des autres.

Si vous jugez les déclencheurs manuels insuffisamment puissants pour vous, vous pouvez également associer à votre état d'esprit positif une image mentale ou un son.

TRUC

Choisissez une image ou un son auquel vous puissiez aisément faire appel mentalement, sans devoir dans les faits voir une image ou entendre un son, ce qui pourrait s'avérer délicat en l'absence de préavis !

Faire face aux challenges

Repensez à une situation dans laquelle vous avez eu beaucoup de difficultés à maîtriser vos émotions.

À VOUS DE JOUER — À votre tour

Vous sentez-vous bête de pleurer de manière incontrôlée lorsque vous participez à un mariage, assistez à des obsèques ou regardez un film au cinéma ? Ou vous mettez-vous à transpirer abondamment au moment de vous rendre au rendez-vous galant que vous avez appelé de vos vœux toute la semaine ?

Vous trouverez à l'Exercice 9-4 une liste de situations dans lesquelles il est typiquement difficile de contrôler ses émotions. Surlignez celles qui s'appliquent à vous. Nous avons prévu la place pour que vous notiez vos propres exemples et que vous consigniez par écrit l'état émotionnel que vous tenez pour idéal.

Imaginez que vous preniez part à un débat au cours duquel vous avez besoin de penser vite et bien. Dans ce cas, l'état émotionnel désiré pourra s'illustrer par l'expression « garder la tête claire ».

Après avoir complété l'exercice, notez les différents états émotionnels que vous devez ancrer en vous, et si besoin, revenez à la technique du cercle d'excellence pour ancrer l'état émotionnel désiré.

Exercice 9-4 : Mes challenges personnels

Situations délicates	*Mon exemple*	*L'état émotionnel auquel je souhaite accéder*
Participer à une compétition		
Pratiquer un sport ou faire de l'exercice		
Me sortir d'une situation conflictuelle		
Assister à un événement qui génère chez moi de l'émotion (par exemple, un mariage ou des funérailles)		
Participer à une réunion importante		
Formuler une doléance		
Me rendre à un entretien d'embauche		
Mener à bien une négociation		
Autres situations dans lesquelles je suis sous pression :		

Capturer les moments positifs

À ce stade, vous avez mieux conscience des expériences qui déclenchent vos émotions, et vous savez qu'accéder au souvenir plutôt qu'à l'expérience à proprement parler suffit à déclencher en vous l'émotion. Par exemple, à l'Exercice 9-5, le fait de visualiser mentalement l'image d'un champ de tulipes au printemps apporte du bien-être à Francesca, sans pour autant qu'elle ait besoin de voir des tulipes en fleur à cœur d'année.

Exercice 9-5 : Les déclencheurs positifs de Francesca

Type d'ancre	*Expériences liées à l'ancre*
Visuelle – images	*Un champ de tulipes en fleur.* *Une photo de moi prise à Genève.* *Ma bannette à courrier lorsqu'elle est vide.*
Auditive – sons	*Le tube du groupe Newsnight.* *Le morceau Imagine de John Lennon.*
Olfactive – odeurs	*L'eau de toilette Hugo Boss de Marc.* *L'odeur de pain encore chaud qui s'échappe de chez le boulanger.*
Gustative – goûts	*Un verre de vin blanc sec.* *Un morceau de brie sur une tranche de pain grillé.*
Kinesthésique – sensations et mouvement	*Les mouvements de ma jupe de velours lorsque je danse le tango.* *Marcher dans les feuilles en forêt en automne.* *L'air froid sur mon visage quand je skie.*

Continuez à alimenter votre liste de déclencheurs positifs, car ils vous aident à ancrer les états positifs à activer lorsque vous vous trouvez sous pression. L'Exercice 9-6 vous aidera à démarrer.

TRUC

Prenez l'habitude d'avoir sur vous un carnet dans lequel noter les pics émotionnels, comme si vous capturiez des instants magiques à l'aide d'un appareil photo. Considérez ce carnet comme votre album de photos, dans lequel vous enregistrez des idées pour l'avenir.

Commencez à enrichir votre bibliothèque d'expériences à ancrer. Repérez cette page d'un Post-it afin de penser à y revenir pour vous remémorer vos déclencheurs dans les moments de stress où accéder à votre souvenir vous permet de changer d'état émotionnel.

Exercice 9-6 : Mes déclencheurs positifs

Type d'ancre	*Expériences liées à l'ancre*
Visuelle – images	
Auditive – sons	
Olfactive – odeurs	
Gustative – goûts	
Kinesthésique – sensations et mouvement	

Briser les chaînes qui vous entravent

Les ancres de bateau sont souvent équipées de lourdes chaînes rouillées incroyablement difficiles à faire bouger. De la même façon, il est possible que vous soyez vous-même entravé par de robustes chaînes dont vous aimeriez vous libérer.

La PNL permet de déplacer étonnamment facilement les ancres – même solidement implantées – afin de vous alléger des problèmes que vous traînez. Avez-vous tendance à vous souvenir des événements négatifs plutôt que de retenir les situations qui se sont bien passées ? Peut-être vos erreurs, les moments embarrassants ou les situations douloureuses que vous avez pu vivre continuent-ils à vous tourmenter, longtemps après qu'ils ont eu lieu ?

Au bout de cinq heureuses années de vie commune, le compagnon de Sophia lui a annoncé un beau jour, sur le pas de la porte, devant sa voiture remplie de valises, qu'il ne l'aimait plus et la quittait pour une de leurs amies communes. Sous le choc, Sophia a mis des mois à pouvoir rentrer chez elle sans fondre en larmes sur le pas de sa porte.

La seule vue de la porte de sa maison lui faisait revivre le départ douloureux de son compagnon. C'est avec l'aide d'un ami adepte de la PNL, et grâce à la technique de neutralisation de l'ancre, que la jeune femme a annihilé le déclencheur malheureux que représentait sa tristesse.

Sophia a remplacé sa tristesse par un état calme dans lequel elle a pu puiser de nouvelles ressources, et qui lui a permis d'envisager posément les étapes suivantes qu'elle devait mettre en œuvre dans sa vie : les décisions importantes concernant la vente de sa maison et son déménagement.

Des souvenirs négatifs peuvent se révéler extrêmement limitatifs si vous êtes entravé par la peur que l'histoire se répète. Une comédienne ayant fait l'objet d'une mauvaise critique pourra être obnubilée par les mauvaises critiques dès qu'elle met un pied sur scène. Imaginez l'effet produit sur son jeu !

La *neutralisation* des ancres constitue un outil qui vous permet de vaincre le souvenir d'un moment malheureux ou désagréable, et de dépasser l'expérience par un souvenir positif puissant. Ceci de vous articuler autour de la définition physique de deux ancres à un endroit donné de votre corps (généralement une sur chaque genou). Vous laissez aller celle dont vous souhaitez vous débarrasser en retenant celle que vous voulez conserver. Voici comment procéder :

1. **Commencez par définir deux états émotionnels opposés : le premier est celui qui vous pose problème et se trouve associé à un état négatif, tandis que le second est l'état émotionnel positif.**

   Dans le cas de Sophia, l'émotion qui pose problème est la tristesse, tandis que l'état positif est le calme.

   Soyez clair dans les termes que vous employez pour définir vos états.

2. **Définissez une ancre négative en vous remémorant l'état lié à votre problème. À ce moment, appuyez fermement du plat de la main sur la partie située au-dessus de l'un de vos genoux.**

   Vous possédez déjà une expérience qui ancre votre problème en place ; inutile, donc, de vous appesantir trop longtemps sur cette situation – la seule pensée de cet événement suffisant à déclencher en vous un état d'insatisfaction ou de tristesse.

   Dans le cas de Sophia, c'est la porte d'entrée de sa maison qui agit en tant que déclencheur, lui rappelant le départ de son compagnon.

3. **Définissez maintenant une ancre positive (comme le *calme*) en vous remémorant un souvenir plaisant et positif. Au moment où vous repensez à cette expérience bien plus plaisante, ancrez-la au même endroit, sur l'autre genou.**

4. **Pensez maintenant à un point, dans l'avenir, auquel vous vouez un état d'esprit positif, même si votre problème risque potentiellement de faire obstacle. Tandis que vous imaginez cette situation, déclenchez simultanément les deux ancres en appuyant fermement sur vos deux genoux. Laissez progressivement s'échapper l'ancre associée au problème, tandis que vous continuez d'exercer une pression ferme sur le genou correspondant à l'ancre positive.**

   Ce qui se produit ici est que vous modifiez radicalement la puissance de l'ancre négative et restez en présence de l'ancre positive tournée vers l'avenir.

Vous pouvez réaliser cet exercice à un moment où vous êtes seul. Cependant, il s'agit d'une technique de PNL bien connue des coachs et des adeptes de la PNL, et vous obtiendrez probablement de meilleurs résultats en vous faisant assister. Vous pouvez également décrire la marche à suivre à un ami à qui le contact de vos genoux ne fera pas horreur ! Lorsque vous travaillez avec un tiers, la succession d'étapes qui constitue l'exercice peut être gérée par cette personne, ce qui vous laisse le loisir de vous concentrer sur votre expérience. Une alternative consiste à réaliser l'exercice en utilisant le dessus de la main.

Noter vos déclencheurs sur une semaine

Au fil de vos journées, vous accumulez des expériences que vous ancrez en vous de manière positive ou négative. L'Exercice 9-7 propose un calendrier qui s'étale sur sept jours, vous permettant de faire le suivi de vos habitudes sur une semaine. Pour optimiser son utilisation, faites le point chaque jour en fin de journée. Repensez à ce qui s'est passé dans la journée, et notez les moments forts. Observez quels facteurs ont déclenché les moments que vous avez jugés plaisants. Une conversation agréable au café du coin, ou la vue d'un immeuble magnifique ? Puis opposez-les, le cas échéant, aux points négatifs de la journée, et remarquez quels facteurs ont déclenché chez vous les habitudes négatives. Contrarié par une dispute à la maison ou parce que votre ordinateur avait planté, vous êtes-vous offert une tablette de chocolat, histoire de vous remonter le moral ?!

Vous connaissez sans doute l'expression « Le diable est dans le détail » ? Eh bien, c'est en prêtant attention aux détails de vos expériences quotidiennes que vous remarquez les habitudes qui vous rendent service, comme celles qui vous desservent. Notez les points positifs dont vous pouvez user et abuser, et les points négatifs dont vous aimeriez vous défaire. Lorsque vous avez identifié ce qui déclenche chez vous un état négatif, utilisez la technique du cercle d'excellence pour passer instantanément à un autre état émotionnel afin de pouvoir modifier les habitudes avec lesquelles vous souhaitez prendre de la distance.

Exercice 9-7 : Mes hauts et mes bas au quotidien

Jour	*États positifs*	*États négatifs*	*Enseignements et points à modifier*
1			
2			
3			

Exercice 9-7 : Mes hauts et mes bas au quotidien *(suite)*

Jour	*États positifs*	*États négatifs*	*Enseignements et points à modifier*
4			
5			
6			
7			

Gérer la critique

Il arrive, à certains moments de la vie, de devoir faire face à des critiques acerbes, et vous vous apercevrez que plus le succès vous colle à la peau, plus les critiques s'intensifient. Il est possible que le souvenir d'une conversation difficile ravive encore en vous des émotions désagréables. Il peut s'agir d'une situation dans laquelle vous vous êtes fait clouer au pilori alors que vous aviez fait de votre mieux. Vous sentez encore votre nœud à l'estomac, entendez comme si vous y étiez le ton désobligeant de votre interlocuteur ou revoyez son expression contrariée. Vous sentez également la réaction que cela a suscité de votre part.

Réfléchissez aux sujets sur lesquels vous êtes le plus sensible à la critique. S'agit-il de votre travail, de votre apparence physique, ou d'un projet qui vous tient à cœur ? La clé pour gérer au mieux la critique consiste à prendre conscience qu'elle ne vous concerne pas personnellement, mais seulement le rôle que vous jouez dans une situation donnée. Tirez les leçons des situations dans lesquelles on vous a critiqué, et continuez à aller de l'avant – inutile de gaspiller votre énergie en vous appesantissant sur le négatif.

Jennifer travaille dans une grande entreprise où l'ensemble du personnel est soumis à un système d'appréciation des performances. À une époque, elle travaillait pour un patron doté d'une personnalité abusive, personnage déplaisant qui traitait ses équipes comme des esclaves. Ce personnage s'étant finalement fait licencier, Jennifer a aujourd'hui changé d'organisation. Cependant, chaque année, au moment des entretiens d'évaluation, la jeune femme ne pouvait s'empêcher d'entendre résonner dans sa tête la voix de son ancien patron : « Vous ne correspondez pas au poste. Vous n'êtes pas suffisamment compétente. » En conséquence, qu'elle doive réaliser des évaluations ou en faire l'objet, Jennifer était très anxieuse. En travaillant sur le sujet avec son coach de PNL, elle réussit à vaincre les points négatifs du passé et à découvrir de nouvelles manières de gérer la critique. Jennifer est aujourd'hui un manager exemplaire, qui met l'accent sur la bienveillance et l'accompagnement dont elle fait preuve à l'égard de ses jeunes collaborateurs. En outre, elle s'applique à produire un feedback clair et honnête, y compris à l'égard de ceux dont les performances ne sont pas optimales.

Les thérapeutes et formateurs en PNL Steve et Connirae Andreas ont tout d'abord mis au point un procédé permettant de gérer les critiques par la modélisation d'individus qui fonctionnaient avec succès en intégrant la critique et en la transformant en feedback. L'exercice ci-dessous vous montre comment modifier votre pensée en transformant la critique en feedback pour pouvoir continuer à aller de l'avant. Le principe consiste à partir de la *dissociation,* concept clé en PNL, et à réagir efficacement à la critique en adoptant trois *positions perceptuelles différentes.*

Cela constitue également une excellente technique pour gérer les peurs (voir le Chapitre 4) et un certain nombre d'autres problèmes.

La dissociation est le terme de PNL qui désigne la séparation des sensations et de l'expérience. Au travers de la dissociation, vous avez la capacité de porter mentalement un œil objectif sur une situation, en vous plaçant en position de spectateur. Cela vous permet de vous extraire de cette situation de façon à ne pas vous impliquer émotionnellement. Les *positions perceptuelles* utilisées en PNL sont la *première position* (vous êtes vous-même), *la seconde position* (vous imaginez la situation du point de vue d'un tiers) et la *troisième position* (vous observez les première et seconde positions du point de vue d'un observateur impartial).

Prenez votre temps pour effectuer l'exercice suivant, en avançant étape par étape, puis en reportant vos impressions à l'Exercice 9-8.

1. **Placez-vous dans un état d'esprit idéal.**

   Remémorez-vous un moment où la vie ne pouvait aller mieux, et où rien n'aurait pu vous faire descendre de votre petit nuage. Appropriez-vous réellement le moment, en remarquant ce que vous vous ressentiez, voyiez et entendiez alors. Figez l'instant dans votre esprit car vous allez devoir prolonger cet état tout au long de l'exercice. Le mieux est d'utiliser un mouvement de la main grâce auquel vous pourrez réactiver cet état si vous sentez s'estomper le bien-être lié à la situation.

   C'est là que la technique d'ancrage faisant appel au cercle d'excellence peut vous venir en aide (voir la rubrique « Créer votre cercle d'excellence » plus haut dans ce chapitre).

2. **Visualisez-vous en train de recevoir la critique à distance, comme si vous étiez spectateur de l'action qui se déroule.**

   Écoutez l'autre version de vous-même, celle qui est « là-bas », face au « critique » – la personne qui vous adresse la critique et avec laquelle vous éprouvez des difficultés à interagir. Imaginez que vous tenez le rôle du metteur en scène, qui voit l'action se dérouler à l'écran. Vous trouverez à la Figure 9-1 une représentation graphique de la situation.

3. **Dès que la critique commence à se concrétiser, voyez une autre version de vous-même se dissocier du personnage qui est « là-bas ».**

   Cette seconde version du personnage qui est « là-bas » va jouer le rôle de l'observateur des deux acteurs (le premier étant celui qui observe votre personnage, exposé à la critique « là-bas », tandis que l'autre est la personne qui formule la critique). Vous êtes maintenant en présence de deux versions de vous-même, « là-bas » sur l'écran – la représentation de vous à qui s'adresse la critique, et l'autre, qui observe et évalue la scène.

4. **En vous comportant comme si vous étiez le metteur en scène qui observe les trois acteurs, voyez si vous pouvez réaliser mentalement un film de la scène.**

   Invitez l'*observateur* à demander à chacun – le *critique et le personnage de vous qui est « là-bas »* – de relater l'histoire de son point de vue. L'*observateur demande* ensuite à chacun de donner un feedback clair et précis de ce qui s'est mal passé. Invitez les protagonistes *(vous « là-bas » et le critique) à faire preuve de respect mutuel.*

5. **Souvenez-vous que vous vous trouvez toujours dans votre état émotionnel optimal, et veillez à rester entièrement dissocié de l'action qui se déroule.**

   Si vous sentez que le critique ou la situation suscite en vous de fortes émotions, prenez du recul et concentrez-vous sur votre état. Vous pouvez procéder pas à pas, aussi lentement que vous le souhaitez.

6. **Toujours dans le rôle du metteur en scène, évaluez les deux histoires et demandez-vous en quoi elles concordent.**

   Si votre souvenir personnel de l'événement est très différent de la description faite par le critique, demandez des informations complémentaires. Les critiques sont souvent formulées de façon vague ou sous forme d'attaque personnelle. Si vous entendez des énoncés du type « Tu es nul », demandez à entendre les faits sur lesquels sont basées ces assertions et des exemples de ce que vous avez fait de travers. Décidez de la manière dont vous voulez réagir.

7. **De votre point de vue de metteur en scène, apportez une réponse impartiale à l'auteur de la critique.**

   Répondez d'abord à la critique avec laquelle vous êtes d'accord, puis aux points avec lesquels vous êtes en désaccord, en motivant votre point de vue.

8. **Considérez l'ensemble des informations recueillies.**

   Si, grâce à l'analyse des critiques formulées à votre encontre, vous avez découvert de nouveaux éléments vous concernant, intégrez ces arguments. Pensez à une occasion à venir où vous pourriez faire bon usage de ce feedback.

9. **Ôtez l'écran, pénétrez à l'intérieur du film, et combinez l'enseignement que vous retirez des deux versions de vous « là-bas », en vous accordant le temps de synthétiser tout ce que vous avez vu, entendu et ressenti.**

   L'Exercice 9-8 vous permet de saisir les points clés de l'exercice de façon à en tirer des bénéfices. Notez quel état émotionnel vous permet de recevoir au mieux la critique. Par exemple, il serait peut-être bon de faire preuve de curiosité, ce qui vous permettrait d'être calme et d'écouter avec ouverture d'esprit. Considérez ensuite tout à tour les différents rôles, et notez toutes les idées émanant des points de vue des diverses parties impliquées dans l'exercice. Ce faisant, essayez de ressentir les choses du point de vue de l'autre – par exemple la personne qui formule la critique – et de comprendre les choses en regardant la situation par son bout de la lorgnette. Pour finir, réfléchissez à la façon d'utiliser ces informations à votre profit si une situation semblable se produit à l'avenir. Notez en quoi vous pourriez procéder différemment une prochaine fois.

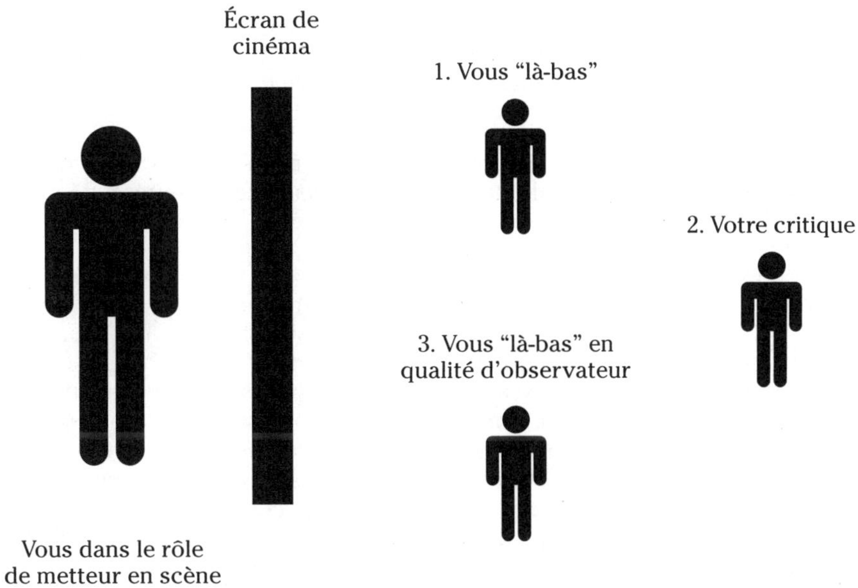

Figure 9-1 : Voir ce que voit le metteur en scène.

Exercice 9-8 : Ma dissociation par rapport à la critique, et comment en tirer profit

Décrivez ici à votre façon l'état émotionnel qui vous semble optimal pour recevoir la critique :

Notez ce que vous avez appris sur vous-même grâce aux différents points de vue :

Le metteur en scène :

Vous « là-bas » :

L'auteur de la critique :

Observateur (le « deuxième vous », « là-bas ») :

Choisissez trois aspects de la critique sur lesquels capitaliser :

1.

2.

3.

TRUC

Vous vous souvenez de la présupposition de PNL selon laquelle « L'échec n'existe pas – il s'agit plutôt de feedback » ? Eh bien, ce principe peut être très utile face à une critique que vous jugez déplaisante. (Pour vous rafraîchir la mémoire quant aux présuppositions de la PNL, retournez au Chapitre 2.)

La PNL vous enseigne la modélisation de l'excellence – c'est-à-dire trouver des gens particulièrement doués dans leur domaine, observer leur façon de faire, découvrir leur secret et reproduire la magie.

Lorsque vous savez gérer parfaitement vos émotions, votre état émotionnel est contagieux. Pensez au vieil adage selon lequel « Souriez et le monde sourit avec vous ; pleurez et vous pleurez seul ». En revanche, il est nécessaire que vous soyez lucide à propos de vos états négatifs, ou ce que les thérapeutes qualifient de « face cachée » de chacun, faute de quoi vous risquez de vous transformer en autruche, ou de vivre sur votre petit nuage en ignorant les réalités qui méritent votre attention. En revanche, lorsque vous regardez le bon côté des pires situations, vous vous apercevez que vous bénéficiez de l'affection et de l'aide de vos proches. Continuez à travailler sur vos états positifs, à laisser derrière vous les ancres négatives, et devinez quoi ? Vous profiterez vraiment de la vie. Tandis que vous arrivez au bout de ce chapitre, prenez le temps de réfléchir sur ce qu'il vous a permis de découvrir de plus précieux en vous – vos pépites rien qu'à vous. Prenez de quoi écrire et notez-les sans attendre, tant que vous vous en souvenez.

Chapitre 10

Assumer vos expériences

Dans ce chapitre :

- Repenser vos souvenirs
- Voir, entendre et ressentir vos souvenirs
- Recréer vos souvenirs
- Changer vos croyances et puiser dans de nouvelles ressources
- Amoindrir la douleur associée aux moments difficiles

Repensez à votre dernière balade dans votre grand magasin préféré. Représentez-vous la scène. Vous voyez les couleurs des articles présentés en rayon, vous humez les flacons d'eau de toilette, vous percevez avec volupté la douceur des écharpes et des cravates, vous touchez les pendants d'oreilles ou – honte, horreur ! – les plus fétichistes d'entre vous reniflent les articles de maroquinerie ?! Peut-être même agacez-vous les vendeurs en faisant tinter les carillons ? Aucune importance, toutes ces merveilles sont si tentantes !

Dans ce chapitre, vous allez découvrir la façon dont vos souvenirs sont programmés et comment vous pouvez entreprendre de les modifier. Votre capacité à modifier vos souvenirs peut vous aider à voir plus grand et à vous soustraire aux facteurs qui vous entravent.

Sauvegarder votre mémoire

Dans cette rubrique, nous allons tenter de vous faire prendre conscience des qualités inhérentes à vos souvenirs. En révélant ces qualités à votre conscience, vous pouvez mettre en avant les bons souvenirs et atténuer ou éradiquer les effets des souvenirs douloureux. Pour y parvenir, il vous faut vous rappeler plus consciemment vos souvenirs.

Prenez quelques minutes pour réfléchir à quelque chose ou quelqu'un dont l'évocation vous procure du plaisir. Ce peut être un livre, un lieu, une personne ou un animal. Au fur et à mesure que votre souvenir prend forme, vous réalisez que vous évoquez une image, entendez des sons, ou ressentez des sensations. Ou vous pouvez faire l'expérience d'un ensemble d'images, de sons et de sensations. Remarquez les caractéristiques de l'image – est-elle immobile ou en mouvement, quelle est sa taille ? Quelle est la qualité des sons que vous percevez – sont-ils dans votre tête ou à l'extérieur, ont-ils un rythme ou une intensité ? À quoi ressemblent les sensations ? À quels endroits de votre corps les percevez-vous, ont-elles une couleur, une texture ?

Comme dans les rubriques *avant/après* des magazines de déco, l'Exercice 10-1 constitue l'*avant* qui vous permet de prendre conscience de ce que vous percevez de la qualité de l'image, des sons et des sensations inhérents à vos souvenirs. Les Exercices 10-2, 10-3 et 10-4 vous proposent une décomposition de chacune de ces modalités en sous-modalités qui, en accédant à votre conscience, vous permettent d'apprécier les qualités du souvenir à côté desquelles vous étiez passé, ou dont vous n'étiez pas conscient.

Le Chapitre 6 traite de la manière dont vous enregistrez vos expériences, essentiellement en termes d'images VAK : les images (V : visuel), les sons (A : auditif) et les sensations (K : kinesthésique – les mouvements, les sensations et le toucher). On appelle systèmes de représentation, ou modalités de représentation, ces images VAK mentales. Vous allez travailler de façon plus détaillée avec ces qualités inhérentes à vos souvenirs à la rubrique « Faire connaissance avec les sous-modalités » plus bas dans ce chapitre.

Tout ce dont vous faites l'expérience est le résultat d'informations que vous intégrez à travers vos sens : informations *visuelles* (ce que vous voyez), *auditives* (ce que vous entendez), *kinesthésiques* (le toucher, les mouvements et les sensations), *olfactives* (l'odorat) et gustatives (le goût). Ces expériences sont désignées comme des *modalités*. Chaque modalité possède un sous-niveau de perception que l'on appelle *sous-modalité*. Par exemple, une image peut être mate ou brillante, en couleur ou en noir et blanc. Un son peut être fort ou doux, et ainsi de suite. Vous trouverez aux Exercices 10-2, 10-3 et 10-4 une décomposition des sous-modalités visuelles, auditives et kinesthésiques.

Choisissez un souvenir qui ne vous rappelle rien d'extraordinaire ni de trop pénible ; en bref, un souvenir relativement neutre, dépourvu de caractère trop émotionnel. Pensez à un événement comme un dîner entre amis, un voyage à la mer, ou n'importe quelle autre situation qui vous vient à l'esprit. Ce souvenir peut être heureux, agaçant, ou simplement légèrement contrariant.

Notez bien ce souvenir, car vous allez y faire appel pour les Exercices 10-1, 10-2, 10-3 et 10-4.

Dans l'Exercice 10-1, décrivez votre souvenir. Vous pouvez supprimer la connotation *heureux* ou *agaçant* selon le profil de votre souvenir. Au sein d'une même catégorie, les souvenirs se décomposent en sous-modalités relativement proches les unes des autres. Par exemple, les souvenirs *heureux* ont tous plus ou moins les mêmes caractéristiques, différentes de celles des souvenirs *agaçants*, *tristes* ou *neutres*.

Lorsque vous aurez pris l'habitude de travailler avec vos sous-modalités, vous pourrez les classifier en catégories de votre choix, autres qu'*heureux* ou *agaçants*. Utilisez l'Exercice 10-1 pour décrire les qualités VAK de votre souvenir en détaillant autant que possible.

Exercice 10-1 : Instantané de mon souvenir

Mon souvenir est heureux/agaçant :

Brève description de mon souvenir :

Ce que je remarque de mon souvenir – comment j'enregistre les images, les sons et les sensations :

Visuel – *Ce que je vois* :

Auditif – *Ce que j'entends :*

Kinesthésique – *Ce que je ressens* :

Faire connaissance avec les sous-modalités

Chacun utilise les sous-modalités à sa façon pour grouper ses expériences. Votre manière d'énumérer vos expériences vous aide à les recenser en les qualifiant de positives, négatives, heureuses, agréables, tristes, éprouvantes, excitantes, etc.

Parce qu'elles constituent les pierres avec lesquelles vous construisez les fondations de votre vécu, les sous-modalités sont des outils essentiels à la gestion de votre esprit et de votre affect. Prenez l'habitude de prendre des notes sur la façon dont les sous-modalités peuvent vous servir pour améliorer les aspects positifs de votre vie, ou modifier ce qui ne va pas. Vous allez pouvoir utiliser les exercices de ce chapitre comme un cadre que vous pourrez adapter et étoffer afin de l'adapter à votre expérience propre.

Les Exercices 10-2, 10-3 et 10-4 détaillent les sous-modalités VAK les plus porteuses de sens par rapport à votre expérience.

Le but de ces exercices est de vous aider à reconnaître que cette démarche ne se résume pas à remarquer « Oh ! Je vois des images », « Je sais qu'il y a des conversations dans ma tête » ou « Je perçois de très fortes sensations ». Ces exercices vont vous permettre de reconnaître que les images, les sons et les sensations possèdent de nombreuses autres qualités distinctives. Le Tableau 10-5 consolide l'information et structure les trois types de sous-modalités en un format unique, facile à appréhender. N'hésitez pas à en faire des copies utilisables aussi souvent que nécessaire.

Terry suivait une formation de coaching destinée à l'aider à se débarrasser de l'anxiété que la perspective d'un long voyage suscitait en lui. Pendant les sessions de coaching, il s'aperçut que ses souvenirs de vacances en Italie et son séjour à Hawaï étaient tous deux légèrement décentrés vers sa droite, environ à trois mètres devant, en vue panoramique, avec des couleurs vives. Le bruit des vagues et le chant des oiseaux retentissaient à sa gauche, un peu sous le niveau de son oreille, de façon très rythmée. Même sans aller plus loin dans l'exploration de la façon dont il enregistre ses souvenirs, la généralisation que peut tirer Terry à ce stade est la suivante : les souvenirs relatifs à ses différents séjours de vacances sont enregistrés à un endroit particulier et présentent des qualités très similaires.

Lorsque vous effectuerez les Exercices 10-2, 10-3 et 10-4, utilisez la colonne *Mes observations* pour détailler autant que possible vos notes : il est préférable d'écrire « J'ai entendu une voix qui ressemble à celle de Grand-père » plutôt que « J'ai entendu un son ». Si certaines sous-modalités manquent à vos souvenirs, pas de problème ; indiquez simplement un X dans la case correspondant à cette sous-modalité. La nature d'une sous-modalité, comme le caractère diffus d'une lumière ou le volume d'un son, se cantonne justement à sa nature intrinsèquement descriptive – dépourvue de jugement de valeur ; cela vise simplement à vous montrer que vous enregistrez différemment chaque souvenir, et ce savoir pourra vous guider au fil de ce chapitre, au fur et à mesure que vous découvrez comment transformer les sous-modalités d'une image, d'un son, ou d'une sensation afin de modifier les émotions générées par le souvenir en question.

Maintenant, en reprenant le souvenir choisi pour l'Exercice 10-1, notez à l'Exercice 10-2 les qualités visuelles du souvenir. Il en existe sans doute certaines dont vous n'aviez peut-être même pas conscience au stade de l'Exercice 10-1.

Exercice 10-2 : Mes sous-modalités visuelles

Sous-modalité	***Description***	***Mes observations***
Situation	Position à laquelle se situe l'image. Pour schématiser, imaginez-vous face à une grosse horloge. Votre image peut se situer à 2 heures ou à 9 heures, par exemple.	
Luminosité	L'image est-elle lumineuse ou sombre ?	
Détails	L'arrière-plan ou le premier plan comportent-ils de nombreux détails ?	
Taille	L'image est-elle grande ou petite ?	
Distance	L'image est-elle proche ou éloignée ?	
Cadrée ou panoramique	Y a-t-il un cadre autour de l'image ou est-elle représentée comme si vous regardiez alentour du haut d'une colline ?	
Couleur/noir et blanc	L'image est-elle en couleur ou en noir et blanc ?	
Mouvement	Est-ce une image animée ou fixe ?	
Associée/Dissociée	Êtes-vous intégré à la scène ou en êtes-vous spectateur ?	

Répétez la démarche à l'Exercice 10-3 en inscrivant les qualités auditives associées au souvenir choisi à l'Exercice 10-1.

Exercice 10-3 : Mes sous-modalités auditives

Sous-modalité	***Description***	***Mes observations***
Provenance	Le son se situe-t-il à l'intérieur ou à l'extérieur de votre tête ?	
Timbre	Le son est-il grave ou aigu ?	
Volume	Le volume est-il faible ou élevé ?	
Durée	Le son est-il court, bref, les notes sont-elles détachées ou continues ?	
Cadence	Est-elle lente ou rapide ?	
Mono/stéréo ou de tous côtés ?	Le son provient-il d'une direction unique ?	
Rythme	Le son a-t-il un rythme ?	

Voyez comme nous sommes prévisibles ! À l'Exercice 10-4, vous allez maintenant noter les qualités kinesthésiques du souvenir choisi à l'Exercice 10-1.

Exercice 10-4 : Mes sous-modalités kinesthésiques

Sous-modalité	*Description*	*Mes observations*
Qualité	Ressentez-vous des picotements, de la chaleur, êtes-vous détendu, crispé ?	
Intensité	Quel degré d'intensité ressentez-vous ?	
Durée	La sensation est-elle constante ?	
Provenance	À quel endroit de votre corps la sensation est-elle située ?	
Mobile ou fixe	La sensation est-elle située à un endroit fixe de votre corps ou se déplace-t-elle ?	
Dimension	Quelle est la taille de la sensation ?	
Température	La sensation est-elle froide ou chaude ?	

Prendre acte de la manière dont vous cataloguez vos souvenirs vous permet de faire connaissance avec les sous-modalités – c'est le but de l'Exercice 10-5. (Vous pouvez décider de faire les choses en grand en énumérant sur des feuillets annexes toutes les subtilités relatives à vos souvenirs.) À l'Exercice 10-5, vous vous apercevrez peut-être que vous conservez globalement l'ensemble de vos bons souvenirs au même endroit, et qu'ils ont tous des caractéristiques similaires, à la différence de vos souvenirs malheureux ou désagréables, enregistrés ailleurs. De même, peut-être préservez-vous ainsi dans votre mémoire les gens que vous aimez, très différemment de la manière dont vous préservez ceux pour lesquels vous ne ressentez aucune affection, ou ceux que vous détestez franchement.

Exercice 10-5 : Toutes mes sous-modalités

Visuel		*Auditif*		*Kinesthésique*	
Sous-modalité	*Description*	*Sous-modalité*	*Description*	*Sous-modalité*	*Description*

Exercice 10-5 : Toutes mes sous-modalités *(suite)*

Visuel		***Auditif***		***Kinesthésique***	
Sous-modalité	***Description***	***Sous-modalité***	***Description***	***Sous-modalité***	***Description***

Associer et dissocier

Si les larmes vous montent souvent aux yeux parce que vous ressentez la douleur qui habite les autres, la découverte du processus de dissociation va pouvoir vous aider à conserver la maîtrise de vos émotions.

La capacité à vous associer ou vous dissocier de vos souvenirs va vous offrir la possibilité d'accroître ou d'estomper l'intensité des sensations associées au souvenir d'une situation donnée. Vous vous souvenez du moment où vous êtes rentré chez vous hier soir ? Faites un arrêt sur image, et regardez-vous, à la porte de chez vous. Glissez la clé dans la serrure, tournez-la et passez le seuil de votre maison. Si vous vous sentez revivre la situation, vous êtes associé à ce souvenir. Maintenant, imaginez que vous vous tenez de l'autre côté de la rue, juste en face de chez vous. Devenez spectateur de la même scène : vous vous voyez en train d'arriver à la porte de chez vous, votre regard vous suit tandis que vous insérez la clé dans la serrure, donnez un tour de clé et entrez chez vous. Si vous vous êtes vu en train d'assister à la scène de l'extérieur, vous étiez dissocié de ce souvenir.

S'il vous arrive de vous sentir submergé par une sensation, dissociez-vous-en en « sortant » de l'image et en vous plaçant en position de spectateur. Si vous voulez réellement ressentir l'émotion, entrez dans l'image et regardez autour de vous comme si vous étiez un acteur de la scène qui constitue votre souvenir.

Sélectionnez maintenant deux autres souvenirs. Il est important qu'il s'agisse de souvenirs auxquels vous avez attribué des significations différentes sur votre liste. En outre, veillez à ce que ces souvenirs aient des contextes différents – par exemple, une visite chez vos grands-parents ou un entretien d'embauche. Vos souvenirs peuvent évoquer des personnes – amis, connaissances, voire quelqu'un que vous détestez. Enregistrez les sous-modalités VAK de chaque souvenir à l'Exercice 10-6, en indiquant les similitudes et les différences qui caractérisent chacun. Si vous choisissez des amis ou des connaissances, il est possible que ces gens présentent des similitudes ; veillez à noter chaque subtilité qui les différencie ou les rapproche.

Exercice 10-6 : Comment je répertorie mes souvenirs

	Visuel	*Auditif*	*Kinesthésique*
Souvenir 1 :			
Souvenir 2 :			
Souvenir 3 :			

Faire la paix avec vos souvenirs

En continuant à travailler sur les souvenirs de l'Exercice 10-6 – vous pouvez en choisir un autre, mais veillez à éviter un souvenir traumatisant ou négatif –, vous allez vous amuser à transformer votre souvenir. Ce faisant, vous allez découvrir votre capacité à maîtriser vos expériences et aussi à changer l'emprise de vos expériences sur votre vie.

Vous allez apprendre ici comment modifier chacune des sous-modalités VAK de votre souvenir et observer l'effet global de ces changements. Par exemple, en déplaçant l'image vers un autre lieu, les sons associés à cette image s'adoucissent ou la sensation disparaît.

TRUC

Vos sous-modalités sont consignées dans les Exercices 10-2, 10-3 et 10-4. Veillez donc à les conserver soigneusement. Si le processus de modification de votre souvenir vous donne une boule dans l'estomac (ah, les pouvoirs cachés des sous-modalités… !), revenez aux exercices pour restaurer votre souvenir à son état d'origine, jusqu'à ce que vous vous sentiez suffisamment confiant pour reprendre l'exercice.

Vous trouverez à l'Exercice 10-7 la liste des sous-modalités présentes dans le souvenir de John : un moment passé à la piscine avec des amis.

Exercice 10-7 : La liste de sous-modalités de John

Sous-modalité	*Description*
Visuel : Lieu	*L'image se situe à 2 heures sur le cadran, environ 20 degrés au-dessus du niveau des yeux.*
Visuel : Luminosité	*L'image est très lumineuse.*

Exercice 10-7 : La liste de sous-modalités de John *(suite)*

Sous-modalité	***Description***
Visuel : Couleur/Noir et blanc	*Couleurs vives.*
Visuel : Associé/Dissocié	*Je suis associé à l'image.*
Visuel : Immobile ou en mouvement	*L'image est très mobile.*
Auditif : Volume	*Le seul son qui me parvient, très fort, est celui des rires et des hurlements de la bande en train de s'éclabousser.*
Kinesthésique : Température	*Je sens le soleil qui grille ma peau et je ressens une chaleur diffuse dans mon cœur.*

Modifier les sous-modalités peut provoquer une impression étrange. À cet effet, isolez-vous dans un endroit calme, ou prenez un moment avec un ami proche, qui pourra vous accompagner au fil de la liste des sous-modalités ainsi que vous aider, tranquillement, à revenir à des sous-modalités qui vous sont plus familières. Sachez que la transformation des sous-modalités n'est permanente que si vous choisissez de conserver ces changements. En effet, si vous n'êtes pas à l'aise avec la nouvelle configuration de vos sous-modalités, vous pouvez leur rendre leur statut initial. Vous pouvez commencer par n'importe laquelle des sous-modalités VAK ou vous pouvez choisir de les traiter selon la séquence dans laquelle elles vous sont proposées dans ce chapitre.

Changez chaque sous-modalité visuelle, une par une, en prêtant attention à l'impact de cette modification sur votre souvenir. Par exemple, vous pouvez déplacer l'image à un endroit différent de l'horloge, l'approcher ou l'éloigner. Vous pouvez atténuer ou accroître sa luminosité. Prenez conscience des changements que vous ressentez. Répétez le processus pour les sous-modalités auditives puis kinesthésiques. Par exemple, faites varier le volume des sons ou donnez à l'une des voix le timbre d'Homer Simpson, afin d'évaluer l'impact de la modification sur la manière dont vous recevez le message. Vous pouvez également décider de modifier l'origine d'une sensation physique ou, si votre souvenir est associé à une couleur, modifier cette dernière.

John a déplacé l'emplacement visuel de son souvenir, et noté les résultats à l'Exercice 10-8.

Exercice 10-8 : Résultats obtenus par John après modification des sous-modalités associées à son souvenir

Modification qui a eu le plus fort impact :	*J'ai déplacé l'implantation de l'image vers ma gauche.*
Les changements que j'ai remarqués :	*Les bruits de nos jeux se sont tus quasi instantanément et la sensation dans mon cœur s'est estompée. Le fait de modifier tour à tour chacune des sous-modalités a eu très peu d'effet sur la qualité de mon souvenir.*

À VOUS DE JOUER — À votre tour

Consignez de façon aussi détaillée que possible les qualités du souvenir choisi pour les Exercices 10-2, 10-3 et 10-4. Reportez-vous ensuite à l'Exercice 10-9 pour noter les changements que vous ressentez au moment où vous altérez une sous-modalité. Modifiez tour à tour chaque sous-modalité et notez l'effet produit sur votre souvenir – les sensations sont-elles plus intenses ou plus effacées ? Vous pouvez remplacer une sensation de picotement par une caresse, ou vous dissocier d'une image pour l'observer en vue panoramique. Vous pouvez également choisir de déplacer un son venant de votre gauche en le faisant venir de votre droite.

Exercice 10-9 : Effets induits par les modifications apportées à mes sous-modalités

Sous-modalité	*Effet induit par la modification de mes sous-modalités*
Visuel :	
Visuel :	
Visuel :	
Visuel :	
Auditif :	
Auditif :	
Auditif :	
Auditif :	
Kinesthésique :	
Kinesthésique :	
Kinesthésique :	
Kinesthésique :	

Pas de panique si, par exemple, le fait de modifier une sous-modalité visuelle, comme le lieu de votre souvenir, influence non seulement votre perception d'un événement ou d'une personne, mais aussi les qualités auditives et kinesthésiques. La prise de conscience de ce phénomène peut au contraire être une bonne nouvelle : vous pouvez vous réjouir d'avoir identifié un élément moteur, ou *sous-modalité critique.*

VOCABULAIRE

L'élément moteur – ou *sous-modalité critique* – est la sous-modalité dont la modification entraîne la modification d'autres sous-modalités. Par exemple, si, à la suite d'une critique reçue de vos parents, vous vous laissez gagner par la colère ou la tristesse, il est possible que le message que vous lisez en filigrane derrière la critique soit : « Il ne me fait pas confiance. » Changer une sous-modalité peut changer non seulement les images, les sons et les sensations associés à un souvenir, mais également vous amener à réaliser que la critique formulée par le parent est motivée par la peur. D'un coup, le sens dont la critique est chargée devient : « C'est pour me protéger qu'il agit ainsi. »

De tels changements peuvent agir sur l'ensemble du spectre des modalités VAK. Prenons le cas dans lequel vous modifiez la provenance physique d'une sensation. Ce processus peut à son tour influencer l'image qui représente l'événement, les sons associés à l'événement, et, par conséquent, le sens dont cet événement est porteur à vos yeux.

Faire le ménage dans vos expériences

Aux rubriques précédentes de ce chapitre, nous vous avons montré comment le fait de gérer vos sous-modalités vous permet de modifier les associations liées à vos souvenirs. Plutôt que de laisser le souvenir d'une expérience vous entraver, vous pouvez atténuer le souvenir en le faisant passer en noir et blanc, le déplacer mentalement de sorte que vous devrez pratiquement vous tordre le cou pour parvenir à le visualiser, en diminuer le volume sonore, ou en faire migrer les sensations à l'extérieur de votre corps.

Vous pouvez recourir aux mêmes techniques pour modifier une croyance qui vous limite dans vos ambitions de vie, et générer les ressources nécessaires à votre succès.

Transformer une croyance limitante

La modification d'une croyance limitante peut être dans l'absolu l'exercice le plus important auquel vous puissiez vous livrer. En parfaites traîtresses, les croyances limitantes prennent souvent naissance dans un très léger doute émanant de l'observation du comportement des autres envers vous, ou dans les critiques formulées à votre égard. Vous pouvez détenir vous-même à l'égard de quelqu'un une croyance qui limite vos interactions avec cette personne – par exemple, « les jeunes sont mal élevés ».

Les croyances limitantes peuvent également revêtir la forme suivante :

- Je lis lentement.
- Je ne suis pas capable de déchiffrer une carte.
- Je ne pourrai jamais me tenir sur la tête comme ce prof de yoga tout mince.
- Conduire sur l'autoroute est effrayant.
- Je n'ai pas la carrure pour X, ou pour accomplir X ou faire X, où X est une action que d'aucuns peuvent posséder, accomplir, ou réaliser sans trop de difficulté.
- Les gens de mon milieu social sont toujours pauvres.
- Je suis nul en orthographe.

Répétée un certain nombre de fois, le très léger doute devient une croyance limitante grandeur nature et vous vous trouvez d'un coup inutilement limité parce que vous avez laissé l'opinion d'un tiers embrumer votre jugement.

TRUC

Les recherches montrent que le cerveau humain traite les images plus rapidement que les sons et les sensations. En conséquence, si vous voulez rapidement ressentir les effets des changements, nous vous invitons à jouer avec les sous-modalités visuelles ci-après.

> « Je ne suis pas bon avec les images », pensez-vous.
>
> « Oh que si ! »
>
> « Mais non ! »
>
> « Bien sûr que si ! »
>
> « Où ? »
>
> « Mais non. Pas derrière toi – dans ta tête. »

La vocation de cette petite mise en scène amusante est de réitérer l'assurance que vous générez bien des images, même s'il est possible que vous soyez plus conscient des sensations et des sons. Admettons que vous n'ayez jamais accordé grande réflexion à votre gros orteil. Il suffit pourtant qu'on en parle pour que vos pensées filent directement vers votre pied et que vous preniez immédiatement conscience de votre gros orteil !

À VOUS DE JOUER – À votre tour

Voici l'occasion de tenter votre chance et de vous émanciper du carcan dans lequel vous êtes enfermé. Le processus est simple, il vous suffit de suivre les étapes ci-dessous. On vous demande ici de prêter attention aux images, mais s'il est plus naturel pour vous de vous attacher aux sous-modalités auditives et kinesthésiques, procédez à votre guise.

1. **Pensez à une croyance limitante ancrée en vous et notez l'image qui vous vient à l'esprit.**
2. **Pensez à une croyance en laquelle vous ne croyez plus.**

   Ce peut être quelque chose du type « Quand j'étais petit, je croyais au Père Noël ». Regardez l'image qu'évoque cette croyance obsolète.
3. **Pensez à une croyance qui est pour vous une certitude absolue.**

Besoin d'aide ? Pensez aux étoiles que vous voyez lorsque vous vous trouvez dans une grande ville. Même si elles ne vous paraissent pas proches, vous savez qu'elles existent, et que le soleil se lèvera au matin. Représentez-vous donc le lever du soleil – ou n'importe quelle autre croyance utile pour traiter ce point 3.

4. **Pensez à une croyance que vous préféreriez à votre croyance limitante du point 1.**

   Ce peut être le contraire de votre croyance limitante, énoncé en positif. « Je peux parvenir à être mince, en bonne santé, et revenir à mon poids de forme de 75 kg. » Remarquez ensuite quelle image accompagne cette nouvelle croyance.

5. **Transférez les sous-modalités de la croyance limitante évoquée au point 1 sur celles de la croyance obsolète du point 2.**

6. **Transférez les sous-modalités de votre croyance de remplacement (voir point 4) sur celles de la croyance qui est pour vous une certitude (voir point 3).**

Et hop ! C'est tout simple ! Il ne vous reste plus qu'à remarquer la différence et à savourer le résultat. Votre croyance limitante a été remplacée par une croyance dynamisante. Utilisez l'Exercice 10-10 pour enregistrer le processus de transformation de votre croyance limitante.

Exercice 10-10 : Transformation de ma croyance limitante

	Les sous-modalités
Ma croyance limitante :	
La croyance que je préférerais :	
La croyance désormais obsolète pour moi :	
La croyance dont j'ai la certitude :	
Ma croyance limitante est maintenant :	
Ma nouvelle croyance dynamisante :	

Créer les ressources dont vous avez besoin

Il est souvent difficile de reconnaître qu'on a sous le nez toutes les ressources nécessaires, en particulier lorsque notre comportement nous empêche de progresser, ou que l'on est habité par des émotions comme l'ennui ou le manque de confiance en soi, la haine, la dépression ou la peur. Mais sachez que ces comportements ou ces émotions ne sont que passagers. Ce qui signifie que d'autres comportements et d'autres émotions sont possibles. Vous pouvez vous centrer sur les moments plus positifs, où il vous est arrivé de vous sentir plein d'énergie, d'anticipation, amoureux, en confiance, et sans peur. Alors si vous jugez que vous en avez assez des états d'esprit négatifs, transportez-vous dans le souvenir de ces moments faits de sensations agréables et d'accomplissements constructifs.

S'il vous semble infaisable de puiser en vous les ressources nécessaires, demandez de l'aide à votre ange gardien, ou à un ami, ou inspirez-vous d'une figure historique, ou encore d'une célébrité du show-business. Vous pouvez obtenir le soutien de différentes personnes dans différentes circonstances. Un des chouchous de Romilla est MacGyver, un personnage de série télévisée qui n'abandonne jamais, est capable de concocter une solution miracle avec deux élastiques et trois bouts de ficelle, et s'en tire invariablement avec les honneurs, même si toutes les chances sont contre lui au départ. Si la personne qui vous inspire n'est pas disponible ou s'il s'agit d'un personnage imaginaire, vous pouvez simuler une conversation dans laquelle votre sauveur vous suggère une solution (la conversation imaginaire est toujours une bonne idée car le fait de vous dissocier de votre problème vous procure une bouffée d'oxygène). Ou en vous représentant votre personnage imaginaire debout face à vous vous permet de physiquement passer dans son corps afin de regarder votre problème depuis son bout de la lorgnette. Essayez, c'est magique !

Prenons l'exemple de Philippe, qui se considérait comme éternelle victime des circonstances. Il croyait dur comme fer à la loi des séries, agrémentée de sa petite note personnalisée : si ça peut être pire encore, ça le sera sans doute, rien que pour moi. Partant de ce point de vue, Philippe s'inscrivit à une série de séances de coaching et insista pour réserver quelques séances supplémentaires, puisque sa situation était bien pire que celle des autres – avec sa chance, ça ne fonctionnerait pas aussi bien sur lui que sur les autres participants ! Son coach lui fit évoquer des situations et des individus lui permettant de construire une solution de ressources dans lesquelles puiser pour se remonter lorsqu'il se sentait happé par une crise de « victimisation ». L'Exercice 10-11 cite des exemples de ressources proposées par Philippe.

Exercice 10-11 : La solution de ressources de Philippe

Problème :	*La perspective de travailler avec Timothée me stresse vraiment beaucoup parce que je ne l'apprécie pas et je sais qu'il ne m'apprécie pas non plus.*
Ressource :	*Anita, mon professeur de chant. Je l'aime beaucoup et elle a sur moi un effet très apaisant.*

En invoquant l'apaisement qu'il ressentait en pensant à Anita, Philippe a été capable de délester ses relations avec Timothée d'une grande part de l'émotion qu'elles véhiculaient. Leur situation n'est toujours pas idéale aujourd'hui, mais ils parviennent à travailler ensemble plus efficacement.

Appliquez l'Exercice 10-12 à l'un de vos problèmes. Pensez ensuite à une ressource que vous pouvez exploiter pour alléger les symptômes du problème, ou vous débarrasser du problème dans son entier.

Exercice 10-12 : Ma solution de ressources

Problème :	
Ressource :	

Dépasser les moments difficiles

« Il faut laisser faire le temps. » D'accord, l'idée peut sembler nunuche, et d'accord, vous avez des raisons d'être sceptique, mais si vous traversez une période difficile, essayez de vous raccrocher à l'idée agaçante que vraiment, *il faut laisser faire le temps*, en vous représentant le moment où votre problème sera résolu. Lorsque vous êtes pris dans le pathos d'une situation critique, il est parfois difficile de penser rationnellement parce que les images, les sons et les sensations se bousculent dans votre esprit. Le fait d'imaginer un scénario dans lequel votre problème est résolu vous donne le luxe de concevoir une solution satisfaisante, tout en projetant sur votre inconscient la représentation de ce que seront vos sous-modalités lorsque vous aurez trouvé la réponse.

À l'Exercice 10-13, vous pouvez vous entraîner à découvrir les sous-modalités de la solution que vous imaginez. Ce procédé ne vous permettra pas d'accéder à la résolution immédiate de la situation, mais il peut vous donner les moyens de trouver les ressources pour échapper à l'état dont vous êtes actuellement captif. Une fois que vous aurez cessé de projeter votre énergie tous azimuts, et que vous serez capable de vous concentrer calmement et posément, vous pourrez déplacer des montagnes.

Si vous commencez à vous agiter, transférez les sous-modalités de la situation future dans le présent, et vous commencerez à vous sentir mieux.

Plus vous parvenez à vous représenter de façon concrète vos sous-modalités futures, plus grand sera l'impact de vos sous-modalités sur votre bien-être.

Exercice 10-13 : Transformer les sous-modalités de mon problème

Mon problème actuel :	
Les sous-modalités sous-jacentes à mon problème :	
Mes sous-modalités futures, applicables à la situation dans laquelle mon problème aura cessé d'exister :	

Nul ne peut vous dicter comment structurer vos sous-modalités. Maintenant que vous savez comment transformer vos sous-modalités, vous avez l'option de les transformer de telle sorte qu'elles affectent la façon dont vous voulez vous sentir, et, en modifiant ce que vous ressentez, vivre votre vie comme vous le souhaitez. Alors, si vous n'aimez pas ce que vous voyez, ce que vous entendez ou ce que vous ressentez, il vous suffit de transformer vos sous-modalités !

Chapitre 11

Vous aligner sur votre but

Dans ce chapitre :

- Bâtir votre but au moyen des niveaux logiques
- Identifier les moyens de changer
- Vous connecter avec vos croyances et vos valeurs
- Découvrir vos valeurs professionnelles
- S'intégrer dans la mouvance

Mettre en œuvre des changements est facile lorsqu'on sait comment s'y prendre. Commencez par penser à toutes les choses que vous ne cessez de reporter à plus tard : quelles sont vos options et que faire pour vous mettre en branle ? Eh oui, nous sommes sûres que votre liste de choses à faire comporte quelques rêves et un certain nombre de tâches pratiques.

Dans ce chapitre, nous allons vous donner l'opportunité de travailler avec l'un des meilleurs cadres que la PNL puisse vous offrir : les niveaux logiques (que la terminologie propre à la PNL qualifie également de *niveaux neurologiques*), modèle de PNL développé par le célèbre coach Robert Dilts. Disons avant tout que le modèle des niveaux logiques est l'outil de PNL préféré de Kate – celui vers lequel elle se tourne lorsqu'un de ses clients fait face à une impasse. Pourquoi ? Le modèle des niveaux logiques vous permet d'avoir prise sur ce qui se passe dans vos mondes interne et externe, et vous montre la voie pour concrétiser les résultats bien formulés que vous avez commencé à envisager au Chapitre 3.

Étudier les niveaux logiques

L'utilisation du modèle des niveaux logiques vous aide à installer dans votre vie une vision et un but, tout en vous permettant de bénéficier d'un état général de fluidité et de bien-être. (Puissant, non ?!) Les niveaux logiques sont :

- Votre notion de but
- Votre identité
- Vos croyances et valeurs
- Vos capacités
- Votre comportement
- L'environnement dans lequel vous évoluez.

Vous pouvez procéder en exploitant les niveaux du haut vers le bas de la liste, ou du bas vers le haut. Ces exercices vous permettent de définir de façon constructive qui vous êtes et pourquoi certaines choses sont pour vous plus importantes que d'autres. Vous capitalisez sur ce que vous découvrez concernant les différentes parties de vous-même et le travail portant sur les valeurs du Chapitre 5.

Au fur et à mesure que vous progresserez dans les niveaux logiques, n'oubliez pas de reconnaître consciemment que vous possédez déjà des atouts extraordinaires : vos compétences, vos talents et les intentions positives que recèle votre comportement.

Imaginez-vous dans la peau d'un journaliste d'investigation armé d'une série de questions visant à découvrir toutes les informations possibles sur un fait ou un individu – qui, quoi, quand, où, comment et pourquoi. Le modèle des niveaux logiques permet de décomposer votre expérience personnelle en six catégories qui vous relient à des questions clés. Voici les catégories et les questions. La Figure 11-1 fournit une représentation graphique de la façon dont vous pouvez appliquer les niveaux logiques.

- L'**environnement** fait référence aux opportunités ou aux contraintes extérieures. Il permet de répondre aux questions *où*, *quand* et *avec qui*.
- Le **comportement** est constitué d'actions spécifiques au sein de l'environnement. Il répond à la question *quoi*.
- Les **capacités et les compétences** sont liées à la connaissance et au savoir, le « mode d'emploi » qui guide et oriente le comportement. Vous répondez ici à la question *comment*.
- Les **croyances et les valeurs** constituent le renforcement (la motivation et la permission) qui motive ou annihile vos capacités. Ce niveau répond à la question *pourquoi*.
- L'**identité** est le facteur qui détermine votre sens du moi. Il répond à la question *qui*.
- Le **but** va au-delà de la conscience de soi, il permet de voir les choses en grand en pensant en termes de mission. Il répond à la question *dans quel but* et *pour qui*.

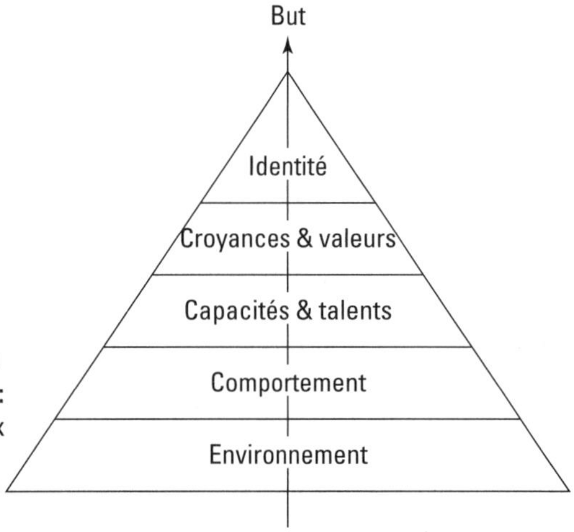

Figure 11-1 : Les niveaux logiques.

Opter pour des changements indolores

Cette rubrique illustre l'application indolore du modèle des niveaux logiques à vous-même, à un client ou à une situation de groupe.

Connaissant le rythme auquel nous sommes soumis de nos jours, il est naturel que certains aspects de nos vies échappent parfois à l'équilibre parfait. Cette situation reste acceptable tant que vous gardez la main sur les événements. Peut-être êtes-vous si occupé par votre vie sociale que votre solde bancaire en pâtit ? Ou bien, vous travaillez très dur et ne prenez pas le temps de vous occuper de vous ou de votre maison. Le modèle des niveaux logiques peut vous aider à rétablir aisément l'équilibre.

Équilibrer les domaines clés

L'Exercice 11-1 énumère les domaines clés contribuant à un équilibre de vie. Regardez cette liste, et essayez d'identifier un domaine de votre vie qui ne progresse pas ou qui mériterait d'être amélioré. Entourez celui que vous êtes prêt à « prioriser ».

Exercice 11-1 : Les clés d'une vie équilibrée
Famille
Loisirs
Santé
Travail
Apprentissage
Espace de vie
Argent
Vie sentimentale
Réseau social
Vie spirituelle
Ajoutez votre domaine personnel :

Les niveaux logiques vont maintenant vous aider à visualiser et à atteindre votre objectif. L'histoire de Caroline vous indique comment procéder.

Caroline travaille pour la compagnie des eaux de sa région, entreprise dans laquelle elle a récemment été promue à un poste senior stratégique. Dotée d'une solide formation, c'est une femme brillante et compétente, qui remplit à tous points de vue ses attributions en maintenant en ordre les finances de son entreprise. Professionnellement, Caroline est attentive aux détails et très compétitive. Et devinez quoi ? Les finances personnelles de Caroline sont une véritable pagaille. Elle consacre toutes ses liquidités à sa vie sociale avec ses amis, et aux folles virées de shopping où elle s'offre sans parcimonie vêtements et chaussures de marques. Au moment où Caroline a cherché à se faire coacher, elle était de plus en plus frustrée par sa situation personnelle : elle vivait toujours chez ses parents, dans la maison où elle était née trente ans auparavant. Ses dettes s'accumulaient et elle devait passer à des actions décisives. En travaillant sur le modèle des niveaux logiques, elle a rapidement mis au point un plan concret pour régler ses dettes et réaliser une première acquisition immobilière. L'Exercice 11-2 illustre les objectifs qu'elle s'est fixés à un an.

Exercice 11-2 : L'exercice de rééquilibrage de Caroline

Domaine clé :	*L'argent.*
Environnement : Où, quand et avec qui ?	*Nous sommes le 10 octobre 2009 et j'emménage dans mon propre appartement. Ma famille et mes amis m'aident.*
Comportement : Que suis-je en train de faire ?	*Je suis en train de simplement déballer mes livres et mes vêtements. J'ai économisé un capital, contracté un emprunt et réalisé ma première acquisition. J'ai vendu une foule de vêtements inutiles et j'ai cessé d'acheter tous azimuts. J'ai également un job à mi-temps le soir : j'enseigne la comptabilité à la fac du coin.*

Exercice 11-2 : L'exercice de rééquilibrage de Caroline *(suite)*

Capacités : Comment est-ce que j'utilise mes compétences et mes talents pour me permettre d'instaurer des changements dans le domaine sur lequel je travaille ? Et de quelles nouvelles compétences aurai-je éventuellement besoin ?	*Je suis très pragmatique et résiliente. De par mon expérience professionnelle, je sais gérer un budget et économiser. J'applique mes connaissances à mes finances personnelles. Je développe mes compétences d'enseignant de façon à obtenir des missions mieux rémunérées dans l'avenir.*
Croyances et valeurs : Dans le cas qui nous occupe, en quoi crois-je ? (Souvenez-vous que vos croyances et vos valeurs sont des leviers déterminants dans votre motivation à agir.)	*Il est important que je maîtrise mon budget, car c'est la condition dont dépend l'indépendance qui me permettra de profiter de la vie à long terme. Je crois qu'arrivant à 30 ans, je dois avoir mon propre logement. Il est important que j'aie mon intimité et que je puisse faire ma vie dans mon espace privé.*
Identité : Qui suis-je dans ce contexte ? Parmi les rôles que je joue, quels sont ceux qui correspondent à cette situation ? Comment me décrire ?	*Je suis une adulte financièrement responsable. Je me surnomme moi-même « Caroline la fée des afin finances » de me rappeler le plaisir que me procure la maîtrise de mon budget.*
But : Quel sens est-ce que je retire de mon expérience dans cette situation donnée, et comment la relier aux autres aspects de ma vie ?	*Tous mes amis me demandent dorénavant conseil sur la façon de gérer un budget et d'économiser judicieusement. Je sens que je peux appréhender ma vie avec plus de confiance en moi, et pour les autres aussi, ça va tout changer.*

Renseignez maintenant l'exercice 11-3 pour enregistrer vos réponses aux questions concernant ce que vous aimeriez qui ait changé d'ici un an, dans le domaine clé que vous avez entouré à l'exercice 11-1. Les questions portent sur les six catégories listées dans la rubrique « Étudier les niveaux logiques ». Il serait peut-être également utile que vous vous reportiez à la pyramide des niveaux logiques illustrée à la Figure 11-1.

Même si nous vous demandons de vous projeter dans l'avenir, à une année d'aujourd'hui, inscrivez vos réponses au présent, comme si vous aviez déjà entrepris les changements que vous souhaitez initier. Ainsi, vous engagez votre inconscient à vous aider à réaliser vos objectifs. L'inconscient ne fait pas la distinction entre imagination et réalité.

Exercice 11-3 : Mon exercice de rééquilibrage de vie

Domaine clé :	
Environnement : Où, quand et avec qui ?	
Comportement : Que suis-je en train de faire ?	
Capacités : Comment est-ce que j'utilise mes compétences et mes talents afin d'instaurer des changements dans le domaine sur lequel je travaille ? Et de quelles nouvelles compétences aurai-je éventuellement besoin ?	

Exercice 11-3 : Mon exercice de rééquilibrage de vie *(suite)*

Croyances et valeurs : Dans le cas qui nous occupe, en quoi crois-je ? (Souvenez-vous que vos croyances et vos valeurs sont des leviers déterminants dans votre motivation à agir.)	
Identité : Qui suis-je dans ce contexte ? Parmi les différents rôles que je joue, quels sont ceux qui correspondent à cette situation ? Comment me décrire ?	
But : Quel sens est-ce que je retire de mon expérience dans cette situation donnée, et comment la relier aux autres aspects de ma vie ?	

Renforcer votre musculature PNL

L'une des raisons pour lesquelles les techniques de PNL constituent un apprentissage si solide est que les exercices impliquent votre corps – les mouvements et la respiration. Pendant les exercices, vous pouvez rester debout ou vous asseoir à divers endroits, afin de prendre conscience des différentes sensations induites.

Il est fréquent, lors de nos séances avec des groupes ou des équipes de travail, que nous posions au sol et sur les chaises des feuilles indiquant les six niveaux logiques. Cette démarche marque les esprits de façon plus durable que lorsque les participants entendent parler des niveaux logiques de manière abstraite.

À VOUS DE JOUER – À votre tour

Voici un exercice que vous pouvez essayer en équipe au bureau.

1. **Prenez six morceaux de papier et inscrivez le nom d'un niveau logique sur chacun d'eux (s'il vous faut un aide-mémoire, utilisez la rubrique « Étudier les niveaux logiques » ou la Figure 11-1).**
2. **Sur le sol de la salle de réunion, placez les morceaux de papier de façon à les disposer comme un pas japonais. Plus vous disposez d'espace, mieux c'est.**
3. **Demandez à chaque membre de l'équipe de passer successivement d'un niveau à l'autre en énonçant ce qu'il ou elle pense du statut actuel de l'équipe et des objectifs futurs. Vous devez procéder par le biais de deux séries de questions :**
   - **Série 1 :** En commençant par Environnement et en remontant jusqu'à But, demandez pour chaque niveau quel est le statut actuel de l'équipe.
   - **Série 2 :** En commençant par But et en descendant jusqu'à Environnement, demandez à quoi l'équipe aimerait arriver d'ici deux ans.

   Les questions à poser à chaque niveau logique sont similaires aux questions posées à la rubrique précédente « Équilibrer les domaines clés » – elles ne diffèrent que par le fait qu'elles sont adaptées à un contexte professionnel :

   - **Environnement :** Où, quand et avec qui travaillons-nous ?
   - **Comportement :** Que sommes-nous en train de faire ?
   - **Capacités :** Quel soutien peuvent nous apporter nos compétences et nos talents ?
   - **Croyances et valeurs :** En quoi croyons-nous, en tant qu'équipe, qu'est-ce qui est important pour nous ? Pourquoi ?

- **Identité :** Qui sommes-nous ? Quel rôle jouons-nous dans l'organisation ?
- **But :** Comment nous situons-nous par rapport à une perspective structurelle plus vaste ? Pourquoi sommes-nous ici ?

Employé chez un fabriquant de matériel médical, Jan a été promue responsable du service clientèle. Ce nouveau poste représentait un challenge imposant pour elle, qui n'avait jamais fait d'encadrement. De ce fait, elle a dû modifier son identité pour passer du statut de membre jovial de l'équipe à la position de manager de la même équipe, à une époque où le service clientèle était le parent pauvre de l'entreprise et de nombreux clients se plaignaient de la qualité des prestations. Lorsqu'elle a découvert le modèle des niveaux logiques, Jan a décidé d'initier son équipe à cette méthode à l'occasion des réunions mensuelles qu'elle anime. Elle a surpris son groupe de travail en les invitant à explorer les méthodes qu'elle voulait mettre en place par le biais de la technique expliquée ci-dessus. À partir de cet exercice, chacun a formulé ses inquiétudes, s'est engagé à travailler en équipe dans une démarche honnête et empreinte de respect mutuel, et à se recentrer sérieusement sur les produits fabriqués par l'entreprise. Tous ont pris conscience qu'ils contribuaient à fournir un service visant à sauver des vies. Au plan psychologique, les employés ont pris la mesure de leur mission en qualité de membres d'une équipe prenant part au bon fonctionnement d'une entreprise de valeur, au point de voir la qualité de leurs prestations et leur motivation récompensées dans le temps par plusieurs prix.

Vous pouvez faire preuve de créativité en adaptant les exercices portant sur les niveaux logiques : examinez-les sur le papier, commentez-les et réalisez-les étape par étape. Plus vous faites participer vos sens au complet – en ajoutant des couleurs, des sons, des goûts et des odeurs – mieux c'est. Pensez aux différentes situations dans lesquelles les niveaux logiques peuvent vous aider. Par exemple, si vous prévoyez un voyage avec des amis, le fait d'inciter chacun à explorer dès le départ les niveaux logiques peut contribuer au plaisir que chacun y trouvera, à sa façon.

Vous centrer sur votre identité, vos valeurs et vos croyances

En travaillant avec le modèle des niveaux logiques, vous découvrirez que l'impact peut être beaucoup plus rapide si vous orientez les questions vers les niveaux logiques supérieurs de la pyramide, c'est-à-dire en vous axant sur les *croyances* et les *valeurs*, puis l'*identité*, pour atteindre votre notion de *but*. Le plus facile est de vous faire aider d'un ami impartial, d'un mentor ou d'un coach capable d'appréhender votre démarche avec l'ouverture d'esprit nécessaire.

Choisissez comme base de travail une situation qui vous pose réellement problème, dans laquelle vous butez sur les décisions à prendre ou pour laquelle vous avez du mal à trouver l'impulsion de départ. Utilisez l'exploration de votre *identité* et de vos *valeurs* pour répondre à la situation en mettant au point des *croyances* dynamisantes.

Si vous avez du mal à identifier une telle situation, voici quelques exemples qui pourront vous aider : changer de job, déménager, bâtir ou interrompre une relation de couple, introduire des changements dans la culture de votre entreprise et prendre des décisions clés concernant vos enfants.

Explorer votre identité

Chacun de nous revêt différentes *casquettes* selon les circonstances de notre vie. Pris dans leur ensemble, ces rôles multiples forment un riche patchwork qui constitue par essence l'individu que vous êtes et vous rend différent de tout autre. Généralement, nous parvenons à passer sans difficulté d'un rôle à l'autre ; par exemple, nous pouvons être à la fois coiffeur et parent, ou manager et fée du logis. En revanche, il arrive que la compatibilité entre certains rôles soit source de tensions. Afin d'intégrer ces multiples *parties* de vous en un seul être, réfléchissez à une désignation, ou une étiquette à connotation positive qui couvrirait l'ensemble des rôles. Peut-être vous considérez-vous comme une femme de tête, un gentil guerrier, un explorateur, une diva courageuse ou un grand fauve. Attribuez à cette identité un nom qui englobe au mieux toutes les facettes qui vous composent.

Actuellement basé au Royaume-Uni, Frank envisage de changer de conditions de vie en émigrant en Australie avec ses enfants et son épouse australienne. Bon nombre de questions conflictuelles se bousculent dans sa tête, et il confie à Kate la confusion qui l'habite. Frank vient de prendre un nouveau job, qu'il adore, et il est pleinement satisfait de la vie qu'il mène, en pleine campagne anglaise, dans un village où il est impliqué dans l'équipe de foot locale avec son jeune fils. Ses parents vivent à proximité et tout allait pour le mieux, jusqu'à ce que son épouse lui fasse soudainement part de son terrible mal du pays, et lui annonce et qu'elle veut retourner vivre près des siens à Melbourne. Vivre en Australie est un sujet qu'ils n'avaient jamais abordé avant de fonder une famille. Frank pense qu'en partant, il laisserait tomber ses parents et son employeur, et en ne partant pas, c'est son épouse qu'il trahirait. L'Exercice 11-4 lui sert à sonder l'image qu'il a de lui-même et de son rôle.

Exercice 11-4 : Définition de l'identité de Frank

Le nom des différents rôles qui me sont impartis :	*Époux parfait* *Papa poule* *Fils prodige* *Guerrier du développement informatique* *Dieu du foot*
Quel rôle englobe tous les autres ?	*Explorateur intrépide*
Quelle est la situation vue des différents rôles ?	*Je serai un époux parfait si je trouve le moyen d'accorder à mon épouse ce qu'elle souhaite. Mon fils m'idolâtre et je le lui rends bien, et il est au bon âge pour partir s'installer ailleurs. Le point d'achoppement est la culpabilité que je ressens à l'idée de laisser mes parents derrière moi. Comment continuer à être un fils prodige en habitant si loin ? En tant que guerrier du développement informatique, je trouverai moyen de travailler en Australie – pour ma société ou pour une autre. Et pas de problème pour jouer les dieux du foot là-bas. Du point de vue de l'explorateur intrépide, il est bon de voyager et de continuer à avancer.*

Autant qu'un manuel d'*exercices*, *Exercices de Programmation neurolinguistique pour les Nuls* est un livre de *travaux pratiques* qui doit vous permettre de sortir rapidement des situations critiques. Alors, vous avez joué les grands procrastinateurs devant l'Éternel parce que vos problèmes vous semblaient délicats à gérer ? Pas de problème. Rien de mieux que l'instant présent pour s'atteler à la tâche. Prenez l'exercice 11-5 à bras-le-corps pour identifier vos identités par rapport au challenge auquel vous faites face.

Exercice 11-5 : Définition de mon identité

Le nom des différents rôles qui me sont impartis :	

Exercice 11-5 : Définition de mon identité *(suite)*

Quel rôle englobe tous les autres rôles ?	
Quelle est la situation vue des différents rôles ?	

Faire l'inventaire de vos valeurs

Dans leur forme la plus pure, la plus intrinsèque, vos *valeurs* constituent votre moteur émotionnel, la chose qui vous tient le plus à cœur, celle que vous intégrez avec passion à votre vie. Vos valeurs fondamentales sont votre pierre angulaire, même si, selon les situations, votre comportement prend en compte divers facteurs. Lorsque nous évoquons vos croyances, il ne s'agit pas de croyances religieuses, mais de ces choses que vous tenez pour vraies – les règles que vous vous imposez et grâce auxquelles vous parvenez à prendre des décisions rapides.

Frank a eu recours à l'exercice 11-6 pour s'assurer que les actions qu'il entreprend sont absolument en phase avec ses valeurs. S'il manquait de s'aligner sur ses valeurs, il aurait tôt fait d'être rongé par l'anxiété.

Exercice 11-6 : Alignement des valeurs de Frank

Mes valeurs fondamentales	***Impact de mes valeurs sur cette situation***
Famille	*Je vais faire honneur ma femme et mon fils. Je ne suis pas encore sûr de savoir comment faire également honneur mes parents.*
Honnêteté	*Je vais être honnête avec chacun au fur et à mesure de l'évolution de mon projet, et partager avec tous ce que je ressens.*
Prise de risque	*Partir comporte un risque qui me motive.*
Qualité de vie	*En comparaison avec l'Australie, le Royaume-Uni ne semble pas être l'endroit où nous pouvons bénéficier de la meillaure qualité de vie.*
Responsabilité	*Quoi qu'il advienne, j'agirai de manière responsable vis-à-vis des personnes qui dépendent de moi et ferai honneur à mes engagements professionnels.*
Santé	*Je pense que nous aurons un mode de vie plus sain en Australie, plus orienté vers les activités de plein air. Mes parents pourront nous rendre visite et échapper aux hivers anglais.*

En explorant son *identité* et ses *valeurs*, Frank aboutit à des possibilités nouvelles et s'offre des alternatives.

Par le biais de l'Exercice 11-7, étudiez vos valeurs et la façon dont elles affectent votre situation.

Exercice 11-7 : Alignement de mes valeurs

Mes valeurs fondamentales	*Impact de mes valeurs sur cette situation*

Dynamiser vos croyances

Lorsque vous vous entendez dire « Je ne sais pas… » faire telle ou telle chose ou « Je n'arriverai jamais à… », peut-être limitez-vous vos possibilités par peur de l'avenir, ou par une vision de vous-même qui peut ne pas être le reflet de la réalité. Avérées ou non, les croyances sont des suppositions dont vous êtes persuadé. Pour commencer, demandez-vous si vos croyances vous correspondent réellement ou s'il est possible qu'elles soient obsolètes. Les croyances limitantes que nous entretenons méritent parfois d'être mises à l'épreuve, et le meilleur test possible est de leur trouver une idée de remplacement. Pour passer rapidement d'une croyance limitante à une croyance dynamisante, il suffit parfois de prendre le contre-pied positif de la croyance limitante. Les croyances dynamisantes impliquent la formulation d'un facteur de choix, du type : « Je peux choisir de maîtriser mon budget/devenir plus mince que je ne l'ai jamais été/trouver le job de mes rêves. »

L'Exercice 11-8 illustre la croyance limitante de Frank, ainsi que certaines des croyances dynamisantes et libératrices pour lesquelles il peut opter en faisant un choix parmi les différentes options qui s'offrent à lui.

Exercice 11-8 : Les croyances dynamisantes de Frank

Ma croyance la plus limitante :	*Si je pars en Australie, je ne peux pas être à la fois un bon mari et un bon fils.*
Mes croyances dynamisantes :	*Je suis capable de gérer les situations difficiles. Les changements de fond qu'il m'est arrivé d'opérer par le passé se sont bien passés.* *Je peux concevoir mon projet de telle sorte qu'il me permette de procéder étape par étape. Nul besoin de nous précipiter.* *Je tiens mes engagements.* *Lorsque je serai installé en Australie, il est fort possible que d'autres membres de la famille décident de suivre.* *Nous vivons dans un monde global dans lequel la communication s'améliore sans cesse.*
Ma croyance dynamisante de remplacement :	*Je peux être un bon mari et un bon fils, quel que soit l'endroit où je vis.*

À l'aide de l'Exercice 11-9, notez la marche à suivre pour transformer votre croyance limitante en croyance dynamisante.

Exercice 11-9 : Mes croyances dynamisantes

Ma croyance la plus limitante :	
Mes croyances dynamisantes :	
Ma croyance dynamisante de remplacement :	

Attacher au job de vos rêves la valeur qu'il mérite

Vous pensez peut-être que votre job vous correspondait parfaitement l'année où vous avez pris le poste, ou pendant vos cinq premières années dans cette fonction, ou dix ans en arrière, mais que vous n'y puisez plus aujourd'hui ni satisfaction ni motivation. Vous n'êtes pas le seul dans ce cas. Au fil de nos années de pratique du coaching, nous avons rencontré chaque jour des individus souhaitant changer d'orientation professionnelle, mais sans la moindre idée de ce qu'ils avaient envie de faire si ce n'est s'émanciper de leur situation actuelle.

Pensez-vous que certains des énoncés ci-après s'appliquent à vous ?

- Il m'arrive de m'ennuyer dans mon travail.
- J'étouffe.
- Je n'exploite pas à plein mes compétences.
- Avant, j'adorais mon job. Maintenant, j'ai des doutes.
- J'aimerais bien partir et faire autre chose.

Si vous avez répondu *oui* à plusieurs de ces énoncés, lisez plus avant et interrogez-vous sur la manière de donner à votre carrière une expansion positive et une dimension plus gratifiante. Et si vous avez répondu non à tout, ne fermez pas ce chapitre pour autant. Après tout, on peut changer d'avis du jour au lendemain, et il est toujours utile de pouvoir sortir un « plan B » de son chapeau à tout moment de sa vie professionnelle.

Dans la rubrique qui suit, nous allons vous aider à réaliser le travail de terrain nécessaire pour prendre de la distance par rapport à une activité professionnelle qui ne vous convient pas – ou plus – et aller vers un job qui correspond à la personne que vous êtes aujourd'hui.

Une situation professionnelle pleinement satisfaisante prend en compte vos valeurs fondamentales – vos idéaux les plus essentiels. L'Exercice 11-10 vous aide à définir ce que sont vos valeurs fondamentales sur le plan professionnel.

Vous trouverez énumérées ci-après un certain nombre de valeurs auxquelles s'attachent typiquement la plupart d'entre nous. Notez celles qui, sur cette liste, ont pour vous une résonance particulière.

- Apprentissage/développement personnel
- Compétition
- Confiance
- Courage

- Honnêteté et intégrité
- Innovation
- Liberté
- Plaisir
- Reconnaissance
- Responsabilité
- Satisfaction intellectuelle
- Sécurité
- Service
- Travail d'équipe/collaboration

REMEMBER

L'argent est une valeur de « moyen » plus qu'une valeur « fondamentale » : il peut vous offrir la liberté et le choix, mais ce n'est pas une fin en soi. Considérez-le comme une ressource qui peut vous apporter l'indépendance et la connaissance. Mais gagner de l'argent pour gagner de l'argent peut rapidement perdre de son piquant.

TRUC

Avec l'Exercice 11-10, vous allez pouvoir prendre conscience des trois moments les plus heureux de votre vie professionnelle. Ils peuvent tous trois avoir eu lieu dans le même poste, ou être répartis sur différentes périodes de votre carrière. Vous allez ensuite dresser une liste de dix points au plus, pour décrire ce que vous faisiez (votre comportement) et les compétences auxquelles vous faisiez appel dans ces moments-là en vous posant les deux questions suivantes :

- Quel aspect de cette expérience était important ?
- Que m'a apporté cette expérience ?

Ces questions vous permettront de mettre au jour vos valeurs fondamentales. Ainsi, à la prochaine opportunité de changement qui se présentera à vous, vous aurez à votre disposition la base d'une sélection de critères de recherche. Lors de votre réflexion concernant ce qui est important pour vous, vous pouvez également modifier cette question et vous demander ce qui vous procure le plus de satisfaction ou revêt pour vous la plus grande valeur. Passez un par un en revue les points clés qui figurent sur votre liste. Par exemple, si un job que vous avez vraiment apprécié consistait à réapprovisionner les rayons d'un supermarché, c'est peut-être parce que vous y avez puisé une impression de liberté et que vous y ayez pris du plaisir. Si vous avez par ailleurs occupé un poste d'assistante, il est possible que cette fonction vous ait paru satisfaisante parce qu'elle vous offrait de nouveaux apprentissages et vous donnait accès à certaines responsabilités.

Exercice 11-10 : Découvrir les qualités du poste de vos rêves

Les moments les plus heureux de ma vie professionnelle	***Quels aspects de cette expérience étaient importants ?***	***À quelles compétences faisais-je appel ? Que faisais-je ?***	***Que m'a apporté cette expérience ?***
(Comportement)			
Expérience professionnelle 1 :			

Exercice 11-10 : Découvrir les qualités du poste de vos rêves *(suite)*

Les moments les plus heureux de ma vie professionnelle	*Quels aspects de cette expérience étaient importants ?*	*À quelles compétences faisais-je appel ? Que faisais-je ?*	*Que m'a apporté cette expérience ?*
Expérience professionnelle 2 :			
Expérience professionnelle 3 :			

Lorsque vous aurez identifié vos valeurs professionnelles fondamentales, consignez-les à l'Exercice 11-11. Faites une copie de cet exercice et gardez-le sur vous, en guise d'aide-mémoire utilisable lorsque vous participez à des discussions professionnelles ou des entretiens d'embauche.

REMEMBER

Ne vous laissez pas tenter par les postes qui ont l'air attrayants mais ne correspondent pas à vos valeurs. Certaines propositions alléchantes peuvent ne pas être à la hauteur des valeurs que vous chérissez. Soyez prudent ; si vos valeurs n'ont pas voix au chapitre, sachez qu'il ne s'agit pas là du job de vos rêves.

Exercice 11-11 : Mes valeurs professionnelles fondamentales

Liste des valeurs fondamentales applicables au job de mes rêves :
1.
2.
3.
4.
5.

Naviguer au fil des niveaux en installant des buts dans votre vie

Il nous est à tous arrivé de nous laisser absorber par une occupation – loisir, travail, activité sportive – au point de ne pas voir le temps passer. Dans ce cas, on se trouve focalisé, polarisé par ce que l'on fait, procédant sans effort – comme un enfant totalement concentré sur son jeu préféré. Il s'agit d'une sorte d'état second que l'on est parfois tenté de qualifier d'état de grâce. Dans son livre, *Vivre : La psychologie du bonheur*, le psychologue hongrois Mihaly Csikszentmihalyi a baptisé cet état de fluidité mentale le *flow*, ou *l'expérience optimale*, qu'il décrit comme un espace dans lequel nos compétences et notre motivation sont également mobilisées – c'est-à-dire l'espace qui se situe entre l'ennui qui peut résulter d'une tâche trop facile et le stress que peut générer une activité trop difficile.

Peut-être estimez-vous que votre vie pourrait être plus facile, plus fluide, sans maîtriser les conditions pour y parvenir. Grâce aux exercices 12 à 15, vous allez découvrir comment accéder à l'expérience optimale.

Les niveaux logiques vous aident à comprendre la fluidité des sensations, des pensées et des actions qui instillent dans votre vie une notion de but, et suscitent chez vous la motivation et l'inspiration qui vous poussent à entreprendre. En jargon PNL, le terme *congruence* décrit l'impression de pouvoir que vous procure le fait d'agir en accord avec vous-même à tous points de vue.

Imaginez-vous en train d'écrire sur votre style de vie dans un magazine grand public. Racontez votre histoire aussi spontanément que possible. (Et ne vous souciez pas de la syntaxe, tous nos correcteurs sont en vacances !)

En commençant par l'*environnement*, le facteur qui se situe au bas de la pyramide des niveaux logiques (voir la rubrique « Étudier les niveaux logiques » ou la Figure 11-1), capturez des infos personnelles de votre vie dans la version 1 de ce papier imaginaire. Réfléchissez aux aménagements que vous aimeriez apporter à l'histoire de votre vie si vous deviez vous aligner sur votre notion de but, puis réécrivez votre histoire en partant du niveau logique supérieur, le *but*, pour réaligner votre vie sur cette notion. Cette seconde itération constituera la version 2.

TRUC

Donnez du réalisme au récit de votre vie en rédigeant au présent.

Exercice 11-12 : L'histoire de Jeremy, version 1

Environnement :	*Je vis dans le Nord de l'Angleterre, dans un petit village en lisière d'une grande ville, avec mon épouse Denise et nos trois fils. Mon job de commercial dans une société d'imprimerie me plaît, et nous sommes propriétaires d'une maison agréable. J'ai des collègues sympathiques, avec qui je prends plaisir à sortir un soir par semaine. Nous parlons des résultats commerciaux de l'entreprise et ce moment passé ensemble renforce notre esprit d'équipe. Les week-ends sont consacrés au temps passé en famille – je prépare généralement un bon dîner le samedi soir, et je joue au foot avec mes fils le dimanche.*
Comportement :	*Je suis d'un naturel facile, et j'aime passer du bon temps en famille. Mon job peut être à l'origine d'une certaine pression quand on est dans la dernière longueur d'un gros projet, alors je joue les boute-en-train pour motiver mon équipe à tenir les délais.*
Capacités :	*Le premier poste que j'ai occupé était dans un cabinet comptable – une activité trop centrée sur l'intérieur. J'aime les rapports humains et les chiffres. Je dois avouer que je n'ai pas encore intégré toutes les subtilités technologiques des machines d'imprimerie dernier cri que nous commercialisons, mais je sais qu'elles sont très complexes et configurables à l'infini.*
Croyances et valeurs :	*J'attache de l'importance à ma vie de famille, et je suis inquiet de l'avenir de mes enfants. J'ai grandi dans une famille de mineurs, alors je mesure la chance que représente pour nous une vie saine et dépourvue de risques. Même si j'apprécie les fruits de mon travail – la maison, la voiture, les vacances –, je suis ouvert sur l'extérieur et je juge important de porter de l'intérêt aux gens qui m'entourent. J'ai toujours cru à la valeur du travail, et à l'honnêteté et la franchise dans mes rapports aux autres. Je suis intimement persuadé que l'on récolte ce que l'on sème.*
Identité :	*Je suis responsable commercial et attaché à ma famille. J'ai parfois l'impression d'être un imposteur – pourquoi aurais-je le droit de me baguenauder, confortablement installé dans ma voiture, alors que mon père et mon grand-père ont passé des années à la mine ? J'ai essayé d'offrir à mes enfants une meilleure qualité de vie que celle que j'ai connue enfant, et d'assurer vis-à-vis d'eux mon rôle de modèle.*

Exercice 11-12 : L'histoire de Jeremy, version 1 *(suite)*	
But :	*Je ne suis pas dévoré par l'ambition de changer le monde, mais je suis persuadé que j'ai une part de responsabilité dans la façon dont nous traitons la planète et le fait de la laisser en bon état pour les générations futures. J'aimerais qu'on se souvienne de moi comme d'un bon citoyen qui a redistribué un peu des bienfaits dont il a profité.*

Jeremy a ensuite imaginé une vie plus ambitieuse, et a rédigé la version 2, à l'Exercice 11-13 ci-dessous, en partant du niveau logique supérieur.

Exercice 11-13 : L'histoire de Jeremy, version 2	
But :	*Je me suis toujours senti proche de la nature qui m'entoure, et je veux faire mon possible pour préserver et améliorer l'environnement afin que les générations futures en profitent. C'est une notion que j'inculque à mes enfants et mes collègues.*
Identité :	*Au bureau, je suis un manager éclairé, conscient des impératifs familiaux des membres de mon équipe, un époux et un père responsable, ainsi qu'un individu fortement impliqué dans la vie communautaire.*
Croyances et valeurs :	*Je crois qu'il est possible d'être honnête et de rendre à ceux qui nous entourent un peu de ce qu'on reçoit tout en récoltant les récompenses qu'on mérite. J'attache de la valeur à la sécurité et la liberté, aux relations vraies et aux entreprises qui créent des produits fiables et des services de qualité pour leurs clients, en réservant à chacun un traitement équitable. Il est de notre devoir de ne pas gaspiller les matériaux, et j'encourage mes clients à utiliser du papier d'impression en accord avec les principes environnementaux.*
Capacités :	*Au bureau, j'ai adopté les méthodes qui utilisent les dernières technologies afin de pouvoir vendre les avantages de nos machines d'imprimerie dernier cri et j'utilise l'e-mail quand je suis à l'extérieur. Je pense qu'il est important de continuer à apprendre, et j'accorde beaucoup d'intérêt à mon équipe et au développement de ses compétences. J'estime qu'un bon manager doit promouvoir la formation permanente de ses troupes pour leur permettre d'évoluer constamment et d'affronter des challenges plus ambitieux.*
Comportement :	*Au fur et à mesure que j'acquiers de la maturité, je deviens plus calme, plus sage, et plus serein quant à mon travail et ma vie de famille. Les gens me considèrent digne de confiance. Je perds rarement mon sang-froid et je sais comment faire passer mes messages avec respect. J'adore travailler avec les jeunes et je prends un grand plaisir à entraîner mes fils et leurs copains au foot le dimanche.*
Environnement :	*Je préfère passer du temps avec des gens qui fonctionnent comme moi et ont une approche dynamique du travail d'équipe. J'ai mis au point un emploi du temps souple, qui me permet de déposer les garçons à l'école deux matins par semaine, ce qui permet à Denise de souffler, et je travaille à la maison au moins un jour par semaine. Ce fonctionnement me permet de m'économiser un peu, notamment les semaines où je fais beaucoup de route pour assurer mes rendez-vous clients. Cela signifie aussi que Denise et moi pouvons suivre ensemble un cours de danse par semaine.*

Maintenant, à votre tour d'écrire l'histoire de votre vie, en étant aussi imaginatif que vous le souhaitez. Utilisez l'Exercice 11-14 pour votre première version, qui aborde les niveaux logiques du bas de la pyramide vers le haut.

Exercice 11-14 : Mon histoire, version 1

Environnement :	
Comportement :	
Capacités :	
Croyances et valeurs :	
Identité :	
But :	

À l'Exercice 11-15, rédigez votre seconde version en prenant la pyramide des niveaux logiques de haut en bas. Étoffez votre récit de façon aussi dynamique que possible, en mettant en relief votre fierté de mener votre vie comme vous le faites.

Exercice 11-15 : Mon histoire, version 2

But :	
Identité :	
Croyances et valeurs :	
Capacités :	
Comportement :	
Environnement :	

TRUC

Après avoir rédigé les deux versions de votre vie, reprenez la première version et travaillez-y jusqu'à ce que vous obteniez une version réellement inspirée. Écrivez ensuite une seconde version en relatant votre vie d'ici deux, cinq ou dix ans.

Chapitre 12

Pour réussir : changer de stratégies

Dans ce chapitre :

- Comprendre les stratégies
- Identifier vos stratégies
- Décomposer les stratégies
- Modéliser les stratégies des autres
- Modifier les stratégies néfastes

Avez-vous déjà remarqué comme certaines personnes ont le chic pour tout réussir, alors que d'autres sont de véritables incapables – tout ce qu'elles touchent se transforme en désastre. Prenons l'exemple de la cuisine. Pourquoi une personne va-t-elle sans mal confectionner des repas délicieux, alors qu'une autre ne sera pas fichue de faire cuire un œuf ? (Au fait, une de nos deux auteurs est fâchée avec les œufs à la coque, à vous de deviner, nous avons décidé de ne citer aucun nom !) Pour revenir à nos moutons, le nerf de la guerre se résume à un mot : les *stratégies*. Pour rester sur la métaphore du cordon-bleu, l'obtention d'excellents résultats peut se décomposer en étapes (qui se décomposent elles-mêmes en sous-étapes) :

1. **Détenir la croyance « Je suis excellent cuisinier. »**
2. **Définir l'intention : « Le repas va être délicieux. »**
3. **Planifier le menu.**
4. **Veiller à disposer des ingrédients requis.**
5. **Suivre la recette.**

Alors, votre œuf à la coque a fini en œuf dur ? Vous vous êtes laissé distraire pendant la cuisson, vous avez oublié de régler le minuteur, ou... il y a toujours une raison aux choses. Même faire cuire un œuf requiert une stratégie, et peut-être même des stratégies au sein des stratégies.

Dans ce chapitre, nous allons vous montrer comment réussir ce que vous entreprenez. Par exemple, détenir la bonne stratégie pour accomplir une tâche en temps réel, plutôt que de la remettre à plus tard, ou devenir un conducteur modèle plutôt que de vous laisser aller à la colère au volant. Nous allons voir comment développer de nouvelles stratégies, analyser ou modifier vos stratégies existantes, et adopter les stratégies des autres. Avant tout, la recette du succès consiste à comprendre comment fonctionne une stratégie.

Décrire les stratégies

Une stratégie est un modèle de comportement qui peut être copié et reproduit. En elles-mêmes, les stratégies ne sont ni bonnes ni mauvaises, mais plutôt jugées efficaces ou inefficaces au vu des résultats obtenus. On peut substituer au mot *stratégie* le mot *habitude.* Les modèles de comportement sont provoqués par un déclencheur, qui vous mène à une succession d'étapes et termine lorsqu'une condition est remplie. Par exemple, votre routine du matin peut être initiée par le son du réveil. Votre succession d'étapes passe par le brossage des dents, la douche, l'examen de votre image dans la glace, et la phrase « Oh la la, je suis vraiment magnifique ». La stratégie *préparatifs* prend fin lorsque vous êtes satisfait de votre apparence. Vous passez ensuite à la stratégie *petit déjeuner* ou *départ au travail.*

Lors d'une prestigieuse soirée de « réseautage », Judy se prit à observer un bel homme habillé avec goût, du nom d'Archie Archer. Archie semblait décidément posséder le facteur X ; il était le centre d'attention d'un groupe animé au sein duquel les conversations allaient bon train. Néanmoins, au bout de 40 minutes environ, Judy vit Archie seul, l'air abattu. Quelques minutes de conversation lui permirent d'en comprendre aisément la raison. Archie s'était montré spirituel et intéressant, jusqu'au moment où il lâcha le plus naturellement du monde à l'adresse de Judy : « Finalement, vous êtes beaucoup plus intelligente que vous n'en avez l'air. » Aïe !

Archie est un super-gaffeur. Tout espoir est-il pour autant perdu pour lui ? Eh bien non. Le syndrome de la super-gaffe constitue en réalité une stratégie fortuitement perfectionnée par Archie au fil du temps. S'il reconnaît qu'il a là un problème, que son comportement est souvent offensif, et qu'il est prêt à en changer, il n'aura aucune difficulté à modifier sa stratégie pour passer du mode « super-gaffeur » au mode « je réfléchis avant de parler ».

Peut-être Archie finira-t-il par percevoir que parler sans réfléchir n'est pas la meilleure stratégie pour se faire des amis et avoir une influence sur les autres – à ses dépens, après s'être aperçu que les gens s'écartent de lui lorsqu'ils le voient arriver (stratégie évaluée comme inefficace). En revanche, certaines personnes, dotées d'une grande mansuétude, pourront juger la franchise d'Archie presque attendrissante (même stratégie, évaluée comme efficace). Ceux qui jugent la stratégie *super-gaffeur* d'Archie inefficace ont activé leur déclencheur *éviter Archie.* Ceux qui ont jugé la stratégie d'Archie efficace ont fait appel à leur stratégie *choisir d'accepter Archie.* Si Archie comprenait comment fonctionnent les stratégies, il serait en position d'altérer la sienne, recevant de son entourage un tout autre type de feedback.

Une stratégie est un modèle défini qui peut être copié. Si vous rencontrez quelqu'un dont vous aimeriez intégrer la stratégie à votre vie, étudiez sa stratégie et adaptez-la à votre fonctionnement (voir la rubrique « Découvrir les stratégies des autres » plus bas dans ce chapitre). Par exemple, Tom, qui mesure plus d'1,90 mètre, possède une stratégie testée et approuvée pour le saut en hauteur, qu'il considère maintenant comme du gâteau. Sandra, dont certaines personnes mal intentionnées pourraient penser qu'elle n'a pas terminé sa croissance, adorerait s'approprier la stratégie de Tom pour atteindre les mêmes sommets. Il lui faudra peut-être pour cela se résoudre à des sauts moins spectaculaires, ou opter pour des chaussures à ressorts…

Évaluer vos stratégies

Avez-vous tendance à vous fustiger à la moindre occasion, sans vous accorder les félicitations du jury lorsque vous les méritez ? Réfléchissez à vos bonnes et à vos mauvaises habitudes et à la façon dont elles affectent votre stratégie. Tout au long de ce chapitre, nous allons vous fournir des idées qui vous permettront de modifier vos habitudes et vos stratégies. Mais dans l'immédiat, voici quelques grandes lignes pour vous aider à faire le tri dans vos pensées et décider si votre stratégie vous rend service ou si, au contraire, elle vous dessert.

- **Décrivez la stratégie qui fait l'objet de votre évaluation.** Vous pouvez appliquer cet exercice à n'importe quelle stratégie, qu'il s'agisse de la manière dont vous décidez du choix de vos vêtements, de votre repère pour vous souvenir que c'est bien du gazole et non du super que vous devez mettre dans votre réservoir, ou de votre façon de réagir à une remarque. Par exemple, si vous jugez un interlocuteur trop critique à votre égard, peut-être lui sautez-vous à la gorge dès la première phrase, fût-elle des plus innocentes.
- **Décidez si vous jugez votre stratégie efficace ou inefficace, et pourquoi.** L'efficacité ou l'inefficacité de votre stratégie dépend du résultat que vous visez. Prenons l'exemple du choix d'un vêtement. Si, en attendant la dernière minute pour choisir ce que vous allez porter, vous vous mettez en retard, alors que votre objectif est d'être harmonieusement vêtu en étant ponctuel, vous pouvez considérer votre stratégie comme inefficace : la première partie de votre stratégie satisfait l'un de vos désirs (avoir de l'allure) mais pas le second (être à l'heure). Si votre objectif est d'avoir une tenue parfaite, vous pouvez considérer votre stratégie comme une réussite.
- **Identifiez les personnes qui évaluent votre stratégie et définissez s'ils la jugent efficace ou inefficace.** C'est généralement à l'aune de notre propre comportement que nous jugeons celui des autres. C'est parce que vos interlocuteurs vous complimentent que vous savez qu'ils apprécient votre comportement, et parce qu'ils vous critiquent que vous savez qu'ils désapprouvent vos actions.

  Si vous percevez comme une critique la réaction d'un tiers, et si vous pensez que la critique est justifiée, vous pouvez choisir d'adapter votre stratégie. Si l'on reprend l'exemple du choix des vêtements, si quelqu'un dont l'avis compte vous dit « J'adore ta tenue », vous acceptez le commentaire comme un compliment. Si, au rebours, on vous dit « Canon ton ensemble ! Dommage que tu aies manqué la cérémonie d'inauguration », il est probable que la fois prochaine, vous prévoyiez de préparer vos vêtements la veille et que vous fassiez l'effort d'arriver à l'heure.
- **Observez le résultat qu'engendre cette stratégie, et décidez s'il vous convient.**

  Si votre stratégie ne fonctionne pas, identifiez le bénéfice secondaire qui émane de votre stratégie (le Chapitre 3 vous en dira plus sur les *bénéfices secondaires*, exemples à l'appui). Pour revenir à l'exemple de l'arrivée tardive dans une tenue parfaite, le bénéfice secondaire peut être qu'une entrée remarquée attirera sur vous les feux de la rampe !
- **Identifiez votre processus.** Décomposez votre stratégie en étapes pour identifier à quel niveau faire intervenir un changement. En réaction à une personne excessivement critique à votre égard, vous pouvez décider d'adopter la stratégie consistant à laisser dire. Pendant ce temps, vous pensez à quelqu'un qui vous renvoie une image positive de vous-même, ou vous remerciez mentalement cet interlocuteur de vous avoir donné l'opportunité d'analyser votre mode de pensée.

  Si votre stratégie ne fonctionne pas, trouvez quelqu'un qui obtient des résultats qui vous plaisent, puis inspirez-vous des stratégies de cette personne – sujet traité à la rubrique « Découvrir les stratégies des autres » plus bas dans ce chapitre.

Joanna aimait clamer qu'elle excellait dans son statut de comptable médiocre. Par ailleurs, le moindre morceau de *dance music* lui donnait une irrépressible envie de bouger. Au cours d'une séance de coaching de PNL, légèrement en transe, elle se souvint qu'à l'occasion d'une soirée à son école, elle s'était fait réprimander pour sa manière de danser, qui, à l'époque, était bien trop dévergondée par rapport aux normes en vigueur dans cet établissement pour filles assez strict. Joanna s'était sentie humiliée par la remarque qu'avait prononcée l'un des enseignants en présence des autres filles et du reste des invités. Évoquant ce souvenir avec son coach, Joanna réalisa que cet incident correspondait au moment où elle avait inconsciemment décidé de ne plus jamais se mettre dans une situation dans laquelle elle se ferait ridiculiser, et d'éviter à tout prix les conflits. Aujourd'hui, Joanna s'est inscrite à un cours de danse dont elle est l'élève phare. Parce qu'elle est globalement mieux dans sa vie, elle se débrouille mieux dans son job, même si elle a conscience que jamais elle ne brillera par ses compétences en comptabilité. Joanna est en train de se tourner vers d'autres moyens de mener une vie plus épanouie, pourquoi pas en enseignant la danse à temps partiel ?

L'Exercice 12-1 illustre la façon dont Joanna a évalué l'idée préconçue de sa propre médiocrité, son désir de placer les besoins des autres avant les siens, et son refus de s'affirmer.

Exercice 12-1 : Joanna évalue sa stratégie

Décrivez votre stratégie :	*Je suis prête à tout pour éviter les conflits. Par exemple, je laisse ma famille me dire ce que je dois faire. Il y a bien longtemps que j'aurais dû obtenir une augmentation de salaire, mais je n'ose pas affronter mon horrible patron.*
Décidez si votre stratégie est efficace ou inefficace, et les facteurs sur lesquels vous basez cet avis :	*Je n'aime pas la façon dont je me laisse marcher sur les pieds, et la façon dont, au fil du temps, j'ai rayé de ma vie tout plaisir et esprit d'aventure. Je n'aime pas non plus le fait d'être toujours la gentille fille que tout le monde veut que je sois. Je ne pense pas que ça me rende service, parce que j'en suis plutôt malheureuse et frustrée. Je me console en grignotant, ce qui n'est pas bien, et ma famille me juge pas à la hauteur.*
Identifiez les gens qui évaluent votre stratégie et définissez s'ils la jugent efficace ou inefficace :	*Je pense qu'inconsciemment, Papa juge ma stratégie positive, parce que je fais ce qu'il veut que je fasse. Je pense que le fait que je joue les paillassons convient à mon patron parce qu'il n'a pas de temps ni d'énergie à perdre avec moi.*
Analysez le résultat qui découle de cette stratégie et décidez s'il vous convient ou non :	*Je gagne bien ma vie et je mène une existence linéaire. Je vis chez mes parents, et même si ce n'est pas très drôle, c'est confortable et sans risque.*
Si le résultat obtenu n'est pas celui que vous souhaitez, définissez vos bénéfices secondaires :	*Il y a moins d'agressivité dans l'air et Papa n'est plus sur le dos de Maman, à l'accuser d'avoir fait une fille stupide. Par ailleurs, par peur de l'inconnu, j'ai vraiment peur de partir de chez mes parents et de trouver du travail loin de chez moi ou loin des gens avec lesquels j'ai l'habitude de travailler.*
Identifiez votre processus :	*Je veux vivre ma vie différemment, mais je me range toujours à l'avis de Papa quand il se met à crier.*
Si votre stratégie ne fonctionne pas, trouvez quelqu'un qui obtient les résultats que vous souhaiteriez pour vous-même :	*Sarah, ma prof de danse, est très indépendante, elle sait parfaitement ce qu'elle veut et comment l'obtenir. J'ai remarqué qu'elle ne se laisse jamais aller à la colère et reste toujours calme lorsqu'elle a un message à faire passer. Elle se tient droite en répartissant son poids sur l'ensemble de son corps, établit le contact visuel avec ses interlocuteurs et répète plusieurs fois ce qu'elle veut dire en le formulant de différentes façons.*

La stratégie mise en place par Joanna pour se conduire conformément aux attentes des autres et éviter les conflits date de l'incident à son école. Elle la dessert largement. Une des méthodes envisageables pour modifier sa stratégie pourrait être de changer sa ligne de temps (voir le Chapitre 13).

Joanna a décidé d'amender les stratégies qu'elle utilise dans les relations avec son père, qui représentent l'obstacle le plus important dans sa vie. Elle a pris conscience qu'elle devait employer une stratégie consistant à « s'autoriser à ne pas se sentir bien » lorsque son père se met à crier. Joanna s'est mise à utiliser des *sous-modalités* (reportez-vous au

Chapitre 10 pour plus d'infos sur les *sous-modalités*) lui permettant de conserver la maîtrise de ses émotions, en se rappelant l'époque où son père se montrait aimant et la soutenait. Elle a décidé de mettre en place une stratégie lui permettant de prendre position dans les situations où elle est en désaccord avec son père. Elle a adopté la position de Sarah, ainsi que son langage corporel et son élocution calme et posée. Elle a concrétisé une étape majeure en identifiant ses objectifs à l'aide du processus des résultats bien formulés traité au Chapitre 3. En collaboration avec son coach, Joanna est parvenue à prendre conscience de l'inefficacité de sa stratégie actuelle, consistant à laisser les autres lui dicter comment mener sa vie. Elle a maintenant adopté une stratégie consistant à identifier ce qu'elle veut obtenir de la vie.

Le poète anglais Samuel Johnson a dit : « Quelle réflexion mortifiante pour un homme que d'envisager ce qu'il a accompli, en comparaison avec ce qu'il aurait pu accomplir. » La citation de Johnson s'applique certainement à la situation de Joanna pendant toute la période où elle a autorisé les autres à gérer sa vie. Après avoir modifié ses stratégies, Joanna a commencé à vivre sa vie à un autre niveau, à se réaliser et à réussir.

L'Exercice 12-2 vous permet d'analyser une de vos stratégies, de décider si les résultats que vous obtenez correspondent à ce que vous souhaitez, puis d'évaluer son efficacité (les résultats générés sont-ils ceux escomptés ?) ou son inefficacité (dans le cas contraire). Il vous permet également d'affiner votre stratégie pour atteindre plus efficacement votre objectif ; tout cela en gardant à l'esprit que stratégie est synonyme d'habitude.

Exercice 12-2 : Évaluation de ma stratégie

Décrivez votre stratégie :	
Décidez si votre stratégie est efficace ou inefficace, et les facteurs sur lesquels vous basez cet avis :	
Identifiez les gens qui évaluent votre stratégie et définissez s'ils la jugent efficace ou inefficace :	
Analysez le résultat qui découle de cette stratégie et s'il vous convient ou non :	
Si le résultat obtenu n'est pas celui que vous souhaitez, définissez vos bénéfices secondaires :	
Identifiez votre processus :	
Si votre stratégie ne fonctionne pas, trouvez quelqu'un qui obtient les résultats que vous souhaiteriez pour vous-même :	

Déconstruire les stratégies

Reconnaître comment se décompose une stratégie consiste à analyser les étapes qu'elle implique et à les mettre précisément en application. Savoir quelles mesures prendre peut s'avérer particulièrement utile lorsque vous voulez *déconstruire* une stratégie – pour reprendre une expression empruntée à la série télévisée de science-fiction « *Stargate* » (technique utilisée pour comprendre le fonctionnement d'un vaisseau alien). Appliquer aux stratégies la technique de la *déconstruction* signifie qu'une fois les étapes du processus maîtrisées, vous pouvez quasiment faire d'une stratégie ce que vous voulez – qu'il s'agisse de modifier l'une de vos stratégies ou d'adopter celle de quelqu'un et de l'utiliser dans un quelconque domaine de votre vie. Suivez les étapes ci-dessous pour découvrir le fonctionnement d'une stratégie :

1. **Comment savoir quand utiliser cette stratégie ?**

   La réponse vous fournit l'élément déclencheur qui va initier le passage à l'acte de votre stratégie.

2. **Répétez-vous les questions « Maintenant que se passe-t-il ? » ou « Et maintenant je fais quoi ? »**

   Les réponses à ces questions vous fournissent les étapes de cette stratégie.

3. **Demandez-vous « Comment savoir quand arrêter ? »**

   Cela vous donne l'information qui met un terme à une stratégie.

Une fois que vous avez mis au jour la structure d'une stratégie, vous pouvez la modifier à l'envi, de la façon et au moment que vous jugez opportuns.

TRUC

Étudier de près le pourquoi et le comment d'un échec peut vous donner des indications précieuses sur la façon dont apprivoiser les étapes vers la victoire.

La Figure 12-1 illustre comment décomposer la stratégie visant de mener une vie saine. La stratégie est structurée autour des différentes étapes nécessaires à la réalisation de votre objectif.

Si votre stratégie de bonne santé est sabotée par votre incapacité à faire suffisamment d'exercice, observez quelqu'un qui a une activité physique régulière, et essayez d'adopter sa recette.

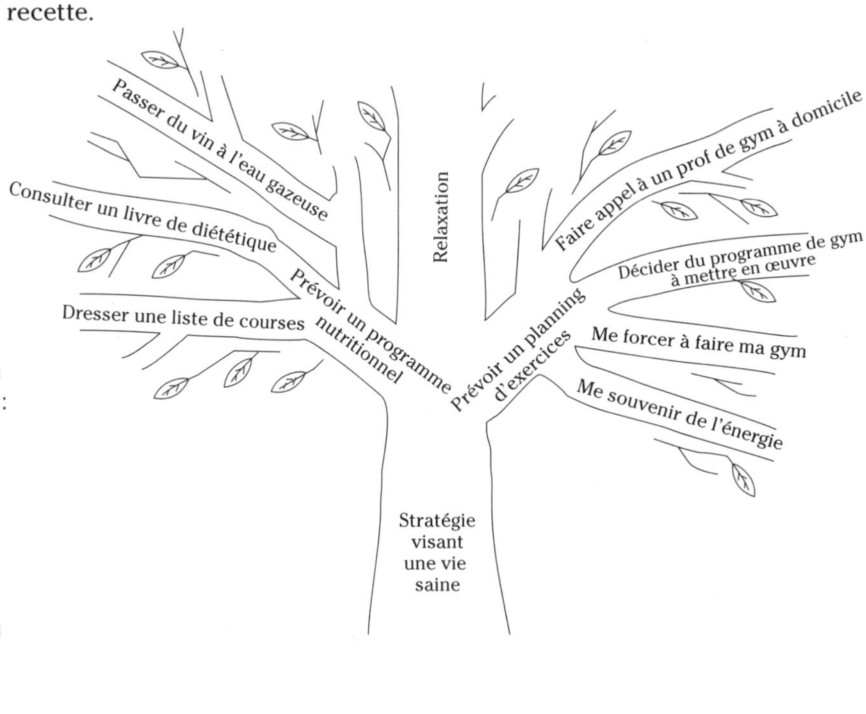

Figure 12-1 : Exemples de jalons émaillant une stratégie visant une vie saine.

Nous vous invitons à utiliser l'espace prévu à l'Exercice 12-3 pour tracer un schéma de la stratégie que vous avez choisie. Pensez à indiquer les étapes par lesquelles passer pour parvenir à votre résultat.

Exercice 12-3 : Illustration de ma stratégie

Découvrir les stratégies des autres

S'il s'avère qu'une stratégie donnée ne fonctionne pas du tout sur vous, repérez dans votre entourage quelqu'un qui vit une situation similaire à la vôtre et utilise une stratégie apparemment efficace, que vous pourriez modéliser. Vous inspirer de la forme du comportement d'un tiers pourrait être la solution à vos difficultés qui vous permette d'instiller à votre vie plus de fluidité.

Voici deux scénarios qui illustrent la méthode pour réussir à modéliser une stratégie empruntée à quelqu'un d'autre.

- Commercial depuis un moment, Simon ne parvenait pas à atteindre ses objectifs, sa stratégie de prospection spontanée se soldant invariablement par des échecs. La stratégie de Simon – *Je vais me faire éconduire* – induisait une stratégie de procrastination. Prenant conscience que son poste était en danger, il s'adressa à des collègues vendeurs dont les méthodes commerciales étaient suivies d'effets. Un des collègues de Simon lui expliqua sa stratégie et les étapes qu'il mettait en œuvre pour atteindre ses objectifs. Lorsque la stratégie globale *objectifs non atteints* de Simon fut décomposée, et sa stratégie de prospection déconstruite, il commença à atteindre ses objectifs.
- Ben, professeur de maths débutant, prenait grand plaisir à enseigner à des classes de sixième. Ses méthodes classiques d'enseignement, basées sur des explications orales à la classe et des démonstrations au tableau, fonctionnaient bien sur l'ensemble de ses élèves sauf un, particulièrement brillant. Ben prit conscience qu'il convenait d'employer avec cet élève une stratégie d'enseignement particulière. Un collègue expérimenté lui suggéra de procurer à cet élève l'occasion d'apprendre de façon plus concrète. Cette méthode se révéla très efficace en très peu de temps et Ben, adaptant son style d'enseignement à cet élève, fit lui-même progresser son apprentissage.

Tout est dans le regard

Une technique pour déceler le comportement sous-jacent de quelqu'un – sa stratégie – consiste à lui poser des questions et à observer ses mouvements oculaires. Les réponses aux questions vous indiquent la structure des stratégies utilisées consciemment par cette personne, et les mouvements oculaires vous fournissent des repères émanant de l'inconscient.

Les mouvements des yeux indiquent les référentiels VAK de votre interlocuteur : Visuel (V), Auditif (A), Kinesthésique (K), ou Auditif dialogue interne (Ad).

Stratégie pour détecter si quelqu'un est normalement organisé

En jargon PNL, on qualifie les droitiers de *normalement organisés*. Savoir si quelqu'un est normalement organisé peut vous servir dans l'établissement du rapport avec cette personne. Prenez garde : il peut y avoir des exceptions à cette règle.

Remarquez toujours si vous avez affaire à un droitier ou à un gaucher. Dans le doute, ayez recours au calibrage ! Comment ? Les scénarios ci-dessous, qui relatent des conversations imaginaires entre Kate et Samantha, puis entre Kate et Tom – Samantha et Tom étant des connaissances récentes de Kate –, vous montrent comment calibrer, c'est-à-dire comment jauger si votre interlocuteur est droitier ou gaucher.

Kate : « Vous avez l'heure ? »

Samantha, regardant son poignet gauche : « Oh ! Je suis désolée, je ne porte pas de montre. »

Kate, innocemment : « Oh ! Vous êtes gauchère. »

Samantha, médusée : « Non, en fait je suis droitière. »

Kate, touchante : « Oh, ne m'en veuillez pas, je confonds toujours ma droite et ma gauche. »

Ou

Tom, regardant la montre à son poignet droit : « Il est 9 h 10. »

Kate, innocemment : « Oh ! Vous êtes gaucher. »

Tom : « Oui, en effet. »

Kate a obtenu sa réponse dans les deux cas !

Un homme averti en valant deux, un poil de calibrage ne peut pas faire de mal, car il est toujours possible que la montre soit portée du mauvais côté.

L'établissement du rapport étant un des piliers de la PNL, nous vous suggérons d'éviter la désinvolture, qui pourrait vous pousser à dire des choses du type « Il semblerait que vous n'êtes pas normalement organisé » ou « Ça alors, vous êtes gaucher ?! ». Mettre les pieds dans le plat est rarement un bon moyen de se faire des amis ! (Pour plus de détails sur la façon d'établir le rapport, consultez le Chapitre 7.)

Souvenez-vous que les mouvements oculaires d'un gaucher peuvent être opposés à ceux d'un droitier. Vous trouverez à l'exercice 12-4 quelques questions dont les réponses peuvent vous permettre de lire les mouvements oculaires de vos interlocuteurs. Vous y trouverez également la trame pour imaginer vos propres questions.

Exercice 12-4 : Questions de calibrage

Propositions de questions	***Mouvements oculaires probables d'un droitier***	***Questions à poser***	***Mouvement oculaire probable***
Alors, comment s'est passé votre voyage ?	Les yeux se déplacent vers le haut, à gauche (visuel) – souvenir d'images du voyage, latéralement vers la gauche (auditif) – souvenir des bruits de circulation ou des conversations, ou vers le bas, à droite – souvenir de la texture des sièges de la voiture (kinesthésique).		
J'étais en train de me demander quel son émanerait de ce contractuel furieux s'il se transformait en chaton heureux de vivre ?	Les yeux se déplacent latéralement vers la droite (auditif créé), imaginant le contractuel furieux en chaton heureux.		
Seriez-vous d'accord pour affirmer que, sachant ce que nous savons aujourd'hui, il est illogique de penser que la Terre est le centre de l'Univers ?	Les yeux peuvent se déplacer vers le bas, à gauche, l'interlocuteur analysant la logique de l'énoncé.		

Étudier une stratégie

Nous allons maintenant examiner en détail comment exploiter ce que vous avez appris sur le décryptage des stratégies. Tout d'abord parce qu'à chaque situation correspond une stratégie différente, selon la personne qui est à l'origine de l'action – la préparation d'un repas, d'une liste de courses, la gestion de la colère et ainsi de suite – il est utile de faire intervenir les processus VAK de pensée d'un interlocuteur. Par exemple : lorsqu'on planifie un pique-nique, ce qu'évoque pour cette personne l'idée d'un pique-nique (K), la conversation à propos du pique-nique (A), la façon dont elle visualise le pique-nique (V), et si elle est contente à l'idée de pique-niquer (K). Ensuite, si vous voulez savoir dans quelle mesure (quand et où) quelqu'un s'implique dans un acte quelconque, vous pouvez simplement demander de façon opportune « Quand as-tu X pour la dernière fois ? », X étant la préparation d'un repas, la rédaction d'une liste de courses, ou le fait de se mettre en colère. Au moment où la personne à laquelle la question concernant X est adressée, ses yeux vont révéler son processus de pensée. Veillez à faire cet exercice dans des circonstances confortables. Il peut s'agir d'une réunion au bureau ou d'une rencontre entre amis dans un café. Pour finir, posez uniquement des questions adaptées à la situation.

Tom est vendeur de voitures. Il veut vendre un véhicule à Jan. Ne serait-il pas judicieux qu'il connaisse la stratégie d'acquisition de Jan s'il veut amener cette dernière à acheter la voiture ?

Tom observe les yeux de Jan, et nous prenons la conversation en cours, après le préambule, au cours duquel Jan a annoncé qu'elle serait peut-être intéressée par une voiture d'occasion, et que Tom a découvert que Jan est droitière.

REMEMBER

L'exercice 12-5 illustre la manière dont une simple question peut révéler le mode de pensée d'un individu, simplement par sa façon de bouger les yeux. Le principe est le suivant : la réaction de Jan peut être décomposée en phrases correspondant à des mouvements oculaires distincts. En réponse, Tom adapte ses énoncés en faisant appel à des images, des sensations, et des paroles qui respectent la même séquence que ceux utilisés par son interlocutrice.

Un outil aussi puissant que la PNL implique une dimension éthique. Nous partons du principe que Tom est passionné par les voitures qu'il vend, et entièrement convaincu que la voiture qui intéresse Jan est la mieux adaptée à ses besoins.

Exercice 12-5 : Tom découvre le processus de pensée de Jan

Les questions de Tom	***Les réponses de Jan***	***Les mouvements oculaires de Jan***	***Les pensées de Jan***	***Les réactions de Tom***
Lors de l'achat de votre dernière voiture, qu'est-ce qui vous a poussée à choisir ce modèle ?	Eh bien, je me souviens qu'entrant dans la concession, mon regard a été attiré par la jolie voiture de sport rouge.	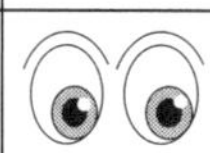	Se revoyant dans le showroom.	Je vous ai vue admirer la merveille gris métallisé là-bas. (V)
	Je savais que ce serait une petite bombe.	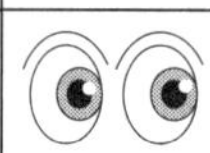	Gagnée par l'excitation.	Petite, je ne sais pas, mais c'est vrai que c'est une bombe, et je suis sûr que vous adorerez être plaquée au siège quand vous testerez ses reprises. (K)
	Je pensais bien qu'elle était au-dessus de mon budget.	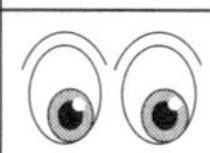	Elle entre ensuite en conversation avec sa pensée logique : Oh ! Je sais que vous pesez probablement le pour et le contre d'un achat de voiture neuve, par opposition à une voiture d'occasion.	(A_d)
	Et puis je me suis dit, après tout, on ne vit qu'une fois.		Elle s'autopersuade d'acheter le véhicule neuf : Je suis sûre que tu vas regretter d'avoir été si raisonnable.	(A)

Exercice 12-5 : Tom découvre le processus de pensée de Jan *(suite)*

Les questions de Tom	*Les réponses de Jan*	*Les mouvements oculaires de Jan*	*Les pensées de Jan*	*Les réactions de Tom*
			Mais son cœur l'emporte et elle se convainc de s'offrir la voiture de ses rêves.	Vous serez contente de faire vous-même le rodage et même si nous faisons subir à tous nos véhicules d'occasion un contrôle technique exhaustif, vous vous sentirez plus en sécurité du fait qu'il s'agit d'une première main (K).

L'Exercice 12-6 vous explique comment accéder au processus de pensée d'un interlocuteur.

- Pensez à une personne sur laquelle vous aimeriez avoir un impact.
- Identifiez par quoi vos relations pèchent et ce que vous pourriez améliorer de vos interactions avec cette personne.
- Souvenez-vous de la dernière fois où vous l'avez rencontrée et pensez intuitivement à une série de questions anodines à lui poser. Il sera toujours temps d'affiner vos questions lors de votre prochaine rencontre.
- Réfléchissez à ce que vous prévoyez de modifier dans votre comportement et votre langage vis-à-vis de cet interlocuteur.

N.B. : N'hésitez pas à vous entraîner avec un proche. Cela permet d'améliorer votre confiance en vous et de vous préparer à la situation.

Veillez à répéter les questions pour les connaître, ce qui vous permettra de vous concentrer sur le regard de votre interlocuteur. Si vous vous contentez de lire les questions, vous allez rater ses mouvements oculaires. Astuce : à titre d'aide-mémoire, vous pouvez noter par des flèches les mouvements des yeux de votre interlocuteur. C'est une méthode simple à mettre en œuvre, qui ne risque pas de troubler la personne en face de vous si vous procédez discrètement. Dans un second temps, vous pourrez également prendre des notes explicitant ses mouvements oculaires.

Il est possible que la personne avec laquelle vous parlez soit gênée d'avoir en face d'elle quelqu'un qui la fixe du regard. Voici une ou deux techniques visant à vaincre la timidité ou la résistance de votre interlocuteur. L'air de rien, évoquez le fait que, si vous semblez le dévisager, c'est parce que vous avez tendance à vous perdre facilement dans vos pensées. Il sera alors en mesure de ne pas se soucier de vous, et de se concentrer sur la réponse à votre question. Vous pouvez également le regarder en vision périphérique, en gardant vos yeux fixés sur un point situé juste au-dessus de sa tête.

Exercice 12-6 : Révéler les processus de pensée

Nom de la personne avec laquelle vous travaillez :
Contexte dans lequel vous prévoyez de mettre au point votre stratégie :

Questions	*Mouvements oculaires*	*Processus de pensée : Visuel (V), Auditif (A), Kinesthésique (K)*

Notez maintenant à l'Exercice 12-7 la façon dont, à la lumière de l'évaluation des processus de pensée de votre interlocuteur, vous allez pouvoir renforcer votre impact sur cette personne en ajustant votre comportement et votre langage. Peut-être devrez-vous décider de changer d'approche si la communication peine à s'établir parce que votre interlocuteur a activé sa stratégie *éviter toute communication*, alors que vous usez de votre stratégie *besoin d'informations*, qui ouvre la discussion par la phrase « J'ai une question à vous poser ». Si vous changez votre fusil d'épaule, vous aurez compris à quel moment enclencher la version mise à jour de votre stratégie de communication avant qu'il n'ait eu le temps d'identifier votre nouvelle stratégie.

Exercice 12-7 : Ajuster mon comportement et mon langage

Faire appel à de nouveaux schémas

Les scientifiques affirment qu'une habitude se crée ou se perd en 21 jours. Lorsque vous tentez de vous conditionner pour mettre en œuvre un changement, l'idée de devoir attendre *21 jours* avant de voir apparaître des résultats concrets peut être indigeste ! Testez donc la stratégie ci-après, qui décompose le processus en petites bouchées d'une journée, nettement plus digestes.

Admettons que vous ayez décidé que votre consommation de vin rouge est trop élevée. Ce qui ne signifie pas que vous devez vous priver du plaisir d'en boire un verre par jour, base sur laquelle vous allez partir. Vous pouvez noter cet objectif dans votre journal, sur votre blog ou de toute autre façon qui vous semblera adaptée pour consigner ce changement. Faites du moment où vous buvez ce verre de vin un vrai moment de plaisir ; installez-vous confortablement, prenez le temps de le savourer. Et pensez à noter dans votre journal le nombre de jours pendant lesquels vous vous êtes tenu à votre décision.

Supposons maintenant que de temps à autre, vous vouliez boire deux verres par jour plutôt qu'un. Réfléchissez à la différence entre les jours où vous buvez un verre et ceux où vous buvez deux verres, puis affinez votre processus de pensée.

Lorsque Sue, l'une des clientes de Romilla, a voulu arrêter sa consommation de pain, nous avons mis en place la stratégie suivante :

- Sue a conçu un *résultat bien formulé* (voir le Chapitre 3 pour en savoir plus sur les résultats bien formulés), lui permettant d'identifier précisément pourquoi elle souhaitait supprimer le pain de son régime alimentaire, et l'élément de remplacement qu'elle voulait introduire dans sa vie.
- Parce que son système de prédilection était a*uditif*, Sue a ancré son résultat dans le refrain d'une chanson d'Helen Reddy. Chaque fois qu'elle avait très envie de manger du pain, ou sentait le besoin de se remémorer son objectif, elle fredonnait les deux premières lignes du refrain : « *Un jour à la fois, doux Jésus, c'est tout ce que je te demande.* » (Il est possible que vous ayez une préférence marquée pour l'un de vos sens. C'est ce qu'on appelle le *système de représentation sensorielle primaire*, ou *dominant.*)

Loin d'être masochiste, il y avait certains jours où Sue s'autorisait la consommation de pain, et elle veillait ces jours-là à profiter pleinement de son petit plaisir. Si jamais elle était tentée de grignoter une tranche, plutôt que de se flageller, elle entonnait à tue-tête le refrain d'Helen Reddy, ce qui l'aidait à se tenir à sa stratégie *zéro pain.* Un an plus tard, le pain ne fait quasiment plus partie du paysage nutritionnel de Sue.

Une stratégie aux effets apaisants : les exercices de respiration

En PNL, une stratégie permettant de gérer les situations de stress consiste à apprendre à faire des pauses et à faire des exercices de respiration. Si discrète que vous pouvez quasiment la pratiquer en silence, cette technique peut être mise en œuvre même dans les circonstances les plus inattendues, par exemple pendant qu'un malotru tonne et tempête à votre encontre !

N'hésitez pas à customiser cette stratégie par rapport à votre situation propre. L'essentiel est de vous débarrasser de vos tensions et de vous détendre.

1. **Apprenez à identifier les facteurs générateurs de stress (les déclencheurs auxquels vous réagissez de façon négative).**
2. **Sachez reconnaître en vous les signes de tension.**
3. **Inspirez profondément pendant quatre secondes en dirigeant l'air vers les zones de votre corps où se situent les tensions.**
4. **Bloquez votre respiration pendant quatre secondes.**
5. **Expirez lentement par la bouche en comptant mentalement jusqu'à huit.**

6. **Bloquez votre respiration pendant quatre secondes.**
7. **Vous sentez votre corps se détendre.**

Si vous sentez que votre pouls s'accélère et que vous commencez à paniquer, respirer lentement et régulièrement dans un sac de papier vous permettra de recouvrer un rythme cardiaque normal et de retrouver votre souffle.

Et plutôt que d'attendre d'être stressé, pourquoi ne pas anticiper ? Un moyen mnémotechnique simple pourra vous faire penser à mettre en pratique votre stratégie d'exercices de respiration – alors pensez à installer un joli petit autocollant sur votre écran d'ordinateur ou le tableau de bord de votre voiture…

Chapitre 13

Travailler avec votre ligne de temps

Dans ce chapitre :

- Trouver votre ligne de temps
- Tirer des leçons du passé sans revivre la douleur
- Rendre les objectifs plus accessibles
- Gérer efficacement votre ligne de temps

Vous connaissez sans doute dans votre entourage quelqu'un qui est la ponctualité incarnée. Mais peut-être avez-vous aussi une amie à qui les secrétaires médicales ont fini par fixer des rendez-vous une demi-heure à l'avance pour qu'elle arrive à l'heure ? Et vous, comment gérez-vous le temps ? Êtes-vous plutôt du type ponctuel, ou du genre « toujours à la bourre pour tout mais je me soigne » ? Les deux approches de la gestion du temps que nous venons de citer affectent votre mode de pensée et votre comportement, ainsi que vos rapports à l'ensemble de votre entourage. Typiquement, votre rapport au temps peut être de deux types : soit vous avez du temps une vision panoramique, donc une vision d'ensemble de la vie, soit vous êtes dans le moment présent, sans vous préoccuper de ce qui est à venir. Par conséquent, la façon dont vous gérez le temps est basée sur une perception *dissociée du temps* ou *associée au temps.*

Ce chapitre illustre comment, grâce à une utilisation judicieuse de votre ligne de temps, vous pouvez parvenir à vous débarrasser des gravats qui jonchent votre parcours de vie. Un conseil en passant, cependant : si vous devez gérer des troubles émotionnels graves, comme des traumatismes ou des phobies, offrez-vous les services d'un vrai professionnel de la PNL – ne tentez pas de vous débrouiller seul avec les exercices de ce chapitre.

Découvrir votre ligne de temps

Vos souvenirs sont organisés selon une structure qui repose sur le temps. Votre ligne de temps peut être étalée devant vous, rectiligne, ou en forme de V, et votre point de référence peut être un endroit du passé ou du futur. Même si la manière dont vous exprimez le temps ne dit pas toujours à quel point de votre ligne de temps vous vous situez, il est utile d'admettre qu'on retrouve un schéma directeur dans la manière dont vos souvenirs sont stockés.

Vous arrive-t-il d'utiliser des expressions du type :

- J'ai mis le passé derrière moi.
- J'ai vraiment hâte d'y être.
- Inutile de regarder en arrière ?

Prêtez l'oreille aux expressions qui, dans votre langage, font allusion au temps, et complétez votre liste en y ajoutant celles que vous entendez autour de vous.

L'Exercice 13-1 vise à consigner ce que vous dites et ce que vous entendez en référence au temps.

Exercice 13-1 : Remarquer les expressions faisant allusion au temps

Nom de la personne	***Expression faisant référence au temps***

Bien ! Vous avez donc maintenant conscience de la part de votre langage qui fait référence au temps. Les mots et les expressions que vous employez dénotent la manière dont vous stockez vos souvenirs. Vous allez maintenant représenter votre ligne de temps par un schéma.

Vous représenter votre passé et votre présent

Pour vous aider à capturer en image la façon dont vous vous représentez vos souvenirs, prêtez-vous au petit exercice suivant :

1. **Pensez à un événement de votre passé.**
2. **Pointez mentalement vers cet événement.**
3. **Pensez à un événement dont vous savez qu'il va se produire dans votre futur.**
4. **Pointez vers cet événement.**
5. **Pointez maintenant vers l'endroit que vous considérez comme *maintenant.***
6. **Reliez mentalement les points pour obtenir votre ligne de temps.**

   Prenez un instant pour réfléchir : soit vous vous tenez sur la ligne, soit la ligne vous traverse. Si vous possédez une perception *associée au temps*, vous devez pivoter pour regarder vers le passé ou vers le futur parce que votre ligne de temps passe par votre corps. Si votre ligne de temps est étalée de sorte que vous la voyez devant vous, et que vous n'avez qu'à tourner la tête vers la gauche ou la droite pour regarder vers le passé ou le futur, vous avez une perception *dissociée du temps*.

La Figure 13-1 illustre une ligne de temps rectiligne, *associée au temps*. Une ligne de temps associée au temps peut également avoir la forme d'un V, avec le passé d'un côté et le futur de l'autre. L'essentiel est que le passé et le présent se rejoignent en faisant passer la ligne de temps par une partie quelconque de votre corps.

La Figure 13-2 illustre le modèle *dissocié* de ligne de temps. Vous remarquerez que le personnage se tient à distance de la ligne de temps, qui est à l'extérieur de son corps. Comme la ligne de temps *associée au temps*, cette ligne pourrait avoir la forme d'un V mais elle passerait dans ce cas devant le personnage, et non au travers de lui.

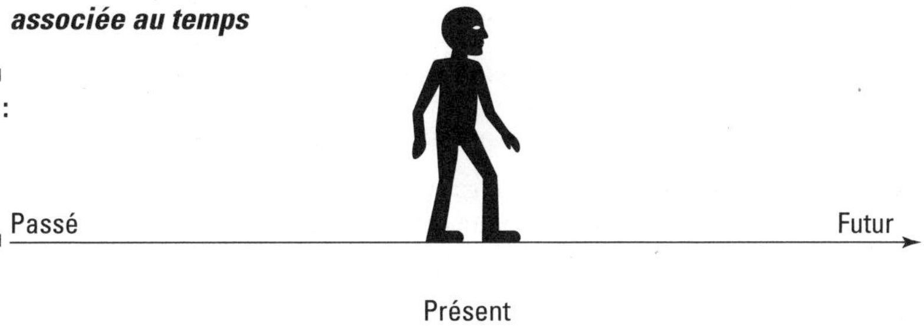

Figure 13-1 : Approche associée au temps.

Figure 13-2 : Approche dissociée du temps.

Votre position sur votre ligne de temps est moins importante que votre position par rapport à la ligne qui relie un événement passé à un événement futur. Si la ligne passe par vous, vous avez une ligne de temps du type *associée au temps*, et si elle passe à l'extérieur de votre corps, votre ligne de temps est du type *dissociée du temps*.

C'est sur la base de ces notions que vous allez utiliser l'espace disponible à l'Exercice 13-2 pour dessiner votre ligne de temps. Représentez-vous sur le dessin. N'hésitez pas à mettre à contribution la fibre artistique qui sommeille en vous, et tant mieux si votre dessin ressemble à une production Disney.

Exercice 13-2 : Ma ligne de temps

Si votre ligne de temps traverse votre corps, vous présentez une orientation essentiellement *associée au temps*. Si votre ligne de temps se situe à l'extérieur de vous, vous présentez une orientation essentiellement *dissociée du temps*. Le Tableau 13-1 recense des caractéristiques de fonctionnements *associés au temps* ou *dissociés du temps* – peut-être êtes-vous une combinaison des deux.

Tableau 13-1 : Caractéristiques des types *associé au temps* ou *dissocié du temps*

Caractéristiques du type associé au temps	***Caractéristiques du type dissocié du temps***
Vous avez une relation tranquille au temps.	Vous attachez une grande importance à la ponctualité.
Vous avez une aversion pour les agendas et tout appareil électronique visant à planifier votre vie.	Si c'était possible, vous feriez appel à la chirurgie pour vous faire poser un PDA intégré.
Vous pouvez vous montrer très subjectif, et vous vous laissez guider par votre affectif.	Vous pensez avec votre tête et gardez vos émotions à l'œil.
Vous croyez sincèrement qu'à chaque jour suffit sa peine.	Votre vie est très structurée et vous ne déviez jamais de votre planning.
Vous adorez disposer d'alternatives, donc vous tendance à faire vos choix en dernière minute.	Vous avez besoin de terminer ce que vous faites puis de avez passer à autre chose.
Vous faites péter les plombs aux individus dissociés du temps !	Vous faites péter les plombs aux individus associés au temps !

Utilisez maintenant l'Exercice 13-3 pour consigner les attitudes d'après lesquelles vous vous rangez dans la catégorie *dissocié du temps* ou *associé au temps*.

Exercice 13-3 : Les caractéristiques de ma ligne de temps

Les caractéristiques de ma ligne de temps sont essentiellement associées au temps/dissociées du temps (entourez la mention qui vous concerne)
Mes caractéristiques sont :

Faire jouer votre ligne de temps en votre faveur

Vous contenter d'identifier votre profil de ligne de temps ne va pas vous rendre grand service en soi – c'est l'utiliser à votre avantage qui importe. Montez à bord, nous vous emmenons en voyage imaginaire dans les airs. De là-haut, vous pourrez survoler votre ligne de temps. Une fois l'expérience réalisée, vous pourrez à loisir vous déplacer sur votre ligne de temps, allant et venant entre votre passé et votre avenir.

Lorsque vous dominez de très haut votre ligne de temps et contemplez les événements de votre vie là tout en bas, vous visualisez votre ligne de temps dans son ensemble, et votre distance par rapport aux événements maintient un périmètre de sécurité entre vous et vos émotions, autrement susceptibles de vous porter préjudice. Il est beaucoup plus aisé de tirer des leçons des événements passés quand on n'a pas à revivre la douleur qui leur est associée.

Grâce à l'Exercice 13-4, vous allez pouvoir vous familiariser avec la technique consistant à monter et à descendre en flottant au-dessus de votre ligne de temps.

Si vous êtes *associé au temps*, l'expérience consistant à prendre de la distance par rapport aux événements de votre ligne de temps et à faire preuve de détachement vous permet de comprendre pourquoi les gens qui sont dissociés du temps sont moins dans l'émotion que vous – simplement parce qu'ils sont spectateurs des événements qui se déroulent sur leur ligne de temps.

Exercice 13-4 : Exercice de survol

1. **Installez-vous confortablement et fermez les yeux.**
2. **Respirez à fond et expirez lentement pour commencer à vous détendre.**
3. **Répétez l'exercice de respiration une demi-douzaine de fois environ, jusqu'à ce que vous soyez totalement détendu.**
4. **Imaginez-vous en train de monter tout doucement en flottant au-dessus du bâtiment dans lequel vous vous trouvez : vous regardez les toits au-dessous, et vous continuez à monter en flottant, de plus en plus haut, par-delà les nuages.**
5. **Vous êtes dans l'espace, et vous visualisez votre ligne de temps qui se dessine comme un ruban au-dessous de vous, tout en bas. Vous vous voyez sur votre ligne de temps.**
6. **Remontez maintenant votre ligne de temps, jusqu'à vous positionner précisément au-dessus d'un événement récent.**
7. **Vous pouvez rester à flotter à cet endroit aussi longtemps que vous le désirez.**
8. **Avancez sur votre ligne de temps jusqu'à *maintenant* et continuez, au-delà du présent, jusqu'à ce que vous vous situiez au-dessus d'un événement prévu dans le futur.**
9. **Vous pouvez rester à flotter à cet endroit aussi longtemps que vous le désirez, ou vous pouvez vous déplacer entre les événements de votre passé et ceux de votre futur.**
10. **Lorsque vous avez terminé, parcourez votre ligne de temps jusqu'à *maintenant*, puis revenez doucement au présent en redescendant pour reprendre possession de votre enveloppe charnelle.**

Vous pouvez avoir recours à cette technique de survol de votre ligne de temps pour gérer des problèmes actuels dont l'origine peut se trouver dans votre passé, et qui peuvent avoir des implications potentielles sur votre futur.

Les causes premières cernées

Vos souvenirs d'un événement passé sont généralement rassemblés au sein d'un ensemble appelé *gestalt*, qui représente un *tout organisé*. Si les événements d'un ensemble se produisent à des moments différents ou sont reliés entre eux dans un ordre différent, l'ensemble ne constitue pas une *gestalt*. La notion de *gestalt* (ou ensemble) a une connotation d'ensemble, ce qui n'est pas le cas de la signification que vous pouvez attacher à un événement isolé.

Une *gestalt* peut être déclenchée par la réaction émotionnelle à un événement de votre passé. Cette *Épreuve émotionnelle significative*, désignée par l'acronyme EES, porte également le nom de *cause première*. Lorsque des événements similaires donnent lieu à des réactions émotionnelles similaires, vous liez les événements en une chaîne qui aboutit à une *gestalt* constituée d'une séquence particulière d'événements auxquels vous attribuez une signification en fonction de votre état d'esprit du moment.

Revivre des incidents spécifiques de votre ligne de temps peut vous aider à vous libérer d'une décision limitante ou d'une émotion négative qui vous entrave. (Voir les décisions limitantes au Chapitre 5.)

Jeanne appréhendait de faire part à son mari de ses satisfactions professionnelles. Alors qu'elle aurait aimé lui annoncer la bonne nouvelle en rentrant, elle avait pris l'habitude de tout garder pour elle, redoutant le sempiternel « Ce n'est pas ça qui va régler notre problème de découvert bancaire ». Ce schéma de comportement affectait de façon évidente leur relation de couple. Jeanne savait que c'était à elle de trouver un moyen de modifier la façon dont elle percevait le commentaire de son époux et y réagissait. Elle décida de faire un voyage dans le temps, en remontant dans son passé jusqu'au point où elle avait autorisé les commentaires de son époux à l'affecter. Jeanne réalisa que c'est à ce moment qu'elle avait décidé de ne plus associer son mari à sa vie professionnelle. Bien que sa personnalité soit encore globalement négative, Jeanne n'est plus affectée par l'attitude son mari. Sur la base de l'Exercice 13-5, Jeanne a découvert la cause première de son problème.

Exercice 13-5 : Jeanne identifie sa cause première

Événement/occurrence aquelle je réagis :	*John déclare « Ça ne va pas régler notre problème à de découvert ancaire ». C'est comme s'il voyait la vie uniquement en termes d'argent.*
Signification que j'associe à l'événement /l'occurrence :	*Parce que j'ai l'impression que mon époux ne m'écoute pas, j'ai cessé de partager quoi que ce soit avec lui.*
Cause première que je veux modifier :	*La première fois que j'ai permis à son attitude envers ma réussite professionnelle de m'affecter.*
Résultat obtenu par la suppression de la décision négative :	*Je suis ravie de m'être débarrassée de la décision qui me limitait dans mon envie de lui faire part de mes succès professionnels. Maintenant, quand je veux lui parler, je commence par « J'ai quelque chose à te raconter et je veux que tu partages ma joie ». Les choses sont en train de changer.*

Une sensation négative peut être associée à une décision limitante que vous avez prise par le passé. Par exemple, vous êtes insatisfait parce que vous ne gagnez pas assez d'argent. Une des raisons possibles peut être qu'en début de carrière, vous associiez la notion de rémunération élevée avec celle de vénalité.

Si quelqu'un formule un commentaire négatif à votre égard, vous arrive-t-il de mal réagir ? Cette réaction vous empêche-t-elle de réaliser certaines choses ou de progresser ? Utilisez l'Exercice 13-6 pour identifier la cause première de votre problème.

Exercice 13-6 : J'identifie ma cause première

Événement/occurrence à laquelle je réagis :	
Signification que j'associe à l'événement/l'occurrence :	
Cause première que je veux modifier :	
Résultat obtenu par la suppression de la décision négative :	

Voir se dérouler votre passé

La technique du survol peut vous aider à dévoiler la cause première de votre *gestalt*, votre schéma de pensée et de comportement, et dépasser les émotions négatives émanant du passé, qui vous entravent dans le présent. Elle vous aide aussi à examiner les décisions limitantes qui vous empêchent de profiter pleinement de la vie. Pour revenir à votre passé :

1. **Survolez votre ligne de temps jusqu'au moment où votre inconscient a enregistré l'épreuve émotionnelle significative (EES) qui vous affecte.**
2. **Analysez ce qui a engendré l'EES et quelle leçon vous pouvez en tirer.**

   Vous avez ici la clé du processus. C'est en grande partie dans votre passé que vous puisez l'expérience et la sagesse dont s'inspire votre quotidien. En vous accordant le temps de regarder en arrière, vous tirez du passé des leçons que vous n'étiez pas « équipé » pour comprendre à l'époque de votre ESS.
3. **Flottez au-dessus de votre ligne de temps jusqu'au moment situé environ 15 minutes avant l'instant où s'est produit votre EES et remarquez que votre EES ne suscite chez vous aucune émotion.**

   Au point 2, vous avez découvert ce qui a provoqué votre EES et en avez tiré un enseignement. Vous êtes maintenant au point où l'événement n'a pas encore eu lieu.

Maintenant que vous en savez plus sur votre EES, vous n'êtes plus tenu de retenir en vous les émotions liées à cet événement. Vous pouvez libérer vos émotions et fonctionner de façon productive. Recueillir l'enseignement qui émane d'une EES rompt la *gestalt*.

TRUC

Si vous pensez que certains des exercices comportent des étapes trop nombreuses, enregistrez les instructions en langage hypnotique et repassez-vous-les. (Consultez le Chapitre 15 pour en savoir plus sur le langage hypnotique.) Vous pouvez également demander à quelqu'un d'énoncer les instructions à haute voix au fil de l'exercice. Dans le contexte de la ligne de temps, il est toujours bénéfique de travailler avec un tiers pendant le travail vous permettant de vous débarrasser de vos émotions négatives et de vos décisions limitantes. Si au contraire, vous choisissez de travailler seul, comportez-vous avec votre inconscient comme si vous étiez face à une personne, en posant des questions du type : « Tu es d'accord si je libère mes émotions négatives ? » (Pour plus d'infos sur l'inconscient, voir le Chapitre 4.)

Apaiser les émotions négatives

Les émotions négatives comme la culpabilité, la tristesse, la colère et la frustration sont liées à un facteur temps. Peut-être éprouvez-vous de la culpabilité à propos d'une de vos actions passées.

Par exemple, vous avez envoyé paître quelqu'un qui vous répétait pour la énième fois « Ne sois pas aussi stupide », ou parce que, comme souvent, votre besoin d'entendre « Je t'aime » n'était pas satisfait. À ce moment-là, vous ressentiez exclusivement de la colère. Aujourd'hui que vous repensez à cet événement, vous revoyez l'air interloqué et peiné de votre interlocuteur, et vous réalisez qu'au lieu de lui parler sèchement, vous auriez dû vous interroger sur les raisons de son comportement. Étaient-elles liées à ses origines et à son éducation ? Peut-être que depuis l'enfance, personne ne s'était adressé à lui en d'autres termes que « Ne sois pas aussi stupide », ou qu'il n'avait jamais entendu quiconque lui exprimer de l'amour.

L'Exercice 13-7 montre comment se débarrasser des émotions négatives. Par exemple, imaginons que vous ayez une propension à vous mettre en colère au volant, ou tendance à vous lamenter sur votre propre sort et à vous considérer comme une victime de la vie. Cette méthode va vous aider à vous libérer et à reprendre possession de votre existence.

Exercice 13-7 : Se libérer des émotions négatives

1. **Trouvez un endroit paisible, au calme, où vous pouvez vous détendre et vous mettre dans des dispositions propices à cet exercice.**

   Informez votre inconscient que vous souhaitez identifier la cause première du problème que vous voulez résoudre, en identifiant ce qui s'est produit de façon à vous libérer des émotions liées à cet événement et de leur emprise sur vous. Formuler votre intention à haute voix permet parfois d'attirer l'attention de l'inconscient plus efficacement que de penser simplement dans votre tête.

2. **Demandez à votre inconscient si vous pouvez tirer des enseignements de l'événement concerné et libérer vos émotions.**

   Très fréquemment, le problème émane du fait que vous n'avez pas tiré d'enseignements de votre expérience passée. Les situations négatives peuvent engendrer chez vous un ressenti négatif, de la frustration, et un immense besoin d'identifier toute autre émotion négative. Une fois la leçon apprise, vous saurez quel schéma de comportement adopter afin de libérer votre émotion,

   N'OUBLIEZ PAS !

   Notez que les questions de cet exercice s'adressent à votre *inconscient*.

3. **Demandez à votre inconscient « Quelle est la cause première de ce problème ? Se situe-t-elle avant, pendant ou après ma naissance ? »**

   N'OUBLIEZ PAS !

   Il est essentiel que vous accueilliez avec ouverture d'esprit la réponse de votre inconscient concernant l'origine de votre cause première. Les réponses obtenues peuvent parfois surprendre, car l'inconscient absorbe énormément d'informations et prend de nombreuses décisions dont vous n'avez pas conscience.

4. **Une fois la cause première de votre problème connue, flottez au-dessus de votre ligne de temps de façon à voir votre passé et votre futur s'étaler au-dessous de vous.**

5. **Remontez votre ligne de temps jusqu'à ce que vous arriviez au-dessus de votre cause première.**

   Prenez la mesure de l'événement qui est à l'origine de votre décision limitante ou des émotions négatives en voyant ce que vous avez vu, en ressentant ce que vous avez ressenti et en entendant ce que vous avez entendu alors. Les sensations ne seront pas aussi intenses que sur le moment car vous flottez en suspension très loin au-dessus de l'événement, de sorte que vous pouvez tirer un enseignement de l'événement sans vous faire happer par l'émotion.

6. **Demandez à votre inconscient de tirer les enseignements appropriés de cet événement, de façon à pouvoir libérer facilement et rapidement la décision limitante ou les émotions négatives associées à cette expérience.**

   Voilà la clé du processus. C'est en grande partie dans votre passé que vous puisez l'expérience et la sagesse auxquelles vous avez recours au quotidien. Lorsque vous prenez le temps d'examiner le passé, vous en tirez des leçons que vous n'étiez pas « équipé » pour comprendre à l'époque de l'événement en question. C'est par l'observation des événements que cette compréhension devient possible.

7. **Toujours en suspension au-dessus de votre ligne de temps, remontez jusqu'au moment situé environ 15 minutes avant l'instant où s'est produit votre EES.**

8. **Faites face au présent de façon à visualiser la cause première devant et au-dessous de vous.**

   Remarquez que votre EES ne génère aucune émotion. Vous en avez identifié la cause, en avez tiré un enseignement, et vous êtes maintenant au point où l'événement ne s'est pas encore produit.

Exercice 13-7 : Se libérer des émotions négatives *(suite)*

9. **Autorisez-vous à vous défaire de toutes les émotions négatives associées à cet événement. Expirez lentement pour libérer les émotions associées à l'EES.**

   Si vous travaillez sur une décision limitante, vous remarquerez qu'elle a disparu, tout comme l'ensemble des émotions négatives qui lui étaient associées. Si vous travaillez sur la libération d'une émotion négative, remarquez que celle-ci a également disparu.

10. **Lorsque vous êtes prêt, revenez au point situé au-dessus du présent.**

    Déplacez-vous à une vitesse qui laisse à votre inconscient le temps de tirer des événements qui constituaient votre *gestalt* les enseignements nécessaires, et de libérer les émotions correspondantes.

11. **« Atterrissez » dans la pièce où vous vous trouvez.**

Pour vous assurer que les émotions négatives ont bien disparu, vous pouvez penser à un moment du futur où un événement aurait déclenché l'émotion et vous remarquerez qu'aucune émotion négative ne se manifeste.

Dépasser une décision limitante

À un moment donné de votre vie, votre inconscient a pris la décision de vous protéger d'un événement malheureux que vous avez vécu en créant une décision limitante, dont vous n'êtes, par bonheur, pas conscient. Une décision limitante (sujet traité en détail au Chapitre 5) agit comme une barrière qui vous empêche d'atteindre un objectif désiré. Par exemple, vous pouvez penser que vous aimeriez faire de l'escalade, mais votre inconscient a décidé que vous n'êtes pas suffisamment courageux, que vous avez le vertige, ou que la pratique de l'escalade est dangereuse. Donc, pour des raisons que votre conscience ne peut identifier, vous ne donnez pas suite à votre envie de faire de l'escalade.

Au prix d'un effort considérable, Karine avait un jour rédigé en classe une dissertation qu'elle considérait comme son meilleur écrit. Malheureusement, au lieu de féliciter Karine pour l'excellence de son travail, son professeur, qui était de la vieille école et enseignait d'une main de fer, s'attacha uniquement aux erreurs en mettant en évidence quelques fautes d'orthographe insignifiantes. Karine était absolument écœurée. Jusqu'à la fin de l'année, l'enseignante a continué de faire ce qui était à son sens des critiques constructives. Résultat : Karine a grandi en pensant que le français était sa matière faible, ce qui a ensuite modifié sa confiance en elle sur le plan professionnel, et l'a entravée dans sa progression de carrière. Karine a eu la chance de travailler pour un patron qui a perçu son potentiel et fait appel aux services d'un coach pour l'aider dans son développement professionnel. Au cours d'une session de coaching, Karine s'est souvenue de l'événement au cours duquel sa prof de français avait critiqué son travail, et bien que toutes les émotions liées à ses « lacunes en français » aient apparemment été oubliées, elle éprouvait toujours des relents de colère à propos de l'incident. Après un retour sur sa ligne de temps, Karine réalisa qu'elle n'était jamais remontée à la cause première de son manque de confiance en elle – la première fois que son enseignante l'avait vertement critiquée à propos de deux fautes d'orthographe. L'émotion disparut totalement lorsque Karine prit conscience que la critique était nettement plus liée au manque de connaissance et de compréhension de l'enseignante qu'à ses compétences dans le maniement du français.

Une décision limitante est quasiment toujours liée à un ensemble d'émotions négatives. Il est essentiel que vous connaissiez la différence entre les émotions négatives en général et une émotion donnée, comme la colère. L'Exercice 13-7 vous emmène pas à pas au cœur du processus qui va vous permettre de libérer les émotions négatives.

Vous connecter à votre ligne de temps

En revivant des incidents spécifiques de votre ligne de temps, vous pouvez libérer une décision limitante qui vous empêche d'avancer.

La Figure 13-3 illustre les positions au-dessus desquelles vous flottez quand vous êtes en suspension au-dessus de votre ligne de temps et que vous tirez d'une Épreuve émotionnelle significative (EES) les enseignements vous permettant de profiter pleinement de ce qui se passe *ici* et *maintenant*. Voici vos trois positions sur votre ligne de temps :

- L'emplacement 1 figure la position au-dessus de *maintenant*, le moment où vous réalisez cet exercice.
- L'emplacement 2 figure la position au-dessus de laquelle votre inconscient a pour la première fois ressenti l'EES ou la cause première. Il s'agit ici du point auquel vous tirez les enseignements qui, si vous les aviez consciemment compris à l'époque de l'EES, auraient empêché la formation de la *gestalt* et vous auraient dispensé de rester prisonnier des comportements néfastes que vous avez reproduits jusqu'à maintenant.
- L'emplacement 3 se situe 15 minutes avant l'EES. À ce stade, l'EES ne s'est pas encore produite, et en vous tournant pour regarder en direction du présent, vous notez que les émotions négatives ou les émotions liées à votre décision limitante n'existent pas puisqu'elles ont été générées au moment de l'EES. Les problèmes qui ont vu le jour au moment de l'EES se sont accumulés à partir de ce point. Ils ont joué chaque fois que vous avez fait l'expérience d'un événement contribuant à la formation de votre gestalt, de votre schéma de fonctionnement en relation avec des émotions négatives ou une décision limitante données.

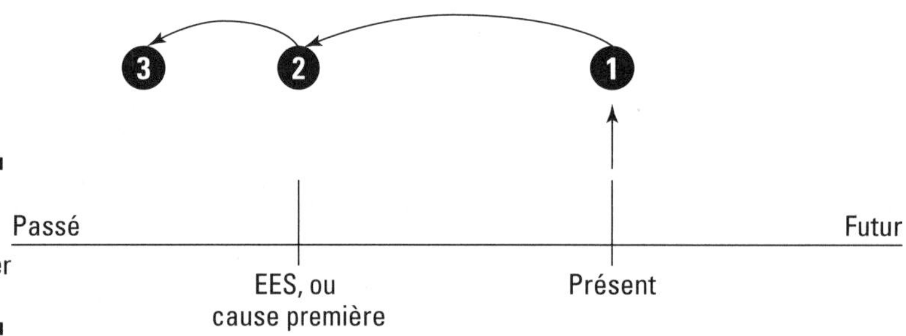

Figure 13-3 : Se débarrasser d'une EES.

Choisissez comme sujet de travail une décision limitante qui vous empêche de vivre comme vous le souhaitez, par exemple, un problème de santé ou un souci familial qui vous entrave dans vos choix de vie. Notez à l'Exercice 13-8 vos idées sur la façon de dépasser votre décision limitante.

Exercice 13-8 : Dépasser ma décision limitante

La décision limitante sur laquelle je souhaite travailler :

Parce qu'elle m'empêche de :

L'Exercice 13-9 va maintenant vous aider à identifier les émotions négatives qui vous assaillent régulièrement. Il peut s'agir d'un manque de confiance en vous, ou de toute autre émotion abordée dans ce chapitre.

Exercice 13-9 : Dépasser les émotions négatives qui m'affectent

Une émotion négative
à laquelle je suis enclin :

Parce qu'elle a sur ma vie
les effets négatifs suivants :

Vaincre l'anxiété liée à un événement à venir

L'anxiété est simplement une émotion négative liée à quelque chose qui ne s'est pas encore produit. Si vous êtes anxieux à propos d'un événement futur, comme le fait de parler en public, d'animer une réunion, ou d'aller à un rendez-vous galant, c'est probablement une décision limitante prise à propos de cette situation qui vous rend anxieux. Vous pouvez vous débarrasser de cette décision limitante en remontant votre ligne de temps. Si l'événement est unique et isolé dans le temps, vous pouvez avoir recours au procédé décrit à l'Exercice 13-10 pour vous débarrasser de votre anxiété en flottant vers le futur au-dessus de votre ligne de temps.

Le procédé expliqué à l'Exercice 13-10 vous suggère de survoler, haut, très haut, votre ligne de temps, jusqu'à l'endroit situé au-dessus du présent, d'où vous pouvez voir votre passé et votre futur qui s'étalent au-dessous de vous. Cette fois, nous vous invitons à vous tourner vers le futur afin de faire face à l'événement qui génère en vous de l'anxiété. Vous vous envolez ensuite dans le futur et restez en suspension au-dessus de l'événement qui génère cette anxiété, comme illustré à la Figure 13-4. Une fois que vous avez permis à votre inconscient d'identifier les critères vous permettant d'accéder à votre résultat positif, continuez à vous déplacer dans le futur jusqu'au point où vous savez que votre objectif est atteint, et en vous retournant pour contempler le présent, voir l'alignement de tous les événements qui constituent l'accomplissement que vous souhaitez.

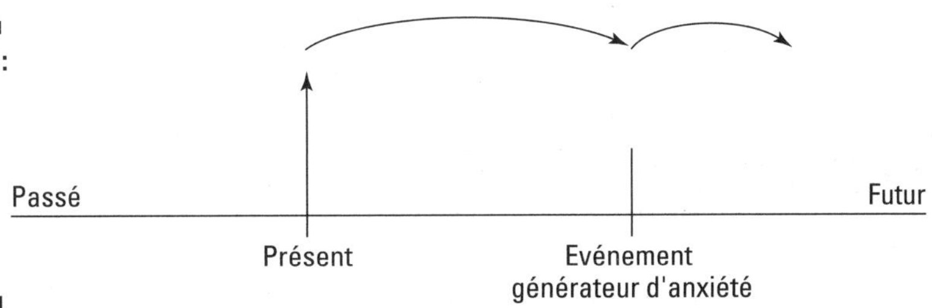

Figure 13-4 : Voyager dans le temps pour vaincre l'anxiété.

Exercice 13-10 : Vaincre votre anxiété

1. **Trouvez un endroit paisible, au calme, où vous pouvez vous détendre et réfléchir à l'événement qui génère chez vous de l'anxiété.**

2. **Préparez le terrain pour demander à votre inconscient s'il est d'accord pour se débarrasser de l'anxiété qui vous étreint.**

   Informez votre inconscient que vous fonctionnez plus efficacement dans un état d'esprit apaisé, plutôt que noué à la perspective du futur.

Exercice 13-10 : Vaincre votre anxiété *(suite)*

3. **Élevez-vous au-dessus de votre ligne de temps de façon à la voir s'étaler au-dessous de vous.**
4. **Toujours en suspension au-dessus de votre ligne de temps, avancez dans le futur jusqu'au point situé au-dessus de l'événement générateur d'anxiété.**
5. **Demandez à votre inconscient de tirer de l'événement les enseignements nécessaires, afin de libérer facilement et rapidement votre anxiété.**
6. **Lorsque vous êtes prêt à continuer, continuez à avancer dans le futur jusqu'au point qui se situe au-delà de la conclusion heureuse de l'événement générateur d'anxiété. Vous remarquez que vos sensations ont changé, et que l'anxiété a disparu.**
7. **Lorsque vous êtes prêt, revenez au présent aussi lentement ou rapidement que votre inconscient le requiert pour pouvoir réévaluer l'événement à l'origine de votre anxiété.**

   Vous pouvez tester votre niveau d'anxiété en suivant la progression de votre ligne de temps dans le futur, par exemple jusqu'à un autre moment où vous aurez eu à vivre l'événement générateur d'anxiété, pour réaliser que celle-ci a disparu.

À VOUS DE JOUER — À votre tour

Faites l'Exercice 13-11 pour vous aider à appréhender quelque chose que vous devez faire, et dont la simple pensée vous stresse. Pratiquez la technique décrite à l'Exercice 13-10 pour vous aider à mettre votre esprit au repos et vous débarrasser de votre anxiété.

Exercice 13-11 : Vaincre l'anxiété relative à un événement futur

Ce qui provoque chez moi de l'anxiété :	
Les leçons que j'ai tirées de cet exercice :	

Intégrer des objectifs à votre ligne de temps

Il est intéressant d'exploiter votre ligne de temps à votre avantage. À cet effet, projetez-vous au-dessus d'elle pour y placer un objectif désiré que vous allez confier aux bons soins de votre inconscient.

Avant d'intégrer votre objectif dans votre ligne de temps, vous devez procéder à la bonne formulation de votre résultat, qui vous permet d'avoir une vision claire de ce que vous prévoyez d'accomplir. (Nous traitons le sujet des résultats bien formulés au chapitre 3 « Établir la carte de votre parcours ».) Vous pouvez reprendre le résultat bien formulé choisi comme objectif au Chapitre 3, ou opter pour un autre, totalement nouveau. Quel que soit votre choix, veillez à ce que votre objectif soit en tout point séduisant : vous devez le voir, le sentir, et l'entendre dans toute sa richesse. Et s'il est d'une quelconque façon lié au registre culinaire, vous serez peut-être même en mesure de le sentir et de le goûter !

À VOUS DE JOUER — À votre tour

Suivez pas à pas l'Exercice 13-12 pour intégrer votre objectif à votre ligne de temps.

Exercice 13-12 : Placer un objectif dans ma ligne de temps

Mon objectif :

1. **Installez-vous confortablement au calme et détendez-vous.**
2. **Visualisez votre objectif.**

   Donnez vie à votre objectif en donnant à l'image de la luminosité, aux sons du volume et aux sensations de la force, mais pas au point où la luminosité, les sons et les sensations constitueraient une distraction.
3. **Pénétrez dans votre représentation et savourez réellement l'expérience dont vous allez bénéficier lorsque vous atteindrez votre objectif.**
4. **Sortez de l'image, et au moment où vous la quittez, transformez en image la visualisation créée au point 2.**

   Comprimez votre image à la taille qui vous convient, et encadrez-la de façon à pouvoir l'accrocher au mur.
5. **En gardant à l'esprit votre image encadrée, flottez au-dessus de votre ligne de temps de façon à voir votre passé et votre futur qui s'étalent au-dessous de vous.**
6. **En continuant de penser à votre image, flottez le long de votre ligne de temps jusqu'au point du futur que vous vous êtes fixé pour atteindre votre objectif par le biais de votre résultat bien formulé.**
7. **Donnez vie à votre image en objectif en prenant une longue inspiration par le nez et en y insufflant toute votre énergie. Répétez ceci quatre fois.**
8. **Laissez chuter l'image encadrée dans votre ligne de temps.**
9. **Tandis que vous contemplez votre image qui atterrit sur l'emplacement choisi, souhaitez bonne chance à votre objectif ou énoncez-le simplement à haute voix.**
10. **Lorsque vous êtes prêt, tournez-vous et faites face au présent en remarquant la façon dont les événements de votre ligne de temps se sont réalignés pour constituer votre objectif.**
11. **Lorsque vous êtes prêt, revenez en flottant au présent, puis « atterrissez » dans la pièce, à l'endroit où vous êtes assis.**

TRUC

Une fois que vous avez libéré votre objectif, laissez-le aller. Peut-être aurez-vous envie de garder un œil dessus pour voir s'il prend forme et s'il se développe, mais laissez votre inconscient vous indiquer la marche à suivre pour réaliser votre objectif.

Vous reconnecter

Vous est-il déjà arrivé d'être confronté à un problème dont la solution se trouvait finalement dans votre passé ? La modélisation de l'excellence est une technique de PNL éprouvée. Mais avez-vous jamais pensé que vos propres accomplissements pouvaient être dignes d'être modélisés ? Nous allons maintenant vous montrer comment tirer de vos expériences passées des leçons dont vous pouvez tirer profit pour améliorer votre condition actuelle.

ANECDOTE

Bien que parfait en apparence, le job de Katy la déprimait quasiment. Elle adorait ce qu'elle faisait, mais ne parvenait pas à obtenir la promotion qu'elle convoitait. Parce qu'elle ne voulait pas quitter son emploi, Katy décida de réévaluer sa position. À cette occasion, elle réalisa qu'elle devait modifier son mode de communication avec sa patronne, Karen, afin de permettre à cette dernière de reconnaître ses compétences pour lui attribuer sa promotion. Katy décida de chercher dans son passé les situations difficiles qu'elle avait vécues, pour en tirer les leçons applicables à son problème actuel. Elle se remémora un certain nombre d'événements passés source d'enseignements appréciables, et se décida pour les trois événements évoqués à l'Exercice 13-13, parce que les plus adaptés au parallèle avec sa problématique actuelle.

En analysant les valeurs liées à son travail, et en définissant son résultat bien formulé, Katy prit conscience que son objectif était de rester dans son poste actuel. Elle utilisa ses compétences en planification pour définir une stratégie visant à influencer Karen. La première étape de cette stratégie consistait à découvrir le mode de pensée de Karen, ses métaprogrammes, et à observer son comportement. Katy bâtit un argumentaire à présenter à Karen pour étayer sa demande, en veillant à utiliser les expressions les mieux adaptées aux métaprogrammes de Karen, et en mettant en œuvre des structures de langage hypnotique. Consciente que l'établissement du rapport était l'un de ses points forts, Katy arriva détendue à l'entretien avec Karen. (Voir le Chapitre 8 pour en savoir plus sur les métaprogrammes, et le Chapitre 15 concernant les structures de langage hypnotique.) L'Exercice 13-13 illustre les ressources puisées par Katy dans son passé pour réaliser l'objectif consistant à influencer Karen et à obtenir sa promotion.

Exercice 13-13 : Les ressources puisées par Katy dans son passé

Mon problème : Quoi que je dise, *Karen ne reconnaît pas mes qualités professionnelles.*

Événement passé	***Ce que j'ai appris***	***Mes ressources***
1. L'époque où mes relations avec Sylvie n'étaient pas bonnes et ou elle avait avec moi un comportement abusif.	*J'ai regardé de près ce que je voulais et ce que je ne voulais pas, et j'ai décidé de rester dans mon poste et de me battre parce que j'aimais vraiment mon job.* *On ne peut pas être ami avec tout le monde et une trêve peut permettre de cohabiter.* *Il est toujours bon de réexaminer ses valeurs, même si je l'avais déjà fait par le passé.*	*Ma capacité à définir mes valeurs et à cerner ce que je veux concrètement obtenir de la vie, sur la base du processus de bonne formulation des résultats.*
2. L'époque où Guillaume et moi avions des problèmes relationnels au bureau.	*Guillaume était intimidé parce que mon mode de communication ne suffisait pas à me faire comprendre de lui. Il est assez introverti, et je lui faisais peur.*	*Comprendre la psychologie de quelqu'un par le biais des métaprogrammes.* *Savoir établir le rapport avec les autres.*
3. La préparation de mon entretien d'évaluation.	*J'avais vraiment le trac jusqu'à ce que j'aie mis noir sur blanc ce que je voulais dire afin de sensibiliser un maximum d'interlocuteurs.* *J'ai appris à surmonter mon anxiété et réussi à définir un résultat vraiment génial.*	*Mes compétences en matière de planification, d'utilisation des structures de langage hypnotique ainsi que ma capacité à créer ma ligne de temps comme je l'entends.*

Utilisez l'Exercice 13-14 pour vous appuyer sur des expériences passées qui peuvent vous aider à atteindre vos objectifs. Cernez un problème qui vous préoccupe actuellement. Repensez ensuite à trois événements passés, voire plus, qui peuvent vous servir de tremplin pour résoudre votre problème, puis rédigez votre plan d'action.

Exercice 13-14 : Les ressources de mon passé

Mon problème actuel :

Événement passé	*Ce que j'ai appris*	*Mes ressources*
1		
2		
3		

Mon plan d'action pour venir à bout de mon problème :

À l'Exercice 13-15, passons au concret ! L'avantage de parcourir physiquement votre ligne de temps plutôt que de la survoler de façon imaginaire peut vous permettre de donner de l'ampleur à vos émotions. Pour cette raison, ne vous livrez à cet exercice que si vous êtes certain que les émotions générées seront des émotions positives. Cet exercice comporte cependant un inconvénient potentiel : si l'espace physique dont vous disposez pour réaliser cet exercice est limité, le fait de vous déplacer peut légèrement entraver votre concentration.

Exercice 13-15 : Parcourir ma ligne de temps avec mes ressources

1. **Installez-vous confortablement au calme, dans un lieu où vous ne serez pas dérangé.**
2. **Délimitez physiquement votre ligne de temps au sol.**

   Vous pouvez utiliser un morceau de ficelle ou de ruban, ou simplement les visualiser mentalement.
3. **Placez-vous sur votre ligne de temps, à l'endroit qui correspond à *maintenant*, face à votre futur.**

   Vous devez disposer d'un espace suffisant pour faire trois pas en arrière et un en avant par rapport à *maintenant*.

Exercice 13-15 : Parcourir ma ligne de temps avec mes ressources *(suite)*

4. **Faites trois pas en arrière pour vous placer sur le plus ancien des trois événements.**
5. **Souvenez-vous de ce qui s'est passé, en prêtant attention au sentiment de réussite ou d'accomplissement que suscite chez vous ce souvenir. Pensez aux ressources que vous avez découvertes en vous.**
6. **Fort des ressources dont vous vous êtes muni à l'étape 4, avancez sur le second des trois événements et répétez l'étape 5.**
7. **Fort des ressources dont vous vous êtes muni aux étapes 4 et 6, faites un pas en avant pour vous placer sur le troisième événement, et répétez l'étape 5.**
8. **Fort des ressources dont vous vous êtes muni aux étapes 4, 6 et 7, faites un pas en avant pour vous placer sur *maintenant*.**
9. **Cessez d'avancer. Savourez l'instant, sachant que vous possédez les ressources pour venir à bout de votre problème.**
10. **Lorsque vous êtes prêt, avancez pour vous placer dans votre futur, là où votre problème a été résolu, laissant les événements se réaligner en conséquence.**

Modifier à volonté l'orientation de votre ligne de temps

Si vous êtes d'un tempérament tranquille, *associé au temps*, ne serait-il pas merveilleux de connaître les effets d'une vie bien ordonnée ? Et si vous êtes du genre intense, *dissocié du temps*, que diriez-vous de vous offrir le luxe de respirer l'air du temps et de profiter de la vie ? (La rubrique « Découvrir votre ligne de temps », plus haut dans ce chapitre, décrit les caractéristiques des personnalités *associées au temps* ou *dissociées du temps*.) Même si vous répondez par un *NON !* péremptoire, tester le mode de pensée et les sensations de quelqu'un d'autre générera un peu de souplesse dans votre façon de penser et de vous comporter, tout en vous permettant de comprendre comment réagissent les autres. Changer et adapter votre comportement pour vous caler sur différentes situations vous aide à bâtir le rapport et permet de construire des relations positives.

Si votre ligne de temps est *associée au temps* et que vous souhaitez faire l'expérience du schéma *dissocié du temps*, il vous suffit de vous écarter mentalement de votre ligne de temps de temps à autre, et de pivoter de façon à regarder votre ligne de temps s'étaler devant vous. De même, si vous êtes une personnalité *associée au temps* et que vous souhaitez connaître les sensations d'un fonctionnement *dissocié du temps*, vous pouvez faire mentalement un pas en avant pour vous placer sur votre ligne de temps.

Julie, avocate, est une maman bien occupée qui travaille à temps partiel. Elle essayait de mener de front une vie plus que bien remplie, dans laquelle elle gère avec la même rigueur son foyer et son activité professionnelle. Avec des enfants en bas âge, s'occuper de sa famille et mener de front sa carrière est tout sauf facile. Lorsqu'elle a entendu parler de la ligne de temps et de la possibilité de passer du mode *dissocié du temps* au mode *associé au temps*, Julie a pris l'habitude de changer l'orientation de sa ligne de temps pour passer en mode *dissocié du temps* lorsqu'elle arrive au bureau, en utilisant comme déclencheur l'instant où elle coupe le contact de sa voiture. À l'heure de rentrer chez elle, elle tourne la clé dans le contact et, dans le même temps, modifie l'orientation de sa ligne de temps pour repasser en mode *associé au temps*. Aujourd'hui, non seulement Julie tire plus de satisfactions de son activité professionnelle, mais elle profite avec plus de plaisir des moments de qualité passés avec sa famille. Pour la citer : « Si la maison n'est pas impeccable, au moins tout le monde est heureux et bien portant, et on vit en parfaite intelligence avec nos microbes. En échange du gîte et du couvert, ils contribuent à renforcer notre immunité. »

Avec l'Exercice 13-16 vous allez pouvoir identifier les moments où il vous serait utile de changer l'orientation de votre ligne de temps et la façon de déclencher ce changement de mode.

Le changement d'orientation de votre ligne de temps peut s'accompagner d'une impression de confusion, allant le cas échéant jusqu'à des nausées ou des vertiges, alors veillez à vous asseoir pour réaliser l'exercice !

Exercice 13-16 : Faire l'expérience du mode *associé au temps* ou *dissocié du temps*

Je suis associé au temps/dissocié du temps (actuellement) :	
J'aimerais être plus associé au temps/dissocié du temps (situation désirée) :	
Mon déclencheur pour modifier l'orientation de ma ligne de temps va être :	

Quatrième partie

Emprunter l'escalator de la communication

« Harry m'a toujours impressionné par sa capacité à maîtriser son auditoire. »

Dans cette partie...

Armé de votre baguette magique « option communication », vous êtes maintenant prêt à faire des miracles. Cette partie du livre va vous faire pénétrer dans les arcanes du langage, en décomposant par le menu le mode de pensée de vos interlocuteurs à l'aide des métamodèles. Vous reprendrez ensuite de la hauteur en ménageant le flou artistique du modèle de Milton, qui vous permettra de ravir votre auditoire. Pour finir, vous donnerez de l'ampleur à vos talents de conteur afin de divertir vos pairs et faire passer votre message de manière claire et audible.

Chapitre 14

Adapter son langage grâce au métamodèle

Dans ce chapitre :

- Pénétrer au cœur de la PNL
- Vaincre les distorsions
- Combler les blancs

Le principe sous-jacent derrière le métamodèle classique est la présupposition selon laquelle « La carte n'est pas le territoire » (voir le Chapitre 2). Cela signifie que les modèles du monde que vous concevez en pensée et à l'aide des mots que vous employez ne constituent pas l'ensemble du monde, mais seulement la perception que vous en avez. Vos modèles peuvent vous avantager mais également vous limiter, et vous pouvez les identifier dans votre manière de parler.

Le métamodèle a été mis au point par les fondateurs de la PNL, John Grinder et Richard Bandler, en écoutant la façon dont les patients s'exprimaient en thérapie plutôt que ce qu'ils disaient. Grinder et Bandler ont également pris acte de la manière dont certains thérapeutes exceptionnels communiquaient avec ces patients pour les aider à vaincre leurs problèmes personnels et leurs limitations.

Le modèle se focalise sur la qualité de la communication orale, la façon dont vous parlez, et ce que cela révèle de votre schéma de pensée. Dans ce chapitre, vous allez travailler avec certaines des catégories linguistiques spécifiques du métamodèle qui mettent en évidence des modèles de communication plus larges comme l'omission, la généralisation et la distorsion (voir le Chapitre 5) et les questions spécifiques auxquelles vous pouvez avoir recours pour clarifier la communication dans tous les types de situations.

Définir le métamodèle

Avec ses structures de langage et ses questions, l'avantage du métamodèle est qu'il permet de remettre en question les prédicats – parfois inutiles – dont votre interlocuteur fait état et d'obtenir plus de détails sur ce qu'il dit, afin de vous connecter avec son expérience intrinsèque. Cette méthode est précieuse dans toutes circonstances, et pas seulement dans le cadre d'une thérapie. En qualité de parents, coaches, partenaires, travailleurs et acteurs de la vie sociale, il est crucial que vous communiquiez clairement vos messages.

Le métamodèle est puissant en ce sens qu'il vous amène d'énoncés généraux à des énoncés spécifiques – de l'imprécision vers l'articulation détaillée de vos idées. Au fil de ce chapitre, pensez vos objectifs à la lumière du métamodèle, et affinez de plus en plus vos interrogations. Demandez-vous « Qu'est-ce que je veux précisément ? » et « Comment précisément puis-je l'obtenir ? ».

Le métamodèle aborde les trois processus clés de communication spontanée avec lesquels vous avez initialement fait connaissance au Chapitre 5, et à la rubrique traitant du modèle de communication de la PNL – la façon dont vous et votre entourage *omettez*, *déformez* et *généralisez* dans le langage de tous les jours. Ce chapitre va vous aider à comprendre comment identifier ces trois processus principaux, que nous divisons en sous-catégories. En posant certaines questions clés, vous pouvez accroître le niveau de détail obtenu sur un sujet donné et, ce faisant, accroître le degré de clarté de ce qui se dit. Cette méthode vous transforme en inspecteur Gadget du langage, révélant des faits importants qui permettent de décrypter de mystérieux messages !

Avec l'o*mission*, vous prêtez une attention sélective à certaines dimensions de votre expérience et en excluez d'autres. Avec l*a distorsion*, vous devinez et donnez un sens à des événements qui peuvent ne pas être vrais, ou bien vous vous transformez en télépathe lorsque vous déduisez une information qui n'est pas dite. Avec la *généralisation*, vous partez du principe que si un exemple de situation est vrai, alors tout exemple de ce type est également vrai, comme avec les mots *toujours*, *tout*, et *tout le temps*.

Ces processus sont des mécanismes linguistiques précieux, sans lesquels nous serions prisonniers d'un déluge de mots ! Alors veillez à prêter attention à ces processus et à les remettre en question le cas échéant, lorsqu'il est utile d'obtenir plus de détails.

Plonger au cœur du noyau dur

Par le biais du questionnement, le métamodèle offre le moyen de percer la surface des mots pour creuser en profondeur, jusqu'au cœur de l'expérience vécue par leur auteur. Dans cette rubrique, nous allons examiner de près le processus linguistique de généralisation en actions. Plus particulièrement, nous allons creuser les trois catégories de généralisations :

- **Les opérateurs modaux de possibilité** – comme *je ne peux pas*. L'opérateur modal de possibilité se réfère à ce que vous considérez ou non comme possible.
- **Les opérateurs modaux de nécessité** – comme *je dois, je devrais*. L'opérateur modal de nécessité se réfère à ce que vous considérez comme une nécessité.
- **Les quantifieurs universels** – comme dans *tout, tout le monde, toujours, jamais*. Le quantifieur universel est un énoncé que vous considérez comme universellement vrai.

Un opérateur modal négatif est l'équivalent linguistique d'une barrière : la résistance que vous affichez, qui peut vous contraindre simplement par la façon dont vous évoquez une situation donnée.

En qualité de chef de projet dans un grand groupe, Jean est chargé de veiller au bon fonctionnement des systèmes informatiques qui gèrent les centres de service à la clientèle des filiales du groupe à l'échelon mondial. Nous sommes en juillet, et à l'occasion des congés scolaires, certains de ses homologues européens ont posé leurs congés. Cependant, les projets ne s'arrêtent pas pour autant et la satisfaction des clients doit rester une priorité. Si vous vous trouviez derrière Jean à la machine à café, vous l'entendriez confier à son collègue : « C'est la même chose *chaque fois* que nous essayons de faire bouger les choses, il y a des semaines de retard, *je ne peux rien faire avancer, personne* ne m'aide. *L'Europe entière doit fermer* en juillet, et *il faudrait* dire aux gens qu'*ils doivent* échelonner leurs congés. C'est *toujours* pareil à cette période de l'année. » *En quelques minutes de jérémiades,* Jean donne une parfaite illustration de la puissance de la généralisation dans le langage – le mode de pensée en noir et blanc.

Vous pouvez déceler l'opérateur modal de possibilité de John dans les mots comme *je ne peux rien faire avancer.* Ses opérateurs modaux de nécessité comprennent *L'Europe doit, il faudrait* et *ils doivent*, tandis qu'il emploie les quantifieurs universels *rien*, *personne*, *entière* et *toujours*.

Dans les rubriques suivantes, nous allons examiner ces modèles plus en détail, de façon à ce que vous appreniez à les déceler dans les conversations et à éviter d'en faire usage dans votre propre communication.

Élargir le champ de vos possibilités

L'approche PNL vous encourage à élargir le champ de vos possibilités et vous donne la capacité de vous montrer plus souple dans votre réflexion, en remettant en cause les barrières imposées par les opérateurs modaux. Le secret consiste à faire passer votre mode de pensée à un point de vue alternatif, en posant des questions du type *et si*. De sorte que lorsque vous entendez, venant de vous ou des autres, *je ne peux pas faire ceci* ou *cela*, le fait de poser une question remet en cause les limitations, quelles qu'elles soient. Par exemple, vous pouvez demander : « Que se passe-t-il si tu le fais ? » ou « Qu'est-ce qui te manque pour que ce soit possible ? »

Une croyance du type *Je ne peux pas…* est un exemple de généralisation. Vos pensées se traduisent par vos actes. (En soi, cet énoncé est un exemple de généralisation !)

Pendant l'écriture de ce chapitre, Kate a remporté une victoire sur elle-même. Son objectif était de parvenir à tenir sur la tête pendant ses cours de yoga. Remarquant qu'elle était entourée de personnes de morphologies, de poids, de tailles et d'âges très divers, qui réussissaient tous sans mal la manœuvre, la conscience de son souhait de voir se réaliser cet objectif se mit à augmenter proportionnellement à la frustration causée par sa peur de la chute, qui se dressait en travers de sa réussite. Dès qu'elle a opté pour une réflexion positive consistant à se dire *Je vais y arriver*, il lui a suffi de choisir le bon moment pour se lancer. Après avoir remis en cause la croyance qui lui dictait ce qu'elle était ou non capable d'accomplir, elle a obtenu de son entourage des conseils pratiques et des encouragements. L'opération a réussi une première fois, puis Kate l'a réitérée sans difficulté sachant qu'elle était maintenant capable de réussir quelque chose qu'elle considérait impossible seulement quelques mois auparavant. Kate commença à s'entraîner et s'améliora. Puis se demanda pourquoi elle avait fait tant d'histoires.

Dans quel contexte vous entendez-vous dire *Je ne peux pas y arriver* ? À l'Exercice 14-1, vous allez disséquer votre façon de vous exprimer et voir comment vous pouvez transformer vos pensées en actions. Commencez par faire l'inventaire des choses que vous énoncez actuellement comme impossibles. Choisissez des choses positives que vous aimeriez réussir à l'avenir, ou que parviennent à réaliser les gens que vous admirez. Peut-être aimeriez-vous améliorer votre swing au golf, vos talents en informatique, ou votre capacité à rester dans une relation de longue durée. Lorsque vous voyez quelqu'un faire un discours, peut-être pensez-vous que cela vous serait impossible. Ou encore, vous avez des difficultés à maintenir une bonne hygiène alimentaire en semaine. Rédigez votre propre liste.

Réfléchissez à ce qui vous entrave, et sur quel point de votre liste travailler pour améliorer votre situation. Vous avez peur d'avoir l'air bête ? Vous devez libérer du temps pour une activité donnée ? Un peu d'aide vous rendrait service ? Notez toutes les idées liées aux barrages auxquels vous pensez. Imaginez la forme et le goût qu'aurait pour vous le succès. Le simple fait de vous comporter comme si vous aviez atteint votre objectif peut changer la façon dont les autres vous perçoivent et dont vous vous sentez. Cela peut suffire à attirer à vous les facteurs et les gens nécessaires à la réalisation de votre rêve.

Après avoir complété l'exercice, mettez en exergue les actions que vous aimeriez mettre en œuvre pour initier le changement. Par exemple, il est peut-être temps de définir de nouveaux objectifs personnels. Veillez à viser des résultats bien formulés – voir le Chapitre 3 si vous avez besoin de vous rafraîchir la mémoire sur le sujet. Ou peut-être devez-vous modifier votre monologue intérieur ? Lorsque vous vous surprenez à dire une phrase qui vous limite, choisissez une nouvelle façon, plus positive, de vous parler à vous-même. Un changement très simple à mettre en œuvre consiste à écrire le contraire de ce que vous ne pouvez pas faire, à la rubrique « Ce que veux faire différemment », et à y revenir régulièrement. Par exemple, si vous avez inscrit « Je n'arrive pas à parler en public », remplacez cette phrase par « Je veux réussir à m'exprimer en public » et identifiez les façons dont vous pouvez vous entraîner.

Exercice 14-1 : Élargir le champ de mes possibilités

Je n'arrive pas à :	
Ce qui m'en empêche :	
Quelles sont les trois choses qui iraient mieux pour moi si j'y parvenais ?	
Ce que je veux faire différemment :	

Questionner la nécessité

Lorsque vous surprenez dans votre discours les mots *je dois*, *je devrais*, *il faut que*, vous passez dans le registre des *opérateurs modaux de nécessité*, qui peuvent créer en vous des limitations.

Êtes-vous de ceux qui mettent leur vie au point mort parce qu'ils n'ont pas gagné au Loto, épousé une star de cinéma, ou soldé leur prêt immobilier ? Vivez-vous votre vie en basant tout sur des *je devrais* ou des *il faut que* ? Par exemple, pensez-vous que *vous devez* fréquenter un certain type de personnes, ou qu'*il faudrait* que vous fassiez certaines choses que vous n'avez pas du tout envie de faire ? Votre job n'est pas idéal ? Vos loisirs sont ennuyeux ? Et pourtant vous ne modifiez rien, par peur du changement.

Jetez un œil aux *Je devrais, je dois, il faut que* énoncés par Charles à l'Exercice 14-2 et étudiez les règles qu'il s'est fixées.

Exercice 14-2 : Les *Je devrais, je dois, il faut que* de Charles

Il faut que j'appelle ma tante Sara.
Je devrais passer cinq coups de fil de prospection par jour.

Exercice 14-2 : Les *Je devrais, je dois, il faut que* de Charles *(suite)*

Je dois aller à la gym trois fois par semaine.

Je dois tondre la pelouse et laver ma voiture avant d'aller retrouver mes amis.

Je devrais être capable de parcourir 5 kilomètres en moins de temps que Jackie.

Il faut que je repeigne les fenêtres cet été.

Je dois repasser toutes mes chemises avant lundi matin.

Il faut que je fasse ramoner la chaudière.

Je dois emmener mon équipe au restaurant pour Noël (même si ça me fait horreur).

Je dois faire mes notes de frais pendant mon temps libre.

Maintenant c'est à vous. À l'Exercice 14-3, énumérez les tâches que vous pensez devoir faire, qu'il faut que vous fassiez, ou que vous devriez absolument faire. Créez une liste variée en empruntant à divers domaines de votre vie. À cet effet, il serait peut-être bon de consulter votre roue de la vie au Chapitre 3.

Exercice 14-3 : Mes *je devrais, je dois, il faut que* rien qu'à moi

Il est possible que vos règles de vie soient obsolètes. La seconde étape de cet exercice consiste à prendre séparément chaque entrée de votre liste et à lui appliquer la question suivante : *Et que se passerait-il si je ne le faisais pas ?* Ainsi, vous vérifiez que chaque élément de votre liste est aussi important qu'il semblait initialement.

Le moment est maintenant venu de supprimer tous les éléments qui ne font pas partie de vos priorités, de sorte qu'il ne reste sur la liste que des choses que vous voulez vraiment faire. À l'Exercice 14-4, passez au crible la liste de l'Exercice 14-3 et mettez-la à jour en remplaçant les mots *je devrais*, *je dois* et *il faut que* par les choses que vous considérez comme vraiment importantes.

Exercice 14-4 Mes nouveaux choix

Je choisis de :

TRUC

Lorsque vous remplacez les *je devrais*, *je dois* et *il faut que* qui émaillent votre vocabulaire par des mots traduisant vos choix, remarquez l'effet que cela produit sur votre attitude. Vous allez tout de suite sentir que vous disposez d'une plus grande liberté de choix qu'auparavant.

Déboulonner les vérités universelles

Souvenez-vous : un quantifieur universel est un énoncé que vous tenez pour universellement vrai. À titre d'exemple : si vous avez eu une expérience malencontreuse avec un maçon, vous allez peut-être énoncer que *tous les maçons sont malhonnêtes*, ou si vous connaissez des difficultés dans votre relation de couple, avec vos enfants ou votre patron, peut-être direz-vous que tous les hommes/toutes les femmes/tous les ados/tous les patrons sont des hystériques, et ainsi de suite. Les mots clés à identifier (dans votre tête comme dans votre langage parlé) sont ceux de type *tout, systématiquement, toujours, jamais.*

Les quantifieurs universels sont souvent révélés dans les moments où les gens râlent ou formulent des doléances sur leur entourage. Ces mots peuvent exprimer des préjugés sociaux ou politiques et des jugements de valeur, notamment lorsque les discussions s'échauffent à propos de politique – qu'il s'agisse de la gestion de comités locaux, de la réorganisation d'une société ou de l'agenda politique à l'échelon national.

Bien entendu, il existe également des quantifieurs universels positifs, comme : « Je vois toujours le bon côté des choses », « la vie est belle », « nous vous fournissons les meilleures prestations du marché » ou « il finit toujours par sourire ».

À l'Exercice 14-5, vous allez consigner les quantifieurs universels que vous entendez et rencontrez dans des écrits. Écoutez les conversations autour de vous et les journaux télévisés, et incluez les énoncés que vous lisez dans les e-mails, la littérature grand public et les journaux. En étant à l'affût des détails de la syntaxe, vous percevrez le sens caché des mots.

Exercice 14-5 : Les quantifieurs universels que j'entends autour de moi

Termes que j'entends	***Source***

Examinez votre liste : notez si un individu ou un groupe a fortement tendance à généraliser et demandez-vous si ce langage vous convient. Êtes-vous satisfait de ce que vous entendez dans les journaux télévisés ou lisez dans la presse ? Quoi qu'il en soit, faites des choix éclairés sur l'esprit du langage auquel vous exposent vos lectures et vos programmes, afin de ne pas aliéner votre esprit.

Diverses questions peuvent vous aider à remettre en cause la pensée « généralisante » à laquelle vous êtes exposé, et vous faire aussi sortir de votre zone de confort. Ainsi, vous allez étoffer le modèle mental de vos interlocuteurs – et le vôtre par la même occasion. Si, par exemple, vous entendez un présentateur de télévision utiliser régulièrement des quantifieurs universels sans argument les justifiant, même si vous n'êtes pas en position de questionner personnellement l'approche de cette personne, vous pouvez décider que ses émissions sont trop biaisées pour valoir la peine d'être regardées. Voici quelques exemples de questions à (vous) poser :

- Est-ce systématiquement le cas ? Chaque fois ? Jamais ?
- Formulez une exception à la règle énoncée, en commençant par la question « Et si ? » (par exemple : « Et si vous trouviez un homme politique pour représenter votre cause ? Que diriez-vous alors de ce parti politique ? », « Et si vous étiez servi rapidement – diriez-vous alors qu'il faut toujours faire la queue pendant une heure ? »).

Décrypter les modèles déformés

La capacité à reconnaître les distorsions subtiles de votre quotidien peut transformer votre réflexion et votre vie. Le phénomène de distorsion consiste à projeter son image dans un miroir et à y voir quelque chose qui n'est pas là, comme par exemple voir un gros alors que vous êtes mince. C'est une façon de transformer un certain aspect de la réalité.

Si l'on regarde le bon côté des choses, la distorsion peut promouvoir la créativité. C'est ce qui permet l'imagination, le rêve et le spectacle. Mais cette médaille a un revers : votre capacité à déformer la réalité peut vous amener à inventer des catastrophes, mal interpréter les faits, et ruiner votre confiance en vous.

En qualité de coaches de PNL, Romilla et moi-même proposons à bon nombre de nos clients de prendre du recul sur les modes de pensée qui leur portent préjudice et les entravent dans la quête visant à calquer leur vie personnelle et professionnelle sur ce qu'ils souhaitent réellement. Que vous soyez un futur jeune marié perclus d'appréhension, ou un dirigeant de société que chaque clôture financière amène au bord de la crise de nerfs, votre capacité naturelle à déformer les faits peut être à l'origine de pas mal de vos nuits blanches.

Voici quelques types de ddistorsions :

- **Équivalence complexe :** Interpréter deux expériences comme étant synonymes. Par exemple : « Si tu lèves les yeux au ciel, ça signifie que tu ne me crois pas. » Ou : « Si tu ne viens pas à la réunion, ça signifie que tu n'attaches aucune importance à ton travail. »
- **Divination :** Partir du principe que l'on sait ce que pense l'autre. Par exemple, « Ça te plaît vraiment, n'est-ce pas ? » et « Elle ne voudra pas venir ».
- **Cause et effet :** Lorsque vous fonctionnez en mode *cause*, vous prenez l'entière responsabilité de vos actions et des résultats qui s'ensuivent. Lorsque vous êtes dans le mode *effet*, il est probable que vous revêtiez le rôle de la victime sans défense. Vous saurez que votre interlocuteur est porté sur la tendance *effet* s'il emploie dans son langage : « C'est lui qui m'a poussé à le faire. » Le Chapitre 2 explore en détail les modes *cause* et *effet*.

Institutrice débutante dans une école primaire d'une banlieue déshéritée, Janice était particulièrement stressée et soucieuse des résultats de certains de ses jeunes élèves. Au terme d'une longue réunion parents-professeurs, un soir d'hiver, elle annonça à l'une de ses collègues qu'elle n'était décidément pas faite pour l'enseignement, car elle était certaine que ni ses élèves ni leurs parents ne l'aimaient ou la respectaient. Par chance, sa collègue était une vieille routarde qui l'emmena boire un verre et chercha à creuser les raisons de ce point de vue : « Alors, sur quels faits t'appuies-tu pour dire ça ? » En moins d'une demi-heure, Janice prit conscience qu'outre la responsabilité pédagogique dont elle se chargeait vis-à-vis de ses élèves, elle était accablée par les problèmes sociaux de certaines des familles, qui mettaient en danger les chances d'apprentissage des enfants et leur assiduité. Ainsi, la jeune femme s'impliquait émotionnellement plus que de raison.

Dans toute situation, vous devez séparer les faits de votre ressenti. Prêtez attention au sens déformé que vous donnez à toute situation.

Il est fréquent de déformer la réalité lorsqu'on est sous pression. À l'Exercice 14-6, Sean se remémore une période difficile sur le plan professionnel. En analysant ses pensées, la façon dont il parlait de lui-même et des autres, et ses sensations de l'époque, il trouve dans son discours des exemples portant sur les trois schémas de distorsion : *équivalence complexe*, *divination* et *cause et effet*. Ces modèles se retrouvaient dans la façon dont il parlait de son projet et de ses collègues. Au vu de l'analyse de cette expérience, il tire les enseignements qui lui permettront d'appréhender différemment une telle situation à l'avenir.

Exercice 14-6 : Les distorsions de Sean révélées

Situation :	*Le projet de consulting avec la banque ABC, au cours duquel les utilisateurs avaient été très insatisfaits du nouveau système.*
Divination, de mon fait *même si* ou du fait des autres :	*Je pensais que le chef de projet ne me voulait pas sur ce projet, personne ne m'en avait parlé directement. Tous les autres venaient de cabinets de conseil plus importants, alors j'ai supposé qu'ils pensaient que je n'étais pas aussi compétent qu'eux.*
Équivalences complexes :	*Si je n'étais pas convié à toutes les réunions d'avancement, cela signifiait qu'ils pensaient que j'étais nul.*
Étais-je en mode *cause* ou *effet* ?	*J'étais à 100 % dans le mode effet. J'ai été mal pendant deux mois, pensant que je n'étais vraiment pas à la hauteur. Par conséquent, je suis allé au pub presque tous les soirs et j'ai bu plus que d'habitude. En plus, j'étais désagréable avec mes amis et mon entourage.*
Changements à mettre en œuvre à l'avenir :	*Demander à ce que mon rôle dans le projet soit clarifié, afin de savoir exactement quelles sont mes attributions et les responsabilités des autres, en identifiant précisément quels sont ces autres intervenants. Si je travaille sur un autre projet de ce type, je demanderai une réunion hebdomadaire au cours de laquelle évoquer la satisfaction du client, afin que tous les acteurs du projet voient les points positifs et puissent identifier les risques. Au cours de ces réunions, je demanderai aux participants qui fourniront des infos trop vagues d'être plus précis.*

À l'Exercice 14-7, évoquez une époque à laquelle les choses se passaient mal pour vous. Choisissez une situation dans laquelle vous avez été l'objet d'un feedback négatif, d'une dispute ou d'un quiproquo que vous auriez préféré éviter. Identifiez dans votre comportement des exemples des trois schémas de distorsion : équivalence complexe, divination et cause/effet.

Exercice 14-7 : Mes distorsions révélées

Situation :	
Divination, de mon fait ou du fait des autres :	
Équivalences complexes :	
Étais-je en mode *cause* ou *effet* ?	
Changements à mettre en œuvre à l'avenir :	

Omettre les parties manquantes

Une conversation dans laquelle intervient l'omission est comparable à un journal dans lequel figureraient les titres mais pas le corps du texte. Les titres ne révèlent pas le sujet dans son ensemble.

Si par exemple votre patron vous dit « Vous avez fait du bon travail », comment allez-vous savoir comment refaire du bon travail le jour suivant ? Peut-être devrez-vous avoir recours à la divination, ou demander un complément d'information vous permettant de passer d'une vue globale de la situation à plus de détails. Autre cas : si vous devez dire à votre patron « La communication ne fonctionne pas », que pourra-t-il ou elle faire pour améliorer la situation ? S'agit-il d'installer un nouveau réseau téléphonique, de publier une newsletter ou de poser de la signalisation dans le parking ?

Le Tableau 14-1 fournit des modèles d'omission, des exemples et des questions à poser pour retrouver l'information omise.

Tableau 14-1 : Exemples d'omissions

Type d'omission	*Exemple d'énoncés que vous pouvez entendre*	*Exemple de questions permettant de clarifier l'omission*
Simple	J'ai peur.	De quoi avez-vous peur ?
Verbes non précisés	Elle m'a battu.	Comment vous a-t-elle battu ? À quoi/avec quoi vous a-t-elle battu ?
Comparaisons	Elle est plus forte ?	Elle est plus forte que qui ? En quoi est-elle plus forte ?
Jugements	Ça m'est égal.	Qu'est-ce qui vous est égal et en quoi cela vous est-il égal ?
Nominalisations	La communication est difficile.	Qui trouve la communication difficile et à quel sujet est-il difficile de communiquer ?

Un *verbe non spécifié* est un verbe dont la signification ambiguë peut donner lieu à une interprétation erronée. On obtient une *nominalisation* en transformant un verbe en nom qui représente quelque chose d'intangible, comme une relation ou la communication.

Lorsqu'une partie de l'information manque, il est facile de tirer des conclusions hâtives, de prendre les mauvaises décisions et de vendre le mauvais produit. Imaginez que vous êtes médecin, et que vous traitez un malade. Si le patient vous dit « Docteur, j'ai une douleur » et que vous vous précipitez pour lui prescrire un médicament, vous mettez en danger vos compétences cliniques en établissant un diagnostic sans informations suffisantes.

Voici les questions clés à poser lorsque vous ne disposez pas d'informations suffisantes pour définir de façon certaine le sens d'un énoncé :

- Dites-m'en plus…
- Quoi, quand, où, qui et comment ?

Alain veut améliorer la communication avec sa nièce Marie au sujet de la recherche d'emploi de celle-ci, mais la discussion est délicate, car du fait de ses omissions, elle ne lui donne pas d'informations suffisantes. À l'Exercice 14-8, Alain note ce qu'il entend Marie dire de façon à prévoir des questions permettant d'étoffer la conversation.

Exercice 14-8 : Alain s'entraîne à dévoiler les omissions de Marie

Personne et contexte :	*Ma nièce Marie qui a besoin de trouver un emploi.*
Ses énoncés :	*Le travail, c'est nul.* *Je n'ai pas le temps.* *Tout est mal payé.* *Je suis mauvaise aux entretiens.*
Questions permettant d'obtenir les informations omises :	*Et quand ce n'est pas nul, tu trouves ça comment exactement ? De combien de temps as-tu besoin ? Quel est le niveau de salaire d'un job mal payé ? Et celui d'un job bien payé ?* *Comment se passe exactement un entretien ?*

On remarque ici un mélange de différentes structures de langage, dans lequel on trouve des omissions, des distorsions et des généralisations qui se confondent en un tout à démêler ! Cet exemple illustre parfaitement comment on peut se laisser enfermer dans des pensées anxiogènes.

Identifiez une personne avec laquelle vous aimeriez améliorer la communication. Cette personne doit être peu loquace, ou, dans certaines situations, présenter une tendance à omettre certaines informations. Utilisez l'Exercice 14-9 pour mettre au jour ses omissions.

Exercice 14-9 : Dévoiler les informations supprimées

Personne et contexte :	
Ses énoncés :	
Questions permettant d'obtenir les informations omises :	

Chapitre 15

Adapter le langage grâce au modèle de Milton

Dans ce chapitre :

- Les transes
- Concevoir votre langage de façon à faire entendre votre message
- Établir le lien avec le métamodèle

Enfant, vous étiez certainement fasciné par les prestidigitateurs qui réalisaient sous vos yeux d'incroyables tours de magie. Aujourd'hui, c'est nous qui vous offrons une démonstration de magie – en utilisant le langage hypnotique, qui tandis qu'il occupe ou surcharge la conscience de votre interlocuteur, il vous donne l'opportunité de vous adresser directement à son inconscient. En PNL, on appelle cette technique – qui tient du tour de passe-passe – le modèle de Milton. Grâce aux travaux de Milton Erickson, l'hypnose est aujourd'hui une forme de thérapie reconnue et respectée, qui a parcouru bien du chemin depuis l'époque où elle n'était qu'une pratique aux accents théâtraux galvaudée dans des spectacles douteux. Au cours de leurs observations, Richard Bandler et John Grinder, cofondateurs de la programmation neurolinguistique, ont remarqué le flou artistique du langage utilisé par Erickson pour faire entrer ses patients dans un état de conscience altérée – en d'autres termes, une transe. Richard et John ont distillé l'utilisation que faisait Milton Erickson du langage pour aboutir au modèle de Milton, qui regroupe un ensemble de structures de langage permettant de faire entrer quelqu'un en transe par le biais de mots soigneusement choisis. L'utilisation des structures de langage du modèle de Milton peut contribuer à faire entrer un sujet dans une transe plus ou moins légère, ou permettre de l'envoyer franchement au cœur de l'expérience hypnotique profonde, le rendant ainsi directement réceptif à votre message.

Être capable de déceler l'utilisation des structures de langage du modèle de Milton vous permet d'acquérir la conscience de ce qui se passe autour de vous, et de choisir vos comportements et la façon dont vous réagissez aux autres.

Dans ce chapitre, nous allons vous montrer comment intégrer les structures de langage du modèle de Milton dans votre discours quotidien, rendant les mots que vous utilisez à la fois fascinants et irrésistibles.

Glisser en douceur dans l'hypnose

Même si vous êtes en train de lire ce chapitre, peut-être ne souscrivez-vous pas entièrement à l'idée de vous documenter sur l'hypnose parce que votre seule expérience du sujet se borne à quelques numéros de boulevard peu reluisants ?

Nous allons vous faire découvrir ici au moins quatre raisons de faire fi de vos doutes l'espace d'un instant, et de considérer le sujet avec ouverture d'esprit. À cet effet, si vous êtes d'accord pour :

- Cesser d'envisager l'hypnose avec circonspection
- Reconnaître les situations dans lesquelles quelqu'un utilise les structures du langage hypnotique
- Vous connecter avec l'inconscient de vos interlocuteurs
- Vous inspirer au quotidien d'enseignements vraiment utiles pour vous faciliter la vie et, qui sait, peut-être même venir en aide à ceux qui croisent votre chemin,

alors mettez vos préjugés de côté et soyez prêt à élargir vos horizons tandis que vous abordez ce chapitre. Si, bien entendu, au terme de votre lecture, votre opinion initiale est toujours d'actualité, libre à vous de prendre vos distances par rapport au sujet sans insister plus avant. Peut-être reconnaîtrez-vous en son temps la valeur de l'hypnose ericksonienne, qui peut conduire à un état de relaxation avancé. Étant plus détendu, vous pouvez alors permettre à votre pensée d'être plus efficace.

Faire le distinguo entre hypnose directe et hypnose indirecte

Dans le cadre de l'*hypnose directe*, le patient est entièrement sous le contrôle de l'hypnothérapeute, qui énonce à son adresse des phrases du type « Vos paupières sont lourdes… ». Ce type d'hypnose peut ne pas fonctionner sur tout le monde.

C'est l'*hypnose indirecte,* appelée *hypnose permissive,* que pratiquait Milton Erickson. Milton utilisait à dessein un langage vague, permettant à ses patients d'accéder à des expériences et des ressources dont ils auraient pu ne pas avoir conscience dans d'autres circonstances.

L'idée derrière cette forme de thérapie se base sur le fait que, parce que le langage est vague, et que le patient n'a pas reçu d'instructions précises, il fouille son expérience propre, et c'est au cours de cette recherche que son inconscient entre en transe, devenant ainsi plus réceptif au message thérapeutique.

L'utilisation du langage du modèle de Milton pour mettre vos interlocuteurs – individu ou groupe – dans un léger état de transe est un excellent moyen de faire accepter votre message. Lorsqu'on se trouve en transe, on est plus réceptif aux suggestions parce que toute la résistance que peut vous opposer votre conscience est neutralisée. Cela ne signifie pas que vous puissiez obtenir tout et n'importe quoi de vos interlocuteurs, surtout si l'objet de la demande est en contradiction avec leur éthique personnelle. Utiliser l'état de transe a pour but d'orienter l'attention d'une personne comme vous le souhaitez. Par exemple, si vous voulez que quelqu'un soit attentif à ce qui se passe dans son environnement, vous pouvez lui dire : « Assis ici, vous sentez le dossier de votre siège dans votre dos, vous remarquez le soleil qui illumine la pièce, et le ronronnement de la circulation à l'extérieur : vous sentez vos sens en alerte et avez conscience de tout ce qui se passe autour de vous. »

À VOUS DE JOUER — À votre tour

En renseignant l'Exercice 15-1, vous allez pouvoir mettre des mots sur les craintes ou les doutes inconscients que vous entretenez éventuellement vis-à-vis de l'hypnose. Prendre conscience de vos doutes vous permet d'explorer les bénéfices de l'utilisation des structures de langage du modèle de Milton à propos du sujet, d'adapter votre langage en conséquence, et de prendre les commandes. Nous entrerons plus avant dans le sujet à la rubrique « Captiver vos interlocuteurs avec le modèle de Milton » que vous trouverez plus bas.

Jusqu'à ce que Sarah fasse l'apprentissage de l'hypnose ericksonienne à l'occasion de sa formation de PNL, elle éprouvait franchement un malaise à l'idée que quelqu'un puisse prendre le contrôle de son inconscient. Acquérir les structures de langage de Milton Erickson lui permit de se débarrasser de ses réticences et d'utiliser le langage hypnotique pour établir le rapport avec son patron et le reste de son équipe.

Exercice 15-1 : Mes réflexions sur le sujet de l'hypnose

Mes croyances actuelles concernant l'hypnose :	
Les raisons pour lesquelles je suis en train de lire ce chapitre :	

Reconnaître les transes quotidiennes

Vous est-il déjà arrivé :

- De parvenir à une destination sans vous souvenir comment vous y étiez arrivé ?
- D'être si absorbé par une conversation ou une lecture que vous n'avez pas vu passer le temps ?
- De tenir une conversation avec vous-même ?
- De rêvasser ?

Si répondez par l'affirmative à l'une ou plusieurs de ces questions, alors vous connaissez les effets que produit une transe naturelle, c'est-à-dire non induite par des substances chimiques ; c'est vraiment une bonne nouvelle, car si vous êtes en train de lire ce chapitre, cela signifie que vous avez l'intention d'en découvrir plus sur la technique d'hypnose de Milton Erickson. (Parler tout seul peut produire un effet étrange sur votre entourage – il est probable que vous seul sachiez ce que vous racontez, alors attention aux indiscrets, les murs ont des oreilles !)

La notion de *transe* peut se définir comme un *état altéré de conscience*. Lorsque vous vous trouvez en transe, vous pouvez perdre la sensibilité consciente de ce qui se passe autour de vous, comme si vous étiez perdu dans vos pensées, intensément concentré, ou comme si vous faisiez une expérience d'hypnose. La transe est un phénomène parfaitement normal ; il n'est pas inhabituel de traverser pendant une journée plusieurs périodes de transe.

Se trouver dans un état altéré de conscience peut présenter des avantages, comme entrer en transe lors d'une séance de méditation, pour détendre votre corps et votre esprit. Mais le phénomène peut également se révéler improductif. Par exemple, si, en réaction aux paroles et aux actions de votre entourage, vous entamez une conversation avec vous-même, dans le genre « Je sais bien qu'il ne m'aime pas. S'il m'aimait, il m'aurait offert des fleurs en rentrant des courses. Il va sûrement me quitter ». Voilà un exemple de transe improductive, basée sur un discours négatif avec soi-même. Le discours négatif avec soi-même est une transe dans la mesure où votre tendance à vous focaliser sur le négatif altère votre état de conscience.

Dans un contexte professionnel, le fait de se plaindre d'un collègue, d'un patron ou des conditions de travail jugées injustes peut constituer un état de transe. Une personne commence à se plaindre à propos d'un sujet donné, et très rapidement, le virus négatif se répand dans tout le service et entame le moral des troupes, donc la productivité et, de façon plus gênante, l'esprit d'équipe. Dans ce cas, l'état altéré de conscience pousse les acteurs de la situation à se focaliser sur les aspects négatifs de leur environnement et à occulter les aspects positifs.

Si vous vous sentez partir dans une transe négative, vous pouvez consciemment changer le point de focalisation de vos pensées. Alors, au lieu de vous cristalliser sur le négatif, vous pouvez vous rappeler activement les aspects positifs de la situation. Par exemple, « Il m'aime parce qu'il m'a évité d'aller faire les courses », ou « J'ai de la chance d'avoir un emploi stable, qui me plaît en dépit de ce que peuvent en dire les autres ». Essayez de réserver du temps pour rêver à la dernière fois où vous vous êtes senti dans un état d'esprit positif, heureux, ou une période où vous avez eu le vent en poupe. Pendant votre rêverie, pénétrez à l'intérieur de l'image et revivez l'événement, ou laissez-vous glisser dans un état méditatif par un exercice de respiration.

Il est possible que vous vous trouviez en transe à certains moments précis, comme lorsque la fringale de 23 heures vous gagne et que vous êtes incapable de penser à autre chose qu'à un grand bol de chocolat avec des tartines beurrées. D'autres types de transes peuvent se produire à tout moment, comme lorsque vous écoutez quelqu'un pontifier sur un sujet ennuyeux. Une transe peut également revêtir la forme d'une pensée fugitive provoquée par l'apparition d'un oiseau sur votre rebord de fenêtre ou le bruit du vent dans les feuilles. Vous pouvez faire l'expérience d'une perception altérée de la réalité lorsque vous sentez soudainement une bouffée d'amour vous envahir à la vue de votre enfant qui court vers vous bras ouverts et que ce petit être occupe entièrement vos pensées. Ou que la pensée ou la vue de quelqu'un qui souffre vous met les larmes aux yeux.

Peut-être vous sentirez-vous glisser dans un état de transe en lisant cette rubrique même ! Une pensée mène à une autre et hop !, vous voici en pleine rêverie, très très loin du courage qu'il va vous falloir pour vous atteler à l'Exercice 15-2. Le rêve éveillé est un état de transe douce parce qu'il constitue un état altéré de conscience.

Rédigez à l'Exercice 15-2 la liste des transes dont vous faites le plus fréquemment l'expérience. Décrivez la transe et le moment où vous sentez qu'elle vous gagne, puis cochez la case indiquant si cette transe est productive ou improductive. Vous serez peut-être surpris de découvrir à quelle fréquence il vous arrive d'entrer dans un état altéré de conscience.

Exercice 15-2 : Mes transes quotidiennes

Transe, moment et description	*Productive*	*Improductive*

Après avoir identifié une transe improductive, vous pouvez mettre en œuvre des actions correctives vous permettant de transformer votre transe improductive en transe plus productive.

S'acheminer en douceur vers la transe

Vous pouvez aider les autres à accéder à l'état de transe simplement par le biais des structures de langage du modèle de Milton, combinables selon différents schémas, comme vous le verrez au Tableau 15-1. Pour découvrir comment les utiliser avec élégance, confiez-les à votre inconscient en testant différentes combinaisons. À terme, cela vous permettra de recourir au modèle de Milton sans même devoir réfléchir à la façon dont vous utilisez les structures de langage.

Vous connaissez l'adage : « Ris, et le monde rira avec toi. » Le rapport étant un procédé à double sens, le meilleur moyen de savoir si quelqu'un se trouve dans un état altéré est de vous mettre vous-même en transe, et de recourir aisément et efficacement aux structures de langage du modèle de Milton. À cet effet, le schéma de vision périphérique décrit ci-après vous permet d'accéder rapidement à un léger état de transe :

1. **Focalisez-vous sur un point situé à un mètre ou deux de l'endroit où vous vous tenez, droit devant, légèrement au-dessus du niveau de vos yeux.**
2. **En restant concentré, relaxez les muscles autour de vos yeux et faites en sorte d'étendre votre conscience de la scène à la zone située de chaque côté de vos yeux.**

   Votre sensation intérieure devient une impression de relaxation.

Lorsque vous aurez acquis une plus grande pratique de la vision périphérique pour entrer dans une transe légère, vous vous apercevrez que cela vous donne la capacité de mener deux tâches de front ; par exemple, utiliser avec élégance des structures de langage hypnotique pendant une réunion.

Pratiquer la vision périphérique est un excellent moyen de se détendre. Ainsi, si vous êtes tendu ou stressé, relaxez les muscles de vos yeux en fixant un point face à vous, au-dessus de l'endroit où votre regard se pose naturellement. L'un des effets possibles peut être une élocution plus fluide, du fait que vous permettez à votre inconscient une plus grande part d'activité.

Puisqu'il est difficile de faire consciemment preuve d'élégance, remettez-vous-en à votre inconscient et prolongez la transe de Milton.

Captiver vos interlocuteurs avec le modèle de Milton

Le cinéma est un moyen extrêmement puissant de faire passer des messages influents. Tout en restant absorbé par l'histoire, chaque spectateur va construire son sens propre à partir de sa perception personnelle du film. Vous pouvez de la même façon captiver vos interlocuteurs, en utilisant un langage qui a plusieurs sens possibles. Cela permet à la ou les personnes auxquelles vous vous adressez d'accepter votre message en interprétant ce que vous dites en fonction de leur expérience propre.

Les *structures de langage du modèle de Milton* constituent un ensemble de phrases qui, parce qu'elles sont volontairement peu claires, engagent l'auditeur à en découvrir le sens en faisant par force appel à son expérience personnelle. Parce que l'auditeur sollicite son mental pour chercher un sens à ce qu'il entend, son esprit conscient est distrait. C'est ainsi que vous pouvez entrer en communication avec son inconscient, en réduisant sa résistance à vos suggestions et en augmentant votre degré d'influence sur plusieurs niveaux possibles : réussir leurs projets, mieux s'entendre avec un collègue, ou accroître leur confiance en soi.

Pendant que vous lisez ce texte, laissez votre esprit s'évader doucement vers l'un de vos endroits préférés – un lieu dont l'évocation vous procure du plaisir – et tandis que vous visualisez cet endroit et laissez son image flotter lentement dans votre inconscient, regardez à votre droite. Vous voyez cette femme qui porte une robe verte et des chaussures jaunes ?

Oups ! Là, c'était peut-être un peu trop… ces informations trop spécifiques ont dû vous faire sortir de votre transe.

Cet exemple vous montre comment un langage vague vous permet d'entrer en transe en utilisant votre imagination. Le fait de recevoir une instruction précise suffit à briser la transe car l'inconscient remarque alors qu'« il n'y a pas de femme près de moi » ou qu'« elle ne porte pas de chaussures jaunes ».

Les mots qui favorisent le passage à l'état de transe chez les autres

Nous allons maintenant décomposer le fonctionnement du processus permettant de faire passer votre message à l'aide du modèle de Milton. La rubrique suivante vous permet d'identifier le langage à utiliser à cet effet.

La méthode idéale pour concocter vos structures de langage du modèle de Milton consiste à réfléchir au message que vous souhaitez communiquer et à adapter vos structures de langage au message et au contexte dans lesquels vous le faites passer. Si vous essayez de gonfler une équipe à bloc pour gagner une compétition de *paint-ball*, une approche basée sur « Écoutez votre cœur, respirez lentement et calmement ; vous vous sentez en paix, en harmonie avec la nature et ceux qui vous entourent » peut se révéler peu efficace…

Plus vous pratiquerez les modèles de Milton, mieux vous parviendrez à les adapter à votre personnalité et plus vos interlocuteurs seront captifs des structures de langage que vous mêlerez au discours visant à faire passer votre message.

Vous n'avez qu'à prétendre que les structures de langage du modèle de Milton sont comme les touches d'un piano que vous parcourez en jouant de différents registres et en inventant vos propres accords !

Avec ces structures de langage, vous allez cultiver l'imprécision de votre discours de façon à neutraliser la conscience de vos interlocuteurs. Parce que vous n'avez rien dit de précis, la personne à laquelle vous parlez entre dans une transe car elle doit « combler les blancs » en faisant appel à ses expériences, ses anecdotes, ses significations propres. Tandis que l'esprit conscient de votre auditeur est occupé, vous êtes en mesure de vous adresser à son inconscient – par exemple, pour installer un comportement positif. Installer un comportement positif ne relève pas uniquement du champ de la thérapie. Les parents ont ici une responsabilité. Les coaches et les personnes qui font de l'encadrement peuvent également aider à installer un certain type de comportement, bien qu'ils aient besoin de l'assentiment préalable de la personne à laquelle ils essaient de venir en aide.

Parce que la plupart des habitudes et des comportements sont mis en place par l'inconscient, les résultats sont plus rapidement obtenus si l'on s'adresse à celui-ci, plutôt que de se lancer dans une argumentation avec l'esprit conscient ou analytique.

Les désignations attribuées aux différentes structures de langage du modèle de Milton visent à permettre la communication sur l'analyse du langage. Par conséquent, soyez conscient que ces termes existent, mais pensez surtout à vous focaliser sur la façon de les employer afin de distraire la conscience d'un interlocuteur et de diriger ses pensées dans une direction voulue ou de formuler des suggestions utiles.

Le Tableau 15-1 vous propose une liste complète des structures de langage du modèle de Milton par ordre alphabétique. Les structures de langage qui y sont indiquées en italique mais pas en caractères gras constituent des sous-ensembles des catégories *Ambiguïté* et *Opérateurs modaux*.

Tableau 15-1 : Les structures de langage du modèle de Milton

Structure de langage	***Explication***	***Exemple***	***Mots révélateurs***
Ambiguïté	Ce que vous dites peut avoir plus d'un sens, et peut donc être interprété de plusieurs manières.		
Ambiguïté phonologique	*Homonymes,* mots qui ont la même consonance et/ou la même orthographe, mais pas le même sens.	Verre/vert Nous *avions* des *avions* Faire le *tour* d'une *tour* Sait/c'est Eux/œufs	
Ambiguïté du lien	Doit permettre de déduire quelles parties d'une phrase sont associées.	Ces méchants garçons et filles. M'adresser à vous en tant que parent.	
Ambiguïté syntaxique	La fonction d'un mot n'est pas immédiatement compréhensible à partir du contexte.	Ils racontent des histoires. Nous sommes tombés sur des jumelles à la maison. La culture coûte cher.	
Relation de cause à effet*	L'implication est que l'un des éléments induit un résultat, ou constitue lui-même un résultat.	*Du fait de* votre lecture de ce chapitre, vous comprenez maintenant le modèle de Milton. *Parce que* vous comprenez le modèle de Milton, il est évident que votre attention est captive.	Provoque, entraîne, par conséquent, de ce fait, si, alors, dans ce cas, parce que, donc, à cet effet. Vous respirez profondément, *donc* vous vous détendez.
Équivalence complexe*	Une chose est interprétée comme une autre.	Le fait que vous soyez arrivé à ce chapitre veut bien dire que vous faites partie des 10 % de la population qui lisent les livres qu'ils achètent. Signifie, veut dire, prouve, donc, ainsi, par conséquent. Tu es encore en retard. Cela prouve que tu ne t'investis pas dans notre relation. Vous êtes en train de lire ce livre. Ainsi, vous ouvrez votre esprit à de nouvelles possibilités.	

Tableau 15-1 : Les structures de langage du modèle de Milton *(suite)*

Structure de langage	***Explication***	***Exemple***	***Mots révélateurs***
Omission par comparaison*	Omettre un des deux facteurs permettant la comparaison. De ce fait, la phrase ne permet pas de savoir clairement si la comparaison est établie avec une personne, un animal, un fait, un objet, etc. car cette information est omise.	Il est plus riche. Tu es tellement plus heureuse. Peux-tu marcher plus vite ? C'est un endroit plus agréable.	Bon, bien, mieux, meilleur, pire, plus, moins, la plupart, une majorité/minorité de.
Postulats conversationnels	Poser une question fermée de façon à ce que la personne à qui elle est adressée consente presque automatiquement à ce qu'on lui demande, et entraîne directement une action plutôt qu'une réponse. Cela ne fonctionne que dans les cas s'appliquant à une chose qui demande à être faite immédiatement.	Cette structure de langage donne à la personne qui est sollicitée l'impression d'avoir le choix sans que celle qui demande ne paraisse lui donner un ordre. Peux-tu, s'il te plaît, m'apporter un verre d'eau ? Veux-tu bien simplement répondre à ma question ? Voudrais-tu qu'on reste à la maison ce soir ? Est-ce que c'est un avion ? (Tout le monde regarde en l'air, à la recherche de l'avion.)	
Alternatives	Ce type de syntaxe donne à l'interlocuteur l'impression qu'il dispose d'un choix, alors que les deux possibilités l'emmènent vers le résultat que vous souhaitez. L'ingrédient essentiel d'une alternative est que la personne fasse ce que vous voulez.	Tu préfères commencer tes devoirs maintenant ou dans dix minutes ? Tu vas ranger ta chambre cet après-midi ou demain matin ? C'est à toi de décider si tu veux entrer dans un état de transe léger, intermédiaire ou profond, lentement ou rapidement.	
Instructions cachées	Intégrer des ordres au sein d'une conversation afin de neutraliser la conscience et de s'adresser directement à l'inconscient.	Il ne me viendrait pas à l'idée de ***te conseiller de te nourrir correctement*** et jamais je ne te suggérerais ***de changer de façon de faire*** alors je te promets que ***tu auras envie d'entendre*** tout ce que je vais te dire, **ce qui signifie** que tu peux *baisser ta garde* et *te détendre* et *me laisser t'aider* à atteindre ton objectif.	

Tableau 15-1 : Les structures de langage du modèle de Milton *(suite)*

Structure de langage	*Explication*	*Exemple*	*Mots révélateurs*
Citations étendues	Mener la conscience de votre interlocuteur dans un dédale de méandres de façon à la neutraliser et à faire passer votre message directement à son inconscient.	Je parlais à Kate ce matin et elle m'a dit qu'elle avait entendu dire que son amie Sue avait suivi la formation de PNL de David, au cours de laquelle il avait commencé à expliquer comment il avait *écouté* Thierry parler de l'***importance de l'hypnose indirecte, qui* est bien sûr *très importante.***	
Suppression de l'index de référence*	Utilisation de pronoms impersonnels, de noms ou de verbes qui ne précisent pas le contexte en spécifiant un objet ou une personne.	Il est bon de faire le vide. Et tout le monde est monté. On est parti.	
Affirmation d'origine inconnue	Proférer un jugement de valeur sans révéler qui est à l'origine de ce jugement.	Il n'y a pas de mal à se faire du bien. Chaque jour est un nouveau commencement. Tout le monde s'accorde à penser… Il faut faire attention. Tout se perd.	
Divination*	Prétendre connaître les pensées et les émotions d'une personne, sans préciser d'où vient cette connaissance.	Je sais que tu connais les réponses à mes questions. Je vois bien que tu en meurs d'envie. Il est évident que tu adores ça. Je vois ce que tu veux dire.	
Opérateurs modaux*	Ces mots indiquent que vous procédez par choix ou par nécessité.		
Opérateurs modaux exprimant la nécessité	Mots indiquant les convictions de la personne qui s'exprime.	On doit faire l'expérience de la transe pour pouvoir expliquer cet état. Je ne dis pas que c'est une obligation, mais tu dois comprendre pourquoi c'est important.	Doit/ne doit pas, fera/ne fera pas, falloir, devoir, devrait/ne devrait pas.

Tableau 15-1 : Les structures de langage du modèle de Milton *(suite)*

Structure de langage	***Explication***	***Exemple***	***Mots révélateurs***
Opérateurs modaux exprimant la possibilité	Mots utiles pour vaincre la résistance de quelqu'un, simplement en offrant la perspective de nouvelles possibilités.	Conducteur débutant : « Je suis incapable d'apprendre à conduire… Moniteur : « Vous pourriez tout de même essayer. »	Pouvoir/ne pas pouvoir, vouloir/ne pas vouloir, être en mesure de, être capable de.
Nominalisation*	Ici, on transforme un verbe en nom. Un verbe est normalement associé à un mouvement donné – la relation, la communication (mouvement caractérisant un échange entre les gens). Lorsque le verbe est transformé en nom, il se « fige » et perd la connotation de mouvement qui lui était associée. L'idée est ici d'extraire la personne de l'état de rigidité dans lequel elle se trouve en « redonnant vie » au mot et en réintroduisant l'idée de mouvement. La technique consiste à utiliser un verbe à l'infinitif en demandant comment, quoi ou quand l'interlocuteur aimerait réaliser cette action décrite par l'infinitif. Une nominalisation est un nom décrivant un concept non quantifiable – par exemple une relation, la communication, la vie.	Relation (verbes : ressentir, établir, relier). Connaissance (verbe : savoir). Communication (verbe : communiquer). « Notre relation est mauvaise » est un énoncé figé car il exprime la perception d'un fait par quelqu'un. Réintroduire un verbe dans l'énoncé en demandant « Comment aimeriez-vous que **se passe** cette relation ? » redonne une impulsion en offrant à la personne qui en est l'auteur le choix de son comportement. L'énoncé « Mon élocution est horrible » peut être élargi à la question « Voudrais-tu t'**exprimer** ? ». Il est possible d'imprimer du mouvement à la phrase « Ma vie est sans intérêt » en demandant « Comment aimeriez-vous **vivre** ? ».	
Description de l'expérience en cours	Énoncer l'expérience actuelle d'une personne en l'intégrant à votre discours de façon à ce que votre interlocuteur ne puisse la nier. L'inconscient de cette personne approuve votre discours au fur et à mesure qu'elle en prend connaissance : « Oui, je suis en train de lire ce chapitre », « Effectivement, je tiens ce livre », « C'est vrai, ma respiration est rythmée », de sorte que lorsque ces énoncés sont suivis d'un ordre, la personne pense « Mais c'est vrai que je suis en train d'acquérir de nouvelles connaissances ! ».	Tandis que vous lisez ce chapitre, ce livre en main, votre respiration est rythmée, ce qui signifie que vous êtes en train d'acquérir de nouvelles notions.	

Tableau 15-1 : Les structures de langage du modèle de Milton *(suite)*

Structure de langage	*Explication*	*Exemple*	*Mots révélateurs*
Présuppositions*	Faire des suppositions linguistiques. Une phrase qui présuppose quelque chose, comme la capacité à entrer en transe, écrire, ou se sentir triste, joyeux, ou en colère, crée cet état de fait parce que la personne doit fouiller son esprit pour découvrir qu'elle a fait l'expérience de la transe, de l'écriture, de la tristesse, de la joie ou de la colère.	Et tu sais entrer en transe, n'est-ce pas ? Les gens qui savent écrire sont également des conteurs géniaux, et toi tu sais écrire. Tu es tellement plus que ça. Lorsque tu te sens triste. Lorsque tu es en colère.	
Modification des capacités naturelles	Anthropomorphisme, fait d'attribuer aux animaux et aux objets inanimés des caractéristiques humaines.	Les murs ont des oreilles. Ma voiture est contrariée, elle ne démarre pas. Mes plantes sont belles parce que je leur parle. Le chat a râlé quand je l'ai fait descendre du canapé.	
Questions-tags	Structure permettant d'orienter la réponse de quelqu'un à une question. Généralement utilisée en fin d'énoncé sous forme de tournure interro-négative.	Tu veux dire que tu es d'accord, n'est-ce pas ? C'est très important, ne comprenez-vous pas ? (Vecteur très puissant si énoncé sur un ton surpris !) Vous avez compris ce que je veux dire, non ? Vous avez bien dit que vous veniez dîner ? (L'adverbe *bien* marque ici l'emphase.)	
Quantifieur universel*	Mots qui généralisent un état de fait.	« Le monde est une scène, et tous, hommes et femmes, ne sont que des acteurs. » Tu n'écoutes jamais quand on te parle. Tu me harcèles tout le temps.	Aucun, tous, tout le monde, chacun, chaque, tout, toujours, jamais.
Verbe non spécifique*	Énoncé qui omet le protagoniste ou le verbe qui indiquerait clairement comment a procédé ou procéderait la personne. Par exemple, « C'est de ta faute » peut être précisé par une phrase comme « C'est de ta faute car tu m'as fait attendre ».	Tu ne m'aimes plus. C'est arrivé par ta faute. Tout est de ta faute.	

Tableau 15-1 : Les structures de langage du modèle de Milton *(suite)*

Structure de langage	*Explication*	*Exemple*	*Mots révélateurs*
Utilisation	Exploitation d'un facteur importun.	Un sujet est en transe lorsqu'un poids lourd bruyant passe à proximité. L'hypnothérapeute dit alors : « Au fur et à mesure que le son du camion s'estompe, vous vous enfoncez de plus en plus profondément dans votre état de transe. » Le patient répond « Je n'arrive pas à me laisser aller » et le thérapeute répond « En effet, vous ne pouvez pas vous laisser aller pour le moment ».	

** Indique une violation du métamodèle. Pour plus d'explications, reportez-vous à la rubrique « Mettre en relation le modèle de Milton et le métamodèle » plus bas dans ce chapitre.*

Remarquez les similitudes entre certaines des structures linguistiques du modèle de Milton :

- La différence entre la relation de cause à effet et les *équivalences complexes* est induite par le moment, aussi bref soit-il, qui sépare la cause de l'effet. Dans la phrase « Tu me mets en colère lorsque tu ne fais pas la vaisselle », il s'écoule un instant entre le moment où vous remarquez que la vaisselle n'est pas faite et l'émotion que vous ressentez. Alors que dans le cas de l'équivalence complexe « Le fait que tu ne fasses pas la vaisselle signifie tu ne m'aimes pas » ne comporte pas de séparation et n'en nécessite aucune puisque les deux parties de l'énoncé sont émotionnellement liées.
- La seule différence entre la suppression de l'index de référence et l'*affirmation d'origine inconnue* est que cette dernière comporte un facteur de jugement. Par exemple, dans « On est parti », on remarque que l'index de référence n'est pas précisé, mais qu'aucun jugement n'est porté. « La lecture est une bonne chose » est une affirmation d'origine inconnue, car quelqu'un a porté un jugement positif sur l'acte qui consiste à lire.
- Selon la construction syntaxique d'une expression, on trouve une similitude entre l'*omission comparative*, la suppression de l'index de référence et l'*affirmation d'origine inconnue* : « C'est bien d'être riche », « C'est mieux d'être plus riche » et « Ils sont plus riches ».

S'intéresser aux structures clés

Des livres entiers ont été écrits sur les structures de langage du modèle de Milton. L'espace dont nous disposons dans ce chapitre ne nous permet pas de les traiter de façon aussi détaillée que nous l'aimerions. Nous en avons donc choisi quelques-unes, au hasard, pour expliquer leur principe et illustrer comment vous pouvez y avoir recours au quotidien.

Essayez-vous aux structures linguistiques qui suivent pour tenter d'améliorer votre communication. Au fur et à mesure que vous vous familiariserez avec elles, intégrez petit à petit à votre langage certaines de celles proposées au Tableau 15-1.

Juger les affirmations d'origine inconnue

Une *affirmation d'origine inconnue* exprime un jugement de valeur sans révéler son auteur. En ne spécifiant pas l'auteur de l'énoncé, vous donnez à votre auditeur l'opportunité d'interpréter librement le jugement de valeur et d'imaginer qui en est l'auteur. Le procédé consistant à interpréter le jugement de valeur permet à votre interlocuteur d'entrer dans une légère transe qui vous donne l'occasion de faire une suggestion utile ou de donner une instruction spécifique tandis que sa conscience est occupée.

Exemples d'affirmations d'origine inconnue :

- À chaque jour suffit sa peine.
- Il est bon de laisser son esprit vagabonder.
- La nuit porte conseil.
- Il faut être prudent si on veut éviter les problèmes.
- Il faut laisser le temps au temps.

Si votre interlocuteur est particulièrement de mauvaise humeur ce jour-là, il est possible que, bras croisés face à vous, il vous mette au défi de préciser « Ah oui, et je voudrais bien savoir de qui vient cette idée géniale ? ». Si vous êtes suffisamment rompu aux structures linguistiques du modèle de Milton, il devrait déjà être en transe au moment où il formule la question, et ne devrait donc pas vous poser trop de problèmes !

Utilisez l'Exercice 15-3 pour réfléchir au moins à six exemples d'affirmations d'origine inconnue que vous reconnaissez dans votre discours ou celui des autres. Peut-être voudrez-vous en noter un ou deux que vous aimeriez intégrer à votre syntaxe quotidienne.

Exercice 15-3 : Exemples d'affirmations d'origine inconnue

Tirer de la divination le meilleur parti possible

La *divination* est une interprétation des pensées et des émotions de quelqu'un, formulées sans que l'auteur en précise la source. En voici quelques exemples :

- Je me doute que tu connais les réponses à mes questions.
- Je sais que tu brûles de curiosité de savoir.
- Tu y prends visiblement beaucoup de plaisir.
- J'imagine que tu meurs d'envie de me poser un tas de questions.
- Je sais ce que tu penses.

Connaître la divination présente trois avantages :

- Cela vous permet de repérer les moments où quelqu'un pratique la divination et, si cela mène à un quiproquo, vous mourrez d'envie de vous mêler à la conversation pour rectifier la situation. La compréhension est potentiellement source de solutions plus que de conflits.

- Vous surprendre à lire dans les pensées de votre interlocuteur permet de vérifier si vos suppositions sont fondées.
- Vous pouvez faire semblant de lire dans les pensées de quelqu'un afin de lui souffler des suggestions ou lui faire prendre conscience de son expérience. Par exemple, en disant « Apparemment, tu sens que nous sommes sur la même longueur d'onde et je vois que ça te fait plaisir », vous pouvez indirectement suggérer à la personne de vérifier si elle est sur la même longueur d'onde que vous, et l'aider à prendre conscience de son bien-être.
- Veillez à faire un usage parcimonieux du processus de divination, seulement pour faire des suggestions dans les moments où vous êtes certain de la qualité du rapport avec votre interlocuteur. Sinon, vos suggestions peuvent induire un déséquilibre, et provoquer une réponse du type : « Je ne pense pas que nous soyons sur la même longueur d'onde, et notre échange ne me procure aucun plaisir particulier. »

Procédez avec prudence ! Même la plus innocente des remarques peut mener au désastre. Le dialogue ci-dessous illustre l'effet explosif d'une phrase anodine si la personne qui la reçoit est à cran et n'est pas adepte de la divination. L'anecdote se déroule un samedi matin, à l'heure où Charlène suit habituellement son cours d'italien, tandis qu'Olivier joue au golf. Les cours s'interrompant pendant l'été, Charlène peut actuellement faire la grasse matinée, boire son café en lisant et prendre le temps de vivre, moment paisible qu'elle savoure entre tous. Olivier est fan de bricolage et un samedi, de retour à la maison après sa séance de golf, il s'emploie à manier avec brio la perceuse dans la chambre voisine de celle où se trouve Charlène. Profitant de la présence d'Olivier pour venir papoter, Charlène arrive dans la pièce où il bricole.

Charlène : « Tu sais combien j'adore mes cours d'italien du samedi matin. Mais maintenant que les cours sont terminés, c'est vraiment un plaisir de pouvoir rester au calme à la maison ! »

Olivier : « Punaise ! Je viens juste de commencer à percer, je ne vais pas arrêter maintenant. »

Charlène : « Pourquoi veux-tu arrêter ? »

Olivier : « Parce que c'est ce que tu viens de me demander. »

Charlène : « Ah bon ? Qu'est-ce que j'ai dit ? »

Olivier (au bord de la colère) : « Tu as dit que tu voulais que j'arrête de percer. »

Charlène : « J'ai dit ça ? Tiens, je pensais juste partager avec toi le plaisir de pouvoir me poser tranquillement. »

Tiens, tiens ! Cette scène vous rappelle quelque chose ?… Peu importe, profitez de l'Exercice 15-4 pour analyser les moments où vous avez fait fausse route en « pensant à la place de quelqu'un », et les enseignements que vous en avez retirés. Ou s'il vous est arrivé de répondre un peu vivement à un interlocuteur qui avait mal interprété vos propos, réfléchissez à ce que vous feriez ou diriez différemment une prochaine fois.

Réagir à chacune de vos émotions vous entrave et vous empêche d'évoluer. Débarrassez-vous de l'emprise de vos expériences en intégrant les leçons qui vous ont permis d'apprendre à libérer vos émotions.

Exercice 15-4 : L'expérience de divination d'Olivier

Décrivez ce qui s'est produit :	*J'étais occupé à percer dans la chambre et Charlène est arrivée et s'est mise à me parler. Parce que j'étais concentré, je n'ai entendu que « au calme à la maison » et j'en ai conclu qu'elle voulait que je cesse de percer.*
Quelle a été la conséquence de ce quiproquo ?	*Je me suis montré irrité et cassant.*
Quelle leçon en avez-vous tiré ?	*Je dois changer de stratégie pour réagir différemment lorsqu'on m'interrompt.*
À l'avenir, que pourriez-vous changer dans votre comportement ?	*Si je ne peux pas interrompre immédiatement ce que je fais, je demanderai à Charlène de me donner une minute avant d'écouter ce qu'elle a à me dire. Si je crains d'être cassant, j'invoquerai une image d'elle et moi à Venise, lorsqu'on s'était fait prendre en photo sur fond de lagune. Cette image me ramène aux fabuleux moments passés ensemble, et me rappelle quelle chance j'ai de partager ma vie avec elle. C'est un souvenir qui me rend toujours aimant et chaleureux.*

À VOUS DE JOUER – À votre tour

À l'Exercice 15-5, consignez vos expériences de divination. Votre témoignage peut faire référence à un événement dont l'issue a été amusante ou heureuse.

Exercice 15-5 : Mon expérience de divination

Décrivez ce qui s'est produit :	
Quelle a été la conséquence de ce quiproquo ?	
Quelle leçon en avez-vous tiré ?	
À l'avenir, que pourriez-vous changer dans votre comportement ?	

À VOUS DE JOUER – À votre tour

Peut-être qu'à cet instant précis, installé avec ce livre en main, vous vous demandez – et tout va bien, car être assis, livre en main, et se poser des questions sont des points positifs – comment exploiter les structures linguistiques du modèle de Milton chez vous ou dans votre environnement professionnel. Utilisez l'Exercice 15-6 pour noter quelques exemples d'énoncés de divination à intégrer d'ores et déjà à votre quotidien. Vous vous en sentez capable, n'est-ce pas ? Pensez à des situations dans lesquelles avoir recours à la divination. Par exemple, au bureau : « Je suis sûr qu'il n'échappe à personne que c'est le moment d'aller prendre un café ? » Même si la personne à laquelle vous vous adressez ne réalise pas qu'elle a besoin de faire une pause, elle répondra certainement par « Tiens, quelle bonne idée ! ».

Exercice 15-6 : Occasions dans lesquelles je peux utiliser des énoncés de divination	
Énoncés	*Vie priv. : vie privée* *Vie prof. : vie professionnelle*

Décrire l'expérience en cours

Décrire l'expérience actuelle de quelqu'un consiste à relater de manière incontestable ce qu'expérimente actuellement la personne. L'énoncé ne doit pas obligatoirement être vrai, mais il doit être crédible. Lorsque l'inconscient de votre interlocuteur se dit « Mais oui, c'est vrai ! », vous êtes en position d'obtenir l'assentiment de cette personne concernant vos énoncés ci-dessous. Voici des exemples de *description de l'expérience en cours* :

- Un auteur peut écrire « Tandis que vous lisez ce chapitre, ce livre à la main, le rythme de votre respiration signifie que vous êtes en train d'acquérir de nouvelles connaissances ».

  Le lecteur ne peut nier ces énoncés, de sorte que son inconscient pense « Oui, je suis en train de lire ce chapitre », « Effectivement, je tiens ce livre », « C'est vrai, ma respiration est rythmée », de sorte que lorsque ces énoncés sont suivis d'une instruction, la personne pense « Mais c'est vrai, je suis en train d'acquérir de nouvelles connaissances ! ».

- Un thérapeute peut dire : « Assis ici, à écouter ma voix, que vous soyez en train de réfléchir à la raison pour laquelle vous êtes ici ou à autre chose, vous sentez le dossier de la chaise dans votre dos, ce qui signifie que vous commencez à vous détendre et à reconnaître que vous détenez une solution. » S'ensuivent les pensées du patient : « Oui, j'entends sa voix », « Non, pas du tout, je ne suis pas en train de penser à la raison qui m'a amené ici » (il commence à sortir de sa transe), « C'est vrai que je pense à autre chose » (il reprend sa transe), « Oui, je suis appuyé au dossier de ma chaise », « D'accord, je me détends » et il intègre la supposition qu'il existe une réponse à ses problèmes et qu'il va trouver la solution.

TRUC

Plus les énoncés que votre auditeur ne peut réfuter sont nombreux, plus vous avez de chances de voir la personne accepter votre suggestion.

L'Exercice 15-7 vous donne l'occasion de bâtir des exemples de *description d'une expérience en cours* et de prévoir les suggestions que vous pouvez faire à la personne avec laquelle vous communiquez – que ce soit en face à face, au téléphone, ou par e-mail. Vous allez être surpris de découvrir le nombre d'énoncés irréfutables que vous allez trouver.

Exercice 15-7 : Situations dans lesquelles je peux décrire une expérience en cours
Mes occasions :

Exercice 15-7 : Situations dans lesquelles je peux décrire une expérience en cours *(suite)*

Énoncés que je peux utiliser :

Avoir recours à la récupération

Le procédé de récupération consiste à exploiter un événement de manière impromptue pour l'intégrer à l'expérience en cours. Par exemple, si le téléphone sonne pendant qu'une maman est en train d'endormir son enfant, elle peut par exemple dire : « Et tandis que tu entends le téléphone sonner et que tu écoutes ma voix, tu sais que tu es en sécurité, et que je t'aime, et tu sens que tu as vraiment sommeil. » En l'occurrence, l'effet peut être accentué par un bâillement de la maman.

Épuisée, Patricia était au beau milieu d'une discussion orageuse avec Frédérique, sa fille adolescente, au sujet du stade avancé de pagaille régnant dans la chambre de celle-ci. Frédérique sortit de la pièce comme une furie, en claquant si fort la porte qu'un des cadres se décrocha du mur. Patricia – assez maladroitement je vous l'accorde – lui cria : « Voilà, c'est le bon Dieu qui t'a punie. » Elle établit ici le lien entre le cadre qui se décroche du mur et un message divin, et exploite la chute du cadre comme preuve que les instances divines n'approuvent pas non plus le comportement de sa fille.

Lors d'une conversation entre Katherine, coach de PNL, et Jill, thérapeute, Katherine parlait à Jill de Herbie, le chat de Tim, harcelé par un petit garçon qui venait d'arriver dans le quartier. En réaction à ces mauvais traitements, le chat s'était mis à manger plus que de raison. En conséquence, Herbie avait pris un poids monstre et Katherine estimait que Tim, responsable de la santé de son chat, devait mettre celui-ci à la diète. C'est alors que Jill intervint : « Tu sais, je cherchais quelle métaphore utiliser avec un de mes patients qui a un problème certain de surcharge pondérale ; ça y est, j'ai trouvé ! Je vais lui parler de Herbie. » À quoi Katherine a répondu : « Sais-tu qu'on appelle *violation des restrictions sélectives* le fait d'attribuer à des animaux des caractéristiques humaines ? Mais surtout, sais-tu que ce que tu viens de faire s'appelle l'*exploitation*, c'est-à-dire le fait de t'approprier de façon utile notre conversation. Et par extension, c'est aussi ce que je suis en train de faire. »

Nous ne sommes pas en train de dire que les occasions de recourir à l'exploitation se présentent uniquement par hasard – sauf si, bien sûr, vous définissez cette intention et la provoquez à un niveau métaphysique. Plus concrètement, si quelqu'un de votre entourage a la mauvaise habitude de tousser très fort dans le téléphone pendant que vous êtes en conversation, vous pouvez faire une remarque du type « Oh, merci, tu viens juste de me rappeler que je dois acheter du sirop contre la toux ». Prendre la liberté d'exploiter la toux de votre interlocuteur en lui faisant savoir combien son comportement est impoli a une chance de lui faire prendre conscience qu'il serait bon de se détourner de l'appareil lors de sa prochaine quinte de toux.

Si aucun exemple ne vous vient à l'esprit, notez à l'Exercice 15-8 vos idées sur l'exploitation pour entraîner votre inconscient à remarquer les occasions qui se présentent.

Exercice 15-8 : Ma réflexion sur l'exploitation

Mettre en relation le modèle de Milton et le métamodèle

Au chapitre 14, nous avons mis en évidence le rôle des structures linguistiques appelées *métamodèles*, qui vous permettent d'accéder à un certain degré de compréhension de vos problèmes en creusant pour découvrir le sens spécifique de certains événements. Certaines des structures linguistiques du modèle de Milton évoquées à la rubrique « Captiver vos interlocuteurs avec le modèle de Milton » s'inspirent du métamodèle dans un but similaire – par exemple, en mettant un patient en transe – mais ici, c'est au métamodèle qu'est appliqué le flou du modèle de Milton. On appelle ce procédé *violation du métamodèle parce que le flou de la structure du* métamodèle constitue une transgression de la méthode spécifique selon laquelle il est normalement utilisé.

Au Tableau 15-1, les *violations du métamodèle* sont repérées par un astérisque (*). Pour tout savoir du métamodèle, reportez-vous au Chapitre 14.

VOCABULAIRE

Le métamodèle emploie une question ou une série de questions permettant d'aller au fond d'un problème en mettant au jour les omissions, les distorsions et les généralisations du langage courant. (Pour dépoussiérer vos notions sur les omissions, les distorsions et les généralisations, reportez-vous au Chapitre 5 : « Reconnaître la manière dont vous filtrez votre pensée ».) Ainsi, si un mari dit à son épouse « Tu ne m'aimes plus », elle lui répondra peut-être par « Dans mon comportement, qu'est-ce qui fait que tu ne te sens plus aimé ? ». La réponse « Tu ne m'achètes plus jamais de chocolats » ouvre le dialogue en commençant à révéler la manière dont le mari ne se sent plus aimé, permettant à la femme de comprendre ce qu'il ressent, de réfuter sa supposition, ou de remédier à la situation.

N'OUBLIEZ PAS !

Le recours à un langage qui peut avoir plusieurs sens peut vous permettre d'accéder à l'état de transe dans lequel vous réfléchirez à ce qui vient d'être dit. De sorte que, dans l'exemple que nous venons de citer, l'épouse aurait pu elle-même se mettre en état de transe, ou choisir de gérer le problème en rompant la transe de son mari générée par le sentiment « Je ne me sens plus aimé ».

Le Tableau 15-2 illustre comment analyser un énoncé à l'aide du métamodèle. La colonne de gauche cite l'énoncé qui permet à l'auditeur de passer à l'état de transe en se retranchant dans son for intérieur pour interpréter ce qui vient d'être dit. La colonne du milieu illustre la structure linguistique du métamodèle utilisé, et la colonne de droite contient les questions qui peuvent révéler les processus mentaux à l'origine de l'énoncé initial.

Ne laissez pas les étiquettes du type *violation de la relation de cause à effet* ou *divination* occulter la vocation des questions, qui est d'aider quelqu'un à modifier la nature de sa transe. Par exemple, lorsque vous dites « Tu me mets en colère », le sens altéré de la réalité – ou transe – consiste à penser que vous êtes sous l'emprise de quelqu'un qui réussit à vous mettre en colère. Adresser à vous-même la question « Je fais quoi quand tu choisis de succomber à la colère ? » peut accroître votre colère, mais présente néanmoins l'avantage d'attirer l'attention de votre conscience sur le fait que vous avez le choix de vous mettre ou non en colère.

Tableau 15-2 : Lier le modèle de Milton au métamodèle

Énoncé	*Structure du métamodèle*	*Réaction permettant de révéler le sens réel de l'énoncé*
Tu me mets en colère.	Violation de la relation de cause à effet	Je fais quoi quand tu choisis de succomber à la colère ?
Je sais que tu es heureuse.	Divination	Comment, au juste, sais-tu que je suis heureuse ?
Il est tellement meilleur.	Omission par comparaison Affirmation d'origine inconnue	Meilleur que qui ? Qui le prétend ? Meilleur dans quel domaine ? Qu'en sais-tu ?

Il est vraiment efficace d'utiliser pour chaque situation la structure de langage appropriée car cela vous donne le pouvoir de vous faire entendre. À cet effet, vous devez réfléchir au message que vous voulez faire passer.

Harmoniser l'emploi des structures linguistiques

Ce chapitre explique de manière relativement détaillée les structures linguistiques du modèle de Milton. Néanmoins, afin de vous permettre d'approfondir votre compréhension du sujet, nous avons employé des exemples faisant appel à une palette assez large de structures. Nous allons maintenant vous montrer comment articuler ces structures en les utilisant à bon escient dans votre contexte professionnel et votre vie privée.

Vous trouverez ci-après un exemple du type d'énoncés qu'un formateur ou un enseignant peut employer avec ses étudiants :

> Et assis là à m'écouter, vous pouvez décider d'apprendre rapidement ou lentement… vous allez tous entendre tout ce qui sera dit pendant ce cours… il est impressionnant de penser aux bénéfices que vous pourrez retirer de l'ensemble de votre apprentissage…

Regardons maintenant de près les structures de langage et les modèles que contiennent les énoncés courts utilisés par l'intervenant :

- *Et assis là à m'écouter* : voici un exemple de *description d'une expérience en cours* : vous parlez à quelqu'un qui vous écoute, assis devant vous.
- *Vous pouvez décider d'apprendre rapidement ou lentement* : cette *double contrainte* indique aux membres du public qu'ils n'ont pas le choix de ce qu'ils vont apprendre ; la seule latitude dont ils semblent disposer est le choix du rythme de leur apprentissage.
- Cet énoncé illustre également le présupposé selon lequel l'auditeur va apprendre quelque chose.
- Les étudiants vont *tous entendre ce qui sera dit pendant ce cours* : *tous* et *tout* sont des *quantifieurs universels*, qui relèvent de la généralisation d'un nom, sans spécifier précisément le nom auquel ces mots se rattachent.

Il est impressionnant de penser aux bénéfices que vous pourrez retirer de l'ensemble de cet apprentissage… : cette *affirmation d'origine inconnue* implique qu'il est formidable d'apprendre, sans que la personne qui porte ce jugement soit identifiée.

- Demander aux étudiants de penser à *ce qu'ils pourraient retirer de leur apprentissage* fait appel à un *opérateur modal de possibilité.*
- Le verbe *apprendre* a été transformé en nom, en chose : *l'apprentissage* (nominalisation).
- Pour finir, *l'ensemble de* est un autre *quantifieur universel.*

Voici maintenant une phrase que pourra employer un chef de produit pour s'adresser à un membre de son équipe qui s'apprête à donner une présentation importante :

> J'ai entendu plein de bonnes choses à ton sujet et c'est très bien, alors même si tu as le trac, tu as quand même confiance et tu es détendue, car tu peux anticiper les effets de ta présentation en ressentant le plaisir d'avoir réalisé une brillante prestation.

L'énoncé du manager se décompose ainsi :

- Il ne révèle pas qui est à l'origine des informations positives qui lui sont revenues, mais fait pencher l'énoncé vers le positif en utilisant une *affirmation d'origine inconnue.*
- Son énoncé comporte des exemples de divination : *alors même si tu as le trac, tu as quand même confiance et tu es détendue* et *tu peux anticiper les effets de ta présentation.*
- La présupposition ou la supposition basée sur la qualité de la présentation termine son discours d'encouragement.

À vous maintenant d'utiliser l'Exercice 15-9 pour générer un message émaillé des structures linguistiques du modèle de Milton, que vous pourrez servir à votre auditoire en transe. Par exemple, vous choisirez peut-être de faire passer votre message dans le contexte d'une session de formation de PNL ou de coaching.

Exercice 15-9 : Panacher à volonté les structures linguistiques du modèle de Milton

Le contexte de mon message :

Le message que je veux faire passer :

Ce que je vais dire :

Nous vous avons donné dans ce chapitre un volume d'informations considérable, dont certaines peuvent paraître quelque peu intimidantes. Nous vous rappelons qu'il est essentiel d'appréhender les choses progressivement ; avant de passer à l'action, prenez de petites bouchées permettant d'être bien digérées. À vous de décider si vous voulez attendre encore ou commencer dès maintenant à vous amuser à intégrer les structures de langage du modèle de Milton dans votre discours du quotidien, naturellement et sans effort.

Chapitre 16

La magie des histoires

Dans ce chapitre :

- Voir l'histoire de votre vie
- Composer des histoires
- Raconter vos histoires
- Trouver l'histoire de vos origines

Peut-être considérez-vous l'histoire racontée au coucher comme la dernière tâche de la journée – un conte du Père Castor de plus avant d'embrasser vos enfants pour la nuit. Ou alors, vous êtes le boute-en-train de service et tenez vos amis en haleine avec les détails de vos anecdotes hilarantes. Mais n'avez-vous jamais pensé qu'en plus de leur caractère divertissant, les histoires que vous contez puissent avoir une utilité pratique ? Raconter des histoires est un moyen de communiquer vos valeurs, de transmettre votre sagesse et cela peut vous aider à envisager plusieurs solutions, prendre des décisions et atteindre vos résultats bien formulés (voir le Chapitre 3 pour plus d'informations sur les *résultats bien formulés*).

Raconter des histoires constitue l'un des outils que la PNL utilise pour mettre en œuvre le rapport. Compte tenu de vos connaissances et de votre expérience de la vie, vous possédez une capacité naturelle à raconter des histoires. Par conséquent, chaque fois que vous entendez une histoire, vous découvrez de nouvelles choses qui enrichissent et ajoutent du sens à votre vie.

Nous aimons tous entendre et raconter les histoires. Vous faites appel à votre cerveau gauche pour traiter les mots et la séquence des événements, et votre cerveau droit pour l'imagination, la visualisation et la créativité. Dans ce chapitre, vous allez vous focaliser sur la création de vos propres histoires à partir de votre expérience personnelle.

Envisager votre vie sous la forme d'histoires à raconter

Une grande partie de vos activités journalières implique de raconter des histoires. Par exemple, lorsque vous décrivez à vos collègues un projet sur lequel vous travaillez, vous transmettez des informations et relatez vos actions. De même, lorsque vous parlez avec passion de votre passe-temps préféré, vous entrez en connexion avec un grand nombre de gens, qu'ils aient ou non les mêmes dispositions que vous. Représentez-vous vos récits comme la description de personnages et d'événements qui enchantera votre public, plutôt que de simplement essayer d'impressionner les autres.

Percevoir la structure des histoires

Réfléchissez un moment à une histoire qui a récemment retenu votre attention – une situation du quotidien, comme le récit d'un entretien d'embauche, une fête de famille, une victoire sportive ou une anecdote vécue par des amis lors de leur voyage à New York. Ou bien, peut-être avez-vous reçu ce matin un coup de fil d'un client se lamentant sur la médiocrité du service client de votre service commercial qui lui coûte pourtant très cher. Quels aspects de cette histoire la rendent particulièrement mémorable et digne d'intérêt ? S'agit-il d'un problème auquel les protagonistes ont dû faire face, et si oui, comment l'ont-ils résolu ? Avez-vous été intrigué par la description d'un lieu ou des acteurs de l'histoire ? Renseignez l'Exercice 16-1 en examinant les ingrédients qui composent l'histoire et la rendent intéressante.

Exercice 16-1 : Les ingrédients clés de mon récit du quotidien

L'histoire dans son ensemble – quel est son sujet ? Décrivez brièvement le scénario – la séquence des événements du début à la fin.	
Quelles émotions sont exprimées par le narrateur, ou suscitées en vous par le récit ? (Par exemple, la peur, la colère, la joie, la curiosité, la culpabilité, la satisfaction.)	
Quels personnages sont évoqués ou apparaissent dans l'histoire, et quel est leur rôle ?	
Quels problèmes l'histoire met-elle en scène (par exemple, un dilemme moral ou un challenge physique auquel sont confrontés les personnages) et quel est le dénouement de l'histoire, la résolution du problème ?	
Quels autres aspects de l'histoire la rendent intéressante à vos yeux ?	
Êtes-vous connecté avec l'histoire ? Que démontre-t-elle et quelle leçon en avez-vous tiré ?	

La décomposition de votre histoire en ingrédients clés vous permet de composer un récit qui retient l'attention de votre auditoire. Néanmoins, votre scénario peut ne pas être adapté à la présence de tous les ingrédients clés. Peut-être vaut-il mieux adapter quelques éléments seulement, en vous les appropriant et en mettant en exergue un ou deux détails afin d'illustrer un point particulier ?

Prenez l'habitude de vous approprier les histoires que vous entendez, de façon à les ressortir au moment opportun, un peu comme vous faites avec des photos.

Faire le récit de votre expérience

« Au secours, je n'ai aucun talent de conteur » aurez-vous peut-être envie d'objecter. Comme un auteur face à la page blanche, vous peinez à accoucher de votre talent naturel de narrateur. Pas de panique : la liste que vous allez trouver à l'Exercice 16-2 vous offre des idées de sujets dans lesquelles piocher si vous êtes en panne d'inspiration pour élaborer des histoires engageantes.

Ce sont vos expériences vécues qui constituent votre réserve d'ingrédients de base destinés à vos histoires. Lorsque vous puisez dans votre expérience pour bâtir le sujet d'une de vos histoires, vous pouvez adapter votre discours en jouant sur le métamodèle et le modèle de Milton, outils que nous avons développés aux Chapitres 14 et 15, de façon à alterner entre le récit spécifique et plus général. En vous inspirant de l'Exercice 16-2, choisissez plusieurs sujets dont vous allez entretenir un ami pendant quelques minutes. Mais en guise d'échauffement, vous devez commencer par consulter la liste dans son ensemble, en cochant les sujets qui vous semblent les plus accrocheurs.

Exercice 16-2 : Mes expériences vécues, matériau potentiel de mes histoires

J'ai vécu les expériences suivantes :

- ❑ Vivre avec un compagnon, un conjoint, un parent, un frère ou une sœur
- ❑ Faire un voyage en train
- ❑ Être choqué par quelque chose
- ❑ Partir à la mer ou à la montagne
- ❑ Prendre un repas dans un café ou un restaurant
- ❑ Les aléas du service clientèle
- ❑ Faire des choix financiers
- ❑ Organiser une fête
- ❑ Merveilleux souvenirs
- ❑ Être mécontent d'une coupe de cheveux
- ❑ Faire un job qui sort de l'ordinaire
- ❑ Apprécier une activité de loisirs
- ❑ Entendre une anecdote intéressante
- ❑ Souvenirs d'école ou d'université
- ❑ Rencontrer un personnage étrange ou excentrique
- ❑ Jouer au tennis/au golf/au football/au rugby ou tout autre sport
- ❑ Recevoir des cadeaux décevants
- ❑ Monter à bicyclette
- ❑ Se trouver sur le lieu d'un crime
- ❑ Regarder une émission de télévision
- ❑ Pâtir de retards imprévus
- ❑ Se rendre dans un supermarché
- ❑ Se faire réveiller la nuit
- ❑ Avoir envie de parler

La passion est un ingrédient essentiel du récit. Revoyez donc chaque sujet que vous avez retenu et identifiez les expériences qui ont eu sur vous un fort impact. Par exemple, avez-vous déjà organisé une fête qui était l'occasion de rassembler tous vos amis et vos proches ? Ou une promenade à vélo s'est-elle soldée par une chute douloureuse ?

En travaillant sur la base des sujets cochés à l'Exercice 16-2, consignez à l'Exercice 16-3 les moments où votre réaction émotionnelle a été à son apogée. Notez les bons moments. Choisissez un événement qui vous a transporté, qui a boosté votre optimisme, grâce auquel tout allait pour le mieux dans le meilleur des mondes. Par exemple, la fête organisée pour l'anniversaire de votre conjoint. Son seul souvenir suffit à faire naître un sourire sur vos lèvres. Notez également les mauvais souvenirs. Identifiez un moment où vous n'alliez vraiment pas bien parce que tout allait à vau-l'eau et vous étiez le pessimisme incarné. Vous étiez en proie à la détresse, la colère ou la peine. Par exemple, vous frémissez en vous rappelant la chanson que vous avez entonnée lors d'une soirée de Noël où vous aviez bu beaucoup plus que de raison. Choisissez un éventail d'expériences diverses qui vous ont laissé un souvenir vivace et provoqué en vous une réaction notable.

Exercice 16-3 : Mes expériences clés exploitables pour mon récit

Événements positifs	*Événements négatifs*

Les souvenirs positifs et négatifs qui ont provoqué chez vous des émotions fortes vous renvoient à des problèmes ou des situations qui suscitent en vous de la passion. Ces moments peuvent constituer la base des récits bâtis à partir de vos expériences vécues, qui vous permettent d'établir une connexion avec votre auditoire.

Écrire votre histoire

Lorsque Kate coache des auteurs en devenir lors de ses ateliers d'écriture « Passion to Publication », elle programme un minuteur et engage ses clients à rédiger pendant exactement sept minutes. Alors à vous de jouer. Vous pouvez vous lancer en réalisant l'Exercice 16-4 ou rédiger votre récit sur une feuille séparée.

Cet exercice de sept minutes vous permet de coucher sur le papier tout ce qui vous vient à l'esprit sans juger la qualité de votre écriture ni affiner ce que vous avez écrit. Imaginez-vous en train de raconter à un ami l'une de vos expériences les pires ou les plus agréables, issues de l'Exercice 16-3. Saisissez votre stylo et écrivez sans vous arrêter, en laissant les mots surgir pendant sept minutes. Lorsque le minuteur sonne, posez votre stylo.

TRUC

Pour le moment, ne vous donnez pas la peine de situer l'histoire dans le futur. Si vous ne connaissez pas encore la chute de l'histoire, soyez sans inquiétude. Contentez-vous de vous concentrer sur l'écriture de votre récit ; vous trouverez plus tard le moyen d'intégrer ce que vous avez écrit à une conversation ou une session de narration plus formelle.

Exercice 16-4 : Mon histoire de sept minutes

Félicitations, vous êtes maintenant face à l'ébauche de votre récit, écrite dans un élan du cœur. Lorsque vous vous sentez prêt à affiner votre histoire et à la raconter de nouveau, sous forme écrite ou orale, vous pouvez appliquer la formule présentée ci-dessous pour lui donner de la spontanéité.

Appliquer la formule pour créer des histoires

Voici une liste de critères testés et approuvés, à inclure dans vos histoires afin de captiver vos lecteurs. Demandez-vous s'ils sont présents dans votre histoire :

- **Se connecter avec l'émotionnel.** Les émotions exprimées dans votre récit doivent être contagieuses. Donnez à votre public la possibilité de ressentir celles que suscite en vous cette histoire.
- **Mettre en scène différents personnages.** Conter votre histoire en faisant intervenir une palette de personnages accroît son intérêt et lui donne vie.
- **Élaborer un scénario.** Votre histoire s'articule-t-elle autour d'un commencement, d'un développement et d'une fin ?
- **Poser les problèmes et offrir des solutions.** Introduisez un problème ou un challenge auxquels sont confrontés vos personnages, et informez votre public de la façon dont vous allez résoudre le problème.
- **Inclure des détails.** Donnez des détails intéressants sans ennuyer votre auditoire avec des descriptions interminables.

- **Permettre à vos lecteurs ou votre auditoire d'établir des connexions.** Nous avons naturellement tendance à établir nos propres connexions, sur la base de nos expériences personnelle – inutile, donc, de préciser pour les autres les connexions vers lesquelles doit pointer votre récit.

Avant d'exploiter les points de cette liste, prenez le temps de relire tranquillement l'histoire du grand conteur Charlie Badenhop, en gardant à l'esprit que la PNL se base sur la modélisation de l'excellence. Au fil de la lecture du récit de Charlie, remarquez comme il s'en tient naturellement aux ingrédients de la formule, sans même en avoir pris conscience avant d'entamer la rédaction de son récit.

L'autohypnose et l'esprit humain

Depuis des années, il semble que les histoires qui mettent en scène la grand-mère de mon ex-femme touchent vraiment le cœur des gens. J'espère que ce que j'écris aujourd'hui vous aidera à garder la foi en votre capacité à persévérer dans les situations difficiles.

La capacité de grand-mère à entrer dans un état de transe hypnotique autosuggérée lui a sauvé la vie pendant la Seconde Guerre mondiale. Cette même capacité, mise en œuvre lorsqu'elle contait des histoires, en faisait une merveilleuse conteuse.

Un soir, j'ai demandé à grand-mère comment s'était passée la Seconde Guerre mondiale pour elle. Voici ce qu'elle a répondu :

« Une grande partie de la ville de Tokyo avait été détruite par les bombardements américains pendant la dernière partie de la guerre. C'était très dangereux, car il y avait des incendies toutes les nuits et les feux se propageaient très rapidement.

« Il était tragique de perdre à la fois sa maison et l'ensemble de ses biens en l'espace de quelques minutes. Mais plus tragique encore étaient les hurlements de douleur des gens prisonniers des incendies, sans moyen d'échapper au brasier.

« L'endroit le plus sûr où se réfugier pendant les bombardements était un temple de quartier. Avec seulement deux bâtiments sur un grand domaine, il n'était pas pris pour cible par les pilotes qui lâchaient les bombes. Mais surtout, il y avait sur ce terrain un lac. En restant immergé jusqu'au menton, vous parveniez à rester à l'abri des flammèches provenant des bâtiments en bois qui étaient en feu alentour.

« Se rendre au lac chaque nuit demandait un effort certain, dit-elle. L'hiver était arrivé, et l'eau était aussi froide que l'air. Certaines personnes n'avaient pas le courage de rester dans l'eau jusqu'au départ des bombardiers. Mais la survie était plus importante que le confort, alors sortir trop tôt du lac n'était simplement pas une possibilité envisageable pour moi.

« La solution que j'avais trouvée, expliqua-t-elle, était de porter plusieurs épaisseurs de vêtements pour préserver la température de mon corps. Une fois arrivée au lac, je m'immergeais jusqu'au menton, d'un coup. Il était très important de ne pas faire durer le supplice.

« Ensuite, continua-t-elle, je cherchais du regard l'incendie le plus violent à l'entour, et supposais qu'il s'agissait d'un de ces grands feux de camp qu'on bâtit en été pendant les festivités. Je m'imaginais m'approchant un peu trop du feu, et ayant ensuite besoin de me tremper dans le lac pour me rafraîchir. Ensuite, je regardais les étincelles qui volaient en tous sens et j'imaginais qu'elles étaient en fait les fameux feux d'artifice que l'on tire à Tokyo l'été. En me souvenant de la sensation provoquée par la chaleur à cette époque de l'année, la fraîcheur du lac me faisait du bien. »

À ce moment, elle cessa de parler et nos regards se croisèrent avant de se perdre au loin.

« Le premier janvier, depuis quelques années, tu viens prier avec nous au temple de notre ancien quartier. Maintenant tu connais l'histoire du temple auquel nous nous rendons toujours en dernier. Lorsque je suis là-bas, je formule toujours des remerciements pour avoir été épargnée, et je prie pour les âmes de ceux qui nous ont quittés durant les bombardements, en demandant que la douleur soit effacée de leur âme.

« Maintenant, dit-elle, la boucle est bouclée. Tu es américain, et tu as épousé ma petite-fille. Je prie que cela signifie que les souffrances de la Seconde Guerre mondiale ont été transformées en amitié et en amour.

« Du fait de la guerre, le Japon a énormément changé, poursuivit-elle. Toute cette douleur était peut-être nécessaire pour amener de tels changements. »

Nous sommes tous deux restés assis là, sans rien dire, pendant une minute environ. La puissance de son récit, conté avec une douceur si formidablement intense, nous avait mis tous deux dans un délicieux état d'autohypnose. Il nous a fallu un court moment pour revenir au présent et retrouver le confort de son salon. La puissance des histoires leur confère souvent cette sorte de magie.

(Reproduit avec l'autorisation de Charlie Badenhop, fondateur du seishindo, instructeur d'aïkido, formateur en PNL et hypnothérapeute ericksonien. Pour lire d'autres histoires de Charlie, rendez-vous sur le site www.seishindo.org/newsletter.html.)

L'Exercice 16-5 illustre les grandes lignes d'une histoire créée par Gordon pour servir de support à sa prochaine réunion de travail. Il s'agit d'un exposé magistral sur les facteurs qui motivent réellement les gens au travail.

Exercice 16-5 : Élaboration de l'histoire de Gordon

Se connecter avec l'émotionnel : Quelles émotions voulez-vous exprimer ou susciter chez votre public ?	*Je veux que chaque personne présente se pose des questions fondamentales sur sa motivation professionnelle personnelle.*
Mettre en scène différents personnages : Qui sont les acteurs de l'histoire ?	*Les ouvriers de l'usine qui ont fait l'objet des expériences de Hawthorne dans les années 1920 et les chercheurs de la Harvard Business School.*
Élaborer un scénario : Quel est le scénario – que se passe-t-il du début à la fin ?	*Une équipe de chercheurs s'est mise à travailler sur les facteurs physiques et environnementaux qui affectaient la productivité des ouvriers de l'usine Hawthorne, près de Chicago. L'expérience, qui s'est déroulée sur cinq ans, a ensuite étudié les aspects psychologiques qui étaient en jeu et à l'œuvre. Ces travaux ont eu un effet durable sur les théories du management, et font encore référence, quatre-vingts ans plus tard.*
Soulever un problème et proposer une solution : Quel est le problème et comment est-il résolu ?	*Le problème est la façon d'améliorer les performances au travail et la réponse est qu'il ne se limite pas exclusivement à la sélection d'un personnel qualifié. Les chercheurs se sont mis à considérer le lieu de travail comme une structure sociale et les études se sont attachées à examiner les relations entre les gens et la façon dont le groupe a fini par se structurer selon certaines normes affinitaires.*
Inclure des détails : Quels autres aspects ou détails rendent l'histoire intéressante pour l'auditoire ?	*Le changement des ampoules électriques. Les chercheurs se sont aperçus que les ouvriers réagissaient mieux lorsque la luminosité ambiante était plus importante. Cependant, ils étaient également motivés lorsque l'intensité lumineuse diminuait de nouveau. L'effet Hawthorne est généralement cité en référence à la manière dont les individus réagissent en réaction à la motivation affichée par le reste du groupe.*
Permettez au lecteur d'établir les connexions : Quelles associations souhaitez-vous que fasse votre public ?	*Quelle leçon aimeriez-vous que votre auditoire tire de l'expérience ? Qu'il note que le simple fait de porter de l'intérêt aux autres peut constituer une motivation en soi, et que ce qui motive les gens va au-delà de la récompense pécuniaire.*

L'Exercice 16-6 contient un tableau que vous allez pouvoir utiliser pour concevoir le scénario de votre récit. Vous disposez ici d'une alternative : soit continuer sur la base de ce que vous avez commencé aux Exercices 16-3 et 16-4, soit repartir d'un nouveau sujet. Une fois l'exercice terminé, vous aurez en main un scénario qui vous servira de support pour relater assez naturellement votre histoire.

À cet instant, vous pouvez n'avoir aucune idée des circonstances dans lesquelles vous aimeriez conter votre histoire. Pas de problème. Le simple fait de coucher vos idées sur le papier signifie que votre inconscient va travailler d'arrache-pied en tâche de fond pour que votre histoire soit prête à être utilisée à un moment donné, qui reste à définir.

Exercice 16-6 : Élaboration de mon histoire

Se connecter avec l'émotionnel : Quelles émotions voulez-vous exprimer ou susciter chez votre public ?	
Présentation des différents personnages : Qui sont les acteurs de l'histoire ?	
Élaborer un scénario : Quel est le scénario – que se passe-t-il du début à la fin ?	
Soulever un problème et proposer une solution : Quel est le problème et comment est-il résolu ?	
Inclure des détails : Quels autres aspects ou détails rendent l'histoire intéressante pour l'auditoire ?	
Permettez au lecteur d'établir les connexions : Quelles associations souhaitez-vous que fasse votre public ? Quelle leçon aimeriez-vous que votre auditoire tire de l'expérience ?	

À l'Exercice 16-7, réfléchissez à ce que votre travail de l'Exercice 16-6 révèle sur vos talents de conteur. Envisagez différentes façons de bâtir le scénario de votre histoire.

Exercice 16-7 : Réflexions sur le scénario de mon histoire

Qui pourrait être intéressé par mon histoire ?	

Exercice 16-7 : Réflexions sur le scénario de mon histoire *(suite)*	
Sur quels amis et membres de ma famille pourrais-je m'entraîner à la relater ?	
Ai-je prévu à court terme des occasions – réunion ou sortie – qui pourraient me fournir une opportunité de raconter mon histoire ?	
Mon histoire est-elle plus adaptée à un récit oral ou écrit ?	

Développer vos talents de conteur

TRUC

En dépit de votre vie bien remplie, trouvez le temps d'instaurer des habitudes nouvelles et d'étoffer vos talents de conteur. Voici quelques suggestions à cet effet :

- Offrez-vous un très joli cahier dans lequel vous aurez plaisir à écrire. Chaque fois qu'une idée nouvelle pointe le bout de son nez, consacrez sept minutes à saisir l'essence de l'histoire puis, dans un second temps, à l'affiner à l'aide des six points minutes de la formule indiquée à la rubrique « Écrire votre histoire » plus haut dans ce chapitre.
- Trouvez un lieu et un créneau horaire qui vous conviennent pour écrire dans le plus grand confort possible – il peut s'agir d'un coin de votre jardin ou d'un café que vous affectionnez particulièrement. Définissez une plage horaire fixe dans la journée, ou un jour donné de la semaine, pour vous consacrer à l'écriture.
- Collectez des histoires lues ou entendues de votre entourage. Dressez une liste de ces histoires, en notant le lieu et le moment où vous les avez entendues. Conservez ces données sur votre PC ou tout autre support de votre choix. Vous pouvez aussi adapter une histoire en changeant les noms des protagonistes et autres détails, afin de vous l'approprier.
- Veillez à partager vos histoires avec d'autres. Les histoires sont faites pour être racontées ! Décidez quelles circonstances se prêtent au récit. Allez-vous envoyer vos histoires par courrier postal ou électronique ? Allez-vous les relater à vos amis ou à vos collègues de travail ?
- Lorsque vous éprouvez des difficultés à atteindre vos objectifs professionnels ou à réaliser vos projets de vie, interrogez-vous sur le fait que vous tenez peut-être là une histoire dont vous pouvez tirer une leçon. Reprenez l'histoire et relisez-la pour mettre à jour les connexions.
- Lorsqu'un de vos amis vous demande conseil, illustrez la situation en évoquant une histoire. Un récit peut constituer un puissant moyen de résoudre un problème, préférable à un conseil, qui sera rarement suivi.
- Cultivez l'art d'utiliser votre voix et votre langage corporel à bon escient pour mettre vos talents de conteur face à des groupes. Prenez des cours de diction ou suivez une formation pour intervenir en public si vous souhaitez donner à vos prestations une approche plus professionnelle.

Construire votre propre histoire

En qualité de coach de PNL, Kate est passionnée par le travail permettant à ses clients, collègues et amis d'étoffer leur confiance en soi dans leur vie privée et professionnelle. Lors de la formation initiale de Kate à la PNL, le résultat bien formulé qu'elle a défini pour elle-même était d'accroître son degré d'assurance ainsi que celui des autres (pour plus d'infos sur les *résultats bien formulés*, voir le Chapitre 3). C'est ce qui a permis à Kate, quelques années plus tard, d'être coauteur de *La Confiance en soi pour les Nuls, animatrice d'ateliers et créatrice de* `www.yourmostconfidentself.com`, *un site Internet proposant un certain nombre de ressources dans lesquelles vous pouvez puiser à loisir pour booster votre confiance en soi.* Les histoires de Kate sont le reflet des challenges qu'elle a rencontrés dans la vraie vie.

Au long de ce livre, vous travaillez sur les résultats qui sont importants dans votre vie, et focalisez votre énergie sur l'obtention de ce que vous voulez. Considérez l'espace d'un instant la source de vos informations, votre histoire originelle, la partie de votre vie qui a le plus influencé votre force de pensée, qui a fait de vous ce que vous êtes aujourd'hui, le récit personnel dont vous aimeriez vraiment faire la narration.

- Quelle est l'histoire qui déchaîne votre passion, le récit qui raconte ce que vous êtes vraiment et ce qui compte réellement pour vous ? Par exemple, un souci de santé vous a laissé déterminé à tourner la page et à prendre soin de vous-même ? La maltraitance animale a suscité chez vous une telle colère que vous avez décidé d'élever un sanctuaire pour nos amies les bêtes ? Quel a été le déclencheur qui vous a ému et a donné vie à votre histoire ?
- Quel héritage voulez-vous laisser derrière vous ? Comment envisagez-vous de créer une différence dans ce monde ? Du fait, par exemple, de votre enfance heureuse, souhaitez-vous vous assurer que d'autres enfants bénéficient de la même chance ? Parce que vous êtes doué pour la menuiserie, avez-vous décidé de laisser à vos petits-enfants de magnifiques jouets de bois ?
- Quelles sont, au sens large, les valeurs auxquelles vous croyez, bien au-delà des aspirations intimes et personnelles ?

Ayez recours à l'Exercice 16-8 pour mettre par écrit l'histoire qui a donné vie à votre passion. Aucune importance si elle n'atteint jamais le grand public, ou si elle reste consignée dans votre journal très intime. Allez-y, écrivez-la tout de même et le moment venu, vous pourrez l'étoffer à l'aide des conseils que vous allez trouver à l'Exercice 16-8. Qui sait, peut-être servira-t-elle un jour de base à un livre, un débat public, ou une conversation en tête à tête.

Exercice 16-8 : Mon histoire originelle

TRUC

Afin de maintenir votre public en haleine, veillez à ce que votre narration contienne les éléments suivants :

- **Des personnages :** Incluez des gens ou des animaux capables d'actions. Rendez-les mémorables.
- **Des scènes :** Imaginez chaque scène de votre histoire comme si elle se déroulait sur un plateau de tournage. Où l'action se situe-t-elle ? Qui y prend part ? À quoi ressemble le décor ?
- **Des détails :** Incluez quelques détails subtils qui riveront votre auditoire au récit, sans forcer sur les descriptions.
- **De l'action :** Racontez l'histoire par le biais des actions des personnages plutôt qu'au travers de descriptions des individus présents dans l'histoire. Par exemple, vous pouvez mettre en scène un flash-back basé sur le regard que porte sur sa vie le personnage principal.
- **Une séquence/intrigue :** Que se passe-t-il d'abord, puis ensuite, et encore après ? Dès lors que vous possédez la séquence du déroulement de l'histoire, vous pouvez choisir de raconter celle-ci dans le désordre afin de générer plus de tension ou d'intérêt.
- **Des dialogues :** Pour révéler l'histoire, les dialogues créent plus d'effet que les descriptions – en particulier à l'écrit.

TRUC

Dernier conseil : avant de vous lancer dans le récit de votre histoire, assurez-vous que votre public est réceptif. Si les trois coups de votre « Il était une fois » retentissent alors que personne n'écoute, votre auditoire ne saura jamais qui a fini par être très heureux et avoir beaucoup d'enfants…

Cinquième partie

La partie des Dix

« Oh, je comprends parfaitement. Disons simplement que j'ai décidé d'ignorer les mots que tu n'utilises pas. »

Dans cette partie...

Dans la tradition des « Nuls », voici la source de référence où vous trouverez des informations ainsi que des idées pratiques ayant prouvé leur efficacité, pour intégrer de façon viable la PNL à votre quotidien. Vous y trouverez des astuces pour continuer à vous former et à pratiquer, ainsi que des suggestions vous permettant, dans votre contexte professionnel, d'insuffler à la PNL une puissance industrielle. Amusez-vous bien.

Chapitre 17

Dix façons d'implanter la PNL sur votre lieu de travail

Dans ce chapitre :

- Bâtir vos compétences en PNL dans votre contexte professionnel
- Régler plus rapidement les problèmes difficiles

En qualité de thérapie qui a fait ses preuves, la PNL aide les individus à mieux vivre et à instaurer des relations humaines de qualité. Vous ne serez donc pas surpris d'apprendre que, depuis plus de trente ans, la PNL donne également d'excellents résultats dans le monde de l'entreprise. Nous allons vous montrer dans ce chapitre comment minutieusement appliquer les outils de PNL à votre entreprise ou votre lieu de travail.

Au fil du chapitre, réfléchissez aux domaines professionnels auxquels pourrait s'appliquer un concept ou une technique pratique de PNL. Par exemple, si vous faites partie de l'équipe dirigeante, encadrez ou supervisez une équipe, et que vous avez besoin de la totale coopération de vos employés et collaborateurs pour que les choses se fassent, posez-vous les questions suivantes : « Comment puis-je établir le rapport avec mes collègues ? », « Comment mes collaborateurs reçoivent-ils les informations – en tant qu'images visuelles, présentations ou rapports écrits ? », « Quels sont nos objectifs communs ? », « Comment puis-je avoir une approche souple tout en obtenant les résultats que je veux ? ».

Définir une « business strategy »

Que vous soyez en train de créer une nouvelle affaire ou que vous repreniez une société existante, la PNL peut vous aider à clarifier votre paysage de façon à savoir où vous êtes, où vous allez, et définir le meilleur moyen d'y arriver.

La PNL désigne les objectifs par le terme *résultats*. Le modèle de PNL du *résultat bien formulé* est l'outil de base pour fixer des objectifs SMART. Retournez au Chapitre 3 et appliquez-en les principes pour vous rafraîchir la mémoire sur le processus de mise en place des résultats bien formulés. Ceux-ci vous permettent d'atteindre vos objectifs dans tous les domaines de votre activité professionnelle. Voici un rappel des sept étapes clés à suivre :

1. Énoncez votre résultat de façon positive : que souhaitez-vous accomplir ?
2. Quelle preuve aurez-vous que vous avez atteint votre résultat ? Comment saurez-vous de manière spécifique que vous êtes arrivé au résultat désiré ?
3. Votre résultat émane-t-il de votre initiative personnelle et mettez-vous en œuvre tous les moyens d'y parvenir ? Réussissez-vous à maîtriser votre stratégie ?
4. Avez-vous défini le contexte de votre résultat ? Identifiez les marchés et le public que vous visez.

5. Identifiez les ressources nécessaires : budget, personnel, équipement et locaux. Que vous faut-il en termes de temps, d'argent et d'énergie personnelle ?
6. Vérifiez l'écologie de votre résultat : « Qu'ai-je à perdre ? »
7. Définissez votre première mesure : planifiez l'action et engagez-vous à l'accomplir.

Puis, avec la théorie de la ligne de temps (traitée au Chapitre 13), vous pouvez visualiser l'accomplissement de vos objectifs stratégiques.

Balayer devant votre porte... : faire figure d'exemple

Le Mahatma Gandhi est l'auteur de la célèbre phrase : « Vous devez être le changement que vous voulez voir dans ce monde. » Dans le contexte, Gandhi faisait à l'époque référence aux droits de l'homme dont il était le chantre, mettant en exergue le fait que si l'on veut voir changer les choses, on se doit de montrer soi-même la voie. Appliquez le conseil de Gandhi à votre contexte professionnel : prenez la responsabilité du changement en donnant l'exemple. Certes, il peut être très tentant de se cacher derrière les autres et le système – en s'appuyant sur les raisonnements du type : « Je dois faire ça parce que tout le monde le fait », ou « Le système ne me permet pas de procéder différemment », ou encore « Aucun changement n'est possible, c'est comme ça ».

Si vous évoluez dans un environnement professionnel dans lequel les gens ont pris l'habitude de se rejeter les responsabilités dès que ça commence à sentir le roussi, saisissez l'occasion de prendre un peu de recul en vous demandant : « Ici, suis-je la cause ou l'effet ? » (Le Chapitre 2 explique comment identifier les situations dans lesquelles vous êtes en mode *cause* ou *effet*.) Par exemple, à votre bureau, le café est servi dans des gobelets en plastique qui saturent les poubelles. Ou vous êtes gêné de partir à l'heure alors que vos collègues restent tard le soir. Ou, pire, vous avez été témoin de transactions pas très nettes envers les clients de l'entreprise.

Vous pouvez instaurer le changement en prenant position, en commençant par réviser votre propre comportement. Prenez un instant pour réfléchir à vos valeurs propres, à ce qui vous importe vraiment. Si la santé est un critère essentiel pour vous, veillez à faire du sport durant la semaine. Lorsque vous faites honneur à vos valeurs personnelles et que vous vous y tenez, vous gagnez le respect de vos collaborateurs, et donnez aux autres l'occasion de suivre votre exemple.

Quand ça sent le roussi...

Pour faire tourner une affaire, il faut générer des résultats. Ce que veulent voir les actionnaires à la dernière ligne du bilan de l'année se résume en un mot : profit. C'est regrettable, mais réaliser de bonnes performances ne se résume pas à fréquenter assidûment la machine à café (sauf si vous êtes le barman du quartier !). Il est possible que vous viviez des périodes difficiles. Si les ventes sont en baisse, des emplois seront sur la sellette, parce que les salaires sont générés par le chiffre d'affaires. Si vous travaillez au service commercial, sachez que votre tête sera la première à tomber si vous n'atteignez pas vos objectifs, à la différence de vos collègues qui occupent des postes moins exposés. Lorsque la situation devient critique, les émotions négatives sous-jacentes comme la peur ou la colère peuvent faire surface et se traduire par des comportements indésirables. Vous avez déjà vu un commercial stressé perdre les pédales ?

La PNL peut vous aider à développer la résilience mentale nécessaire pour surmonter les moments difficiles. Apprendre comment ancrer votre état le plus favorable vous permet d'être celui qui rebondira le plus facilement si l'entreprise fait faillite. (Les ancres sont traitées au Chapitre 9.) Posséder une ancre vous permet de vous positionner dans le mode *effet* (pour revoir le mode *cause*, vous pouvez consulter le Chapitre 2). Vous réalisez que l'interlocutrice désagréable à l'autre bout du fil a ses raisons pour se comporter ainsi – elle est centrée sur ses propres besoins plutôt que sur les vôtres. Si vous portez votre casquette *Ventes* parce que vos attributions incluent le télémarketing, dites-vous que c'est votre job qui implique de jouer un rôle pour votre entreprise – vous *n'êtes pas* le rôle.

TRUC

Lorsque les choses se corsent, projetez-vous mentalement dans l'espace, et de là-haut, tout là-haut, au-dessus de votre ligne de temps, regardez votre bureau, et soyez assuré que ça ira mieux dans une semaine, un mois, ou un an.

Vous mettre dans la peau de vos collègues

Il est probable que votre lieu de travail soit le lieu où se retrouve une palette de personnages différents, sélectionnés pour jouer ensemble la même pièce. Même si vous n'êtes pas responsable du choix de vos collaborateurs, vous allez devoir établir une connexion cordiale avec vos partenaires si vous voulez garder ce poste. Le lieu de travail vous donne l'incroyable opportunité de côtoyer une population variée, dont chaque membre possède des centres d'intérêt, une éducation et des talents particuliers. Et cela sera d'autant plus le cas si vous travaillez au sein d'une équipe aux origines diverses.

À vous, donc, de faire preuve de curiosité pour découvrir ce qui fait vibrer vos collègues. (Au Chapitre 5, découvrez comment vous filtrez votre propre réflexion sur vous-même et les autres.) Imaginez ce qui se passerait si vous étiez dans la peau de vos collègues. Demandez-vous ce que vous pouvez apprendre d'eux et sur eux. Choisissez quelqu'un qui est très différent de vous, ou que vous admirez, ou une personne qui génère chez vous un sentiment de frustration. Examinez vos similitudes et vos différences. Sur quel point que vous souhaitez améliorer ce collègue peut-il vous conseiller ? Si vous êtes en conflit avec un collaborateur, est-ce parce qu'il vous renvoie à vos points faibles ? Peut-être prend-il volontiers du recul, alors que vous vous enlisez dans les points de détail. Peut-être est-il doué pour les rapports humains, alors que vous êtes introverti et que vous vous tenez à l'écart du changement.

Créer votre propre culture d'entreprise

Bon nombre d'entreprises affichent de formidables philosophies basées sur des valeurs pompeuses, mais où avez-vous vraiment votre place dans la culture d'une telle entreprise ? Êtes-vous salarié d'une société dont les murs sont ornés de posters prêchant la qualité du service à la clientèle, alors que les places de parking situées près de l'entrée du bâtiment sont réservées à la direction, et que les clients sont obligés de faire 500 mètres à pied pour rejoindre la réception ? Quid des managers qui se targuent d'humaniser les méthodes de gestion des ressources, mais insistent pour que vous fassiez régulièrement des nocturnes ? Ou que dire encore des employés qui exigent toujours plus de responsabilités, mais se défilent et font porter le chapeau aux autres dès qu'une occasion se présente ?

Prenez le temps de discuter ouvertement de votre mode de fonctionnement avec votre équipe. (Voir au Chapitre 11 les exercices portant sur les modèles de niveaux logiques qui vous aident à aligner vos comportements sur la culture que vous épousez.) Identifiez ce qui est important pour chacun de vos proches collaborateurs et les méthodes que vous voulez et pouvez mettre en œuvre pour travailler ensemble. Rédigez ensemble une charte et reportez-vous-y chaque mois pour vérifier comment vont les choses, ce que vous parvenez ou non à mettre en œuvre. Prenez constamment le recul nécessaire pour vérifier que vos méthodes de travail reflètent les valeurs que vous avez définies dans la charte ; si vos actions ne sont pas conformes à vos intentions, amendez-les.

Bâtir le rapport avec vos interlocuteurs

Dans le monde professionnel, le succès n'est pas toujours basé sur des compétences de gestionnaire, de comptable, de formateur ou de technicien. Les liens professionnels impliquent des gens, et c'est votre affaire de communiquer avec ces personnes, et de faire en sorte qu'elles communiquent avec vous. Si vous n'avez pas les compétences humaines pour établir une connexion efficace avec vos interlocuteurs, il est probable que votre carrière et votre activité se heurtent rapidement à un mur. La PNL vous guide dans la manière d'établir le rapport avec vos collègues et vos collaborateurs, au travers de la qualité de l'écoute qui vous permet de percevoir ce qui *les* intéresse et *leur* importe, plutôt que ce qui *vous* intéresse et *vous* importe. (Le Chapitre 7 vous livre de précieux conseils pour bâtir le rapport.)

Dans l'entreprise, l'efficacité n'est pas toujours liée à l'influence que l'on exerce sur les gens qui occupent les postes clés de l'organigramme. Par exemple, votre interlocuteur le plus précieux pourra être l'assistante personnelle, qui règne sur l'agenda du directeur, ou l'hôtesse qui attribue les places de parking au personnel. Le rapport n'est pas quelque chose que l'on active ou désactive selon l'importance qu'on attribue à ses interlocuteurs. Visez à établir un excellent rapport avec tous vos collègues, clients et collaborateurs.

À VOUS DE JOUER – À votre tour

Voici deux courtes questions à vous poser avant de commencer :

- Quelles sont les personnes avec lesquelles j'aimerais établir un meilleur rapport ?
- Que puis-je faire pour bâtir et maintenir le rapport dans mon activité professionnelle ?

Vous approprier votre plan de carrière

Avec les outils de PNL à portée de main, vous êtes en parfaite position pour prendre possession de votre trajectoire professionnelle et du développement de carrière de ceux qui travaillent pour vous. Y a-t-il dans votre entourage des collègues qui errent sans but, ou restent en poste simplement par peur du changement ? Un jour, quelqu'un prend la décision à leur place. L'entreprise est rachetée ou restructurée, et leur poste fait double emploi, ou les employés se retrouvent parachutés sur un nouveau projet ou dans une nouvelle organisation. Et le changement arrive malgré eux.

Le secret de la gestion active de votre plan de carrière est de préserver du temps dans votre planning, aussi chargé soit-il, pour prendre le recul nécessaire à l'examen objectif de votre carrière. Faites appel aux exercices du Chapitre 11 sur les modèles de niveaux logiques pour intégrer à votre perspective professionnelle une vision et un but. Le fait de pouvoir sortir un « plan B » de votre chapeau vous permet d'établir des priorités dans vos critères professionnels, et au moment où vous envisagez un changement et le passage à un nouvel environnement, de décider si vos moyens sont à la mesure de vos ambitions. La PNL vous encourage fermement à honorer vos valeurs et vos croyances afin que vos actions soient le reflet de votre identité réelle et qu'elles soient conformes aux buts que vous vous fixez dans un cadre professionnel choisi.

Éveiller vos sens

Lorsque vous vous trouvez face à vos référentiels VAK (Visuel, Auditif et Kinesthésique), une foule de nouvelles options de communication s'offre à vous. Dès lors que vous admettez que chacun de nous possède des préférences propres en matière de communication, vous êtes capable de caler votre élocution, votre style d'écriture et vos interventions sur ces préférences, afin de communiquer plus efficacement et d'établir plus rapidement le rapport avec vos collègues et clients. (Vous trouverez les référentiels VAK au Chapitre 6.)

Maintenant que vous commencez à maîtriser la PNL, prenez le temps d'écouter avec une attention accrue la manière dont s'expriment les autres, oralement ou dans leurs e-mails, en prenant également note du contenu qu'ils expriment. Soulignez les mots *visuels* comme voir, image, *vision et clarté* ; les mots *auditifs* comme *parler, entendre* et *écouter, les mots et les expressions kinesthésiques* traduisant des sensations ou des actions, comme *aimer, détester, s'ouvrir* et *faire avancer.* Veillez à ce que votre langage soit conforme aux référentiels de vos collègues, clients, ou même cette charmante jeune femme avec qui vous aimeriez tant sortir un soir ! Si vous faites une présentation, si vous écrivez un rapport, ou si vous répondez à un appel d'offres, vous ne connaîtrez pas nécessairement le référentiel de votre interlocuteur. Dans ce cas, prenez soin de couvrir l'ensemble des trois systèmes VAK, de sorte que vous serez préparé à établir une connexion rapide avec celle, celui ou ceux à qui vous vous adressez.

Marketing et métaprogrammes

Pour ceux d'entre vous qui travaillent dans le marketing ou la vente, les métaprogrammes de PNL peuvent mettre à votre portée ces moments où vous vous dites « Tiens donc… » parce que vous venez de comprendre comment fonctionne votre client. Vous pouvez ainsi ajuster votre méthode de communication à son mode de pensée. (Consulter le Chapitre 8 pour plus d'infos sur les métaprogrammes.)

Être à l'écoute des métaprogrammes de vos clients vous permet de customiser vos contenus publicitaires, sites Web, propositions commerciales et présentations en conséquence.

Essayez donc d'appliquer les métaprogrammes à vos techniques de vente et voyez quels résultats vous obtenez. Comme dans toutes relations commerciales, il est payant d'écouter attentivement ce qui se dit, à la fois en termes de contenu et de forme – c'est-à-dire les structures linguistiques employées.

Identifier la différence qui fait toute la différence

La PNL vise à la modélisation de l'excellence, basée sur la croyance selon laquelle, si quelqu'un brille dans un domaine donné, cette excellence peut être calquée par d'autres individus. Si vous repérez des collègues, des clients et/ou des collaborateurs qui obtiennent le type de résultats auxquels vous souhaitez parvenir, entreprenez de modéliser leur comportement. (Le Chapitre 12 vous fournit toutes les infos nécessaires sur la modélisation.) Faites preuve d'une extrême curiosité à l'égard de la manière dont votre modèle pense et agit. Observez-le dans l'action et dans sa façon de parler, car il est possible qu'il n'ait pas conscience de ce qu'il fait, ou de la façon dont il le fait. Si vous aimeriez donner de l'efficacité à votre démarchage commercial mais que vous vivez mal le rejet, identifiez le meilleur vendeur de l'équipe, et passez du temps avec lui. Calquez votre comportement sur le sien et voyez si vous obtenez les mêmes résultats. Identifiez les motivations profondes de votre vendeur, ses valeurs fondamentales, les croyances qui orientent ses actions, et les justifications de ses actes. Isolez ces détails essentiels qui font la différence entre des résultats satisfaisants et des résultats remarquables.

Chapitre 18

(Plus ou moins) dix façons de maintenir à niveau vos compétences en PNL

Dans ce chapitre :

- Repousser vos limites
- Mettre la PNL en pratique dans votre vie de tous les jours

Ce chapitre traite exclusivement de la manière d'intégrer la PNL à votre quotidien au point d'en faire une composante essentielle, en visant des buts précis. Peu de temps après avoir découvert la PNL, vous réalisez que :

- On n'en sait jamais assez.
- C'est en forgeant qu'on devient forgeron.

La PNL peut changer votre vie, alors réfléchissez précisément à l'orientation que vous souhaitez donner à votre apprentissage. Ce chapitre vous suggère dix idées pour faire de votre expérience de la PNL un succès dans la durée.

Définir votre intention

Commencez par envisager une vision globale avant d'entrer dans le détail. Souhaitez-vous appliquer vos compétences de PNL à un domaine particulier de votre vie ? Par exemple, voulez-vous utiliser la PNL dans votre vie professionnelle, pour améliorer le rapport avec vos collègues, ou viser plus haut pour devenir le meilleur commercial de votre entreprise ? Peut-être voulez-vous rétablir la communication avec votre ado, qui ne s'adresse plus à vous que par des grognements ?

Pour exploiter la PNL dans une optique précise, vous devez commencer par définir votre intention et laisser votre inconscient baliser les opportunités vous permettant d'utiliser la PNL. Pour cela, faites le point sur vos compétences et le niveau de perfectionnement que vous souhaitez atteindre. Peut-être voulez-vous accéder au niveau d'expertise d'une personne de votre entourage dont vous admirez le talent. Ainsi, vous définissez votre intention de devenir aussi bon que cette personne, qui a déjà atteint le stade que vous vous fixez comme objectif. Vous pouvez placer la barre encore plus haut, en rêvant de devenir meilleur encore que votre modèle. Tenir un journal de PNL peut également aider votre esprit à rester focalisé sur votre intention d'acquérir des compétences en PNL. Le Chapitre 1 vous en dira plus sur la façon de définir votre intention.

Utilisez l'Exercice 18-1 pour brosser dans les grandes lignes votre projet : comment et quand envisagez-vous d'appliquer vos compétences de PNL. Ou peut-être aimeriez-vous dresser un planning détaillé basé sur un calendrier. Vous pouvez décider de suivre une formation. Vous pouvez mettre par écrit certains des sujets que vous avez découverts dans ce livre – par exemple les sous-modalités, les stratégies ou le rapport – et consacrer un mois à chacun d'eux. Selon le sujet choisi, vous pouvez vous documenter en lisant, en consultant Internet ou en écoutant des CD de PNL.

Exercice 18-1 : Mon projet pour mettre en application mes compétences de PNL

Tenir un journal de PNL

Il est essentiel de garder une trace de vos progrès ; c'est pourquoi nous vous invitons à tenir un journal de PNL. Commencez par les lacunes dont vous êtes conscient. Établissez un calendrier structurant l'étude des sujets de PNL qui vous intéressent. Puis, à l'heure du coucher, notez :

- Le sujet sur lequel vous allez travailler le lendemain.
- Si vous vous êtes tenu ou pas au planning d'aujourd'hui et les enseignements acquis au cours de la journée.
- Vos succès et vos échecs.
- Ce que vous aborderez différemment demain, à la lumière de vos échecs d'aujourd'hui.

Souvenez-vous que chaque expérience nouvelle contribue à votre apprentissage. Repensez à la présupposition de PNL selon laquelle « L'échec n'existe pas – il s'agit plutôt de feedback ». Utilisez le feedback pour promouvoir le changement. (Pour revoir les présuppositions de la PNL, référez-vous au chapitre 2.)

L'Exercice 18-2 vous permet de vous familiariser avec la pratique de la rédaction de votre journal. Nous vous donnons en guise de coup de pouce un exemple du type de rubriques à aborder.

Exercice 18-2 : Mon journal de PNL

Ma priorité	***Ce que j'espère accomplir***	***Amélioration à apporter***	***Ce que j'ai appris***
EXEMPLE : Je veux définir le référentiel de [nom du sujet] : Visuel, Auditif ou Kinesthésique.	Identifier le référentiel de mon interlocuteur doit devenir un automatisme.	Je m'aperçois que je ne parviens pas toujours à repérer les mots auditifs dans le discours de mes interlocuteurs.	Je dois maintenir le contact visuel avec mon interlocuteur, repérer les clés d'accès tout en écoutant les mots qu'il prononce.

Revenir aux basiques

Même les meilleurs praticiens de PNL doivent périodiquement revenir aux bases pour maintenir leurs compétences à jour. Cela implique de revoir les notes prises au début de votre apprentissage ou de relire des livres que vous n'avez pas ouverts depuis un moment, de décider éventuellement de donner la priorité à un domaine particulier, et d'appliquer les outils en écoutant la radio et en regardant la télévision d'une « nouvelle oreille ». Revoir des supports anciens avec du recul peut vous permettre de faire mûrir votre degré d'expertise. Au fur et à mesure que vous améliorez vos compétences sur le sujet, trouvez de nouveaux moyens d'exploiter les outils de PNL. Soyez proactif dans votre apprentissage et procédez par petites doses fréquentes. Capitalisez chaque jour sur ce que vous avez appris la veille.

À VOUS DE JOUER – À votre tour

Dans l'Exercice 18-3, nous vous demandons de choisir six sujets de PNL parmi tous ceux traités dans ce livre (pour vous aider à démarrer, nous vous suggérons le premier sujet), en estimant votre compréhension du sujet par l'attribution d'une note allant de 0 (pas compris du tout) à 5 (bonne compréhension), et en notant tout problème potentiellement lié au sujet choisi. Si vous comprenez parfaitement le sujet en question, décrivez la façon dont vous l'expliqueriez à un novice de la PNL.

Exercice 18-3 : Ma compréhension des concepts de PNL de ce livre

Sujet de PNL	***Note entre 0 et 5***	***Problèmes/Explication***
Exemple : Le métamodèle	2	Je ne retiens pas les modèles, et je confonds parfois le métamodèle avec les métaprogrammes.

Entretenir votre curiosité

Efforcez-vous activement de garder l'esprit ouvert aux idées nouvelles et de recevoir le point de vue de vos interlocuteurs. Voir les choses d'un autre angle peut s'avérer extraordinairement utile si, un jour, vous faites totalement fausse route tandis que vous interprétez le schéma de pensée de quelqu'un.

ANECDOTE

Jonah commençait à être soucieux du comportement extrêmement irascible de son patron, Keith. Jonah était convaincu qu'il allait se faire licencier, et son efficacité commença à en pâtir, ce qui ne fit que rendre Keith plus irritable encore. Les événements empiraient à vue d'œil jusqu'à ce que Jonah, décidant qu'il n'avait rien à perdre, prenne le taureau par les cornes et fît littéralement irruption dans le bureau de Keith en lui annonçant que leurs relations méritaient d'être améliorées, et demandant ce qu'il pouvait faire. Keith sembla tout à coup débarrassé d'un grand poids, et expliqua à Jonah qu'il était au milieu d'un divorce qui se passait mal.

La prochaine fois que vous êtes contrarié ou fâché contre vous-même ou un tiers, demandez-vous ce qui vous pousse à vous comporter ainsi.

Manier les outils de PNL

La PNL met à votre disposition une gamme d'outils puissants pour modifier votre mode de pensée et vos comportements. Il vous faut néanmoins utiliser ces outils avec sensibilité, pour votre bénéfice et celui des autres.

Lorsque vous rencontrez quelqu'un qui traverse une passe difficile, par exemple un divorce ou un licenciement, interrogez-vous sur le choix de l'outil de PNL le mieux adapté en fonction de la situation de votre interlocuteur. Si cette personne est accablée par ses malheurs, et seulement si elle est réceptive à la PNL, vous pouvez l'aider à modifier les sous-modalités de ses émotions afin de l'aider à repartir de l'avant (voir le Chapitre 10). Vous pouvez également travailler ensemble à la définition d'un résultat bien formulé (voir le Chapitre 3) afin qu'elle de lui permettre de décider quel job lui plairait vraiment.

Veillez à ce que la personne que vous souhaitez aider soit vraiment d'accord pour que vous l'aidiez, ou ait réellement besoin de votre aide. Évitez de partir en croisade à la première remarque légèrement négative d'une conversation anodine, car il n'y a rien de plus désagréable ou déroutant que de se faire assaillir par un fondamentaliste de la PNL !

Débusquer la PNL dans votre quotidien

Rien de tel pour rester conscient du potentiel de PNL des situations de tous les jours que de remercier les caractères « difficiles » qui croisent votre chemin. Que vous deveniez ou non ami avec cette personne, sachez que tout contact avec elle peut être source d'enseignements. L'examen des raisons pour lesquelles votre équilibre se trouve perturbé par quelqu'un fournit des indications précieuses sur votre propre processus de pensée. Comprendre le pourquoi du comment des actions de cet individu vous permet d'adapter votre comportement et de faire l'expérience de diverses techniques afin de développer une meilleure relation à cette personne. En fin de compte, la souplesse de votre comportement vous aide à acquérir la maîtrise de vos compétences en PNL et, qui sait, pourquoi pas à vous faire de nouveaux amis.

D'autres situations du quotidien, comme les moments où vous regardez la télévision ou écoutez la radio, représentent une fantastique opportunité d'affûter vos compétences en matière de PNL :

1. **Choisissez la technique de PNL que vous voulez mettre en pratique.**
2. **Pendant que vous regardez la télévision ou écoutez la radio, identifiez la façon dont l'orateur met en œuvre la technique que vous voulez utiliser.**

TRUC

Les hommes politiques sont de brillants sujets d'étude. Voyez si vous parvenez à déceler les maniérismes qui prouvent avec quelle parcimonie ils font usage de la vérité !

Regarder la télévision sans le son permet de s'entraîner au déchiffrage du langage corporel, la cerise sur le gâteau consistant bien sûr à apprendre à lire sur les lèvres !

Observer votre entourage est une activité amusante, qui recèle des trésors d'opportunités pour gagner vos galons d'expert en PNL. Vous pouvez également prêter attention aux mots et aux intonations de vos interlocuteurs, ou écouter les conversations alentour – si tant est que vous soyez indiscret au point d'être dénué de tout scrupule…

TRUC

Si vous voulez booster vos compétences en PNL au contact de nos amis à quatre pattes, les chiens et les chats, si réceptifs aux odeurs, aux sons et aux bruits, peuvent vous apprendre bon nombre de choses sur l'acuité sensorielle. (Le Chapitre 6 traite le sujet en détail.)

Débusquer vos habitudes

Les habitudes sont des actions du quotidien qui deviennent une seconde nature. Par exemple, terminer votre assiette alors que vous n'avez déjà plus faim, ou brandir sans réfléchir l'excuse de l'emploi du temps trop chargé qui vous dispense de voir un ami que vous cherchez à éviter. Une habitude est donc un comportement inconscient. C'est seulement en décidant consciemment de désactiver une habitude que vous pouvez décider de conserver ce comportement, ou de l'adapter pour le rendre plus efficace, avant de laisser l'inconscient reprendre la main. Ainsi, si vous estimez que les résultats que vous obtenez ne correspondent pas à vos attentes, décomposer votre comportement vous permettra de modifier votre habitude, et par là même, le résultat obtenu. Par exemple, si une assiette vide signifie trop manger, et par conséquent avoir une silhouette un peu enrobée, vous pouvez modifier cette habitude en utilisant une assiette plus petite, en vous servant moins généreusement, ou tout simplement en offrant vos restes au chien.

Décomposer votre communication

Lorsque vous faites passer une information, gardez à l'esprit les quatre points suivants :

- Qui est mon public ?
- Quel est le résultat que je veux atteindre ?
- Quel est le message que je veux faire passer ?
- Quel est le meilleur moyen de faire passer mon message ?

Sur la base de ces quatre points, vous pouvez concevoir le *story-board* (faites quelques ébauches de dessins) de ce que vous voulez dire ou accomplir pour chaque point, en encadrant les points par le langage et les techniques de PNL. Par exemple, vous pouvez prendre en compte les référentiels VAK (Visuel, Auditif, Kinesthésique), les métaprogrammes, le langage hypnotique, y compris le ton de la voix et les gestes – n'importe quel critère dont vous pensez qu'il aidera votre interlocuteur à saisir votre message. (Le Chapitre 6 présente les référentiels VAK et le Chapitre 8 les métaprogrammes.)

Vous pouvez vous entraîner aux techniques de communication de la PNL face à votre miroir. Dès que vous aurez cessé de penser que vous avez l'air idiot, vous percevrez peut-être le message qui vous indique que vous êtes un as de la communication.

Former les autres

Un moyen infaillible de cerner ce que vous savez, tout autant que ce que vous ne savez pas, est d'enseigner à votre tour. Le processus consistant à prévoir ce que vous souhaitez exprimer en l'énonçant à voix haute implique la conscience, et peut vous conforter dans l'impression que votre apprentissage de la PNL est en bonne voie. Il vous suffit de prétendre que votre unique but dans la vie est de partager avec un public fasciné vos connaissances en matière de PNL. Alors parlez à vos amis et collègues, et faites circuler la sagesse PNLienne dont vous êtes le détenteur.

Sélectionner un modèle d'excellence

Si vous voulez connaître le succès dans un domaine donné, trouvez un exemple à suivre en la personne de quelqu'un à qui le sujet a offert la gloire et la fortune. Souvenez-vous toutefois que réussite ne rime pas nécessairement avec argent. Choisissez l'individu qui incarne les plus grandes qualités dont vous puissiez rêver. (Le chapitre 11 vous permet d'identifier les caractéristiques auxquelles vous aspirez chez votre modèle.)

TRUC

Vous pouvez en apprendre plus long sur ce personnage, qu'il soit ou non encore de ce monde, en lisant sa biographie ou des articles de presse, en l'écoutant à la radio ou sur CD, ou en le regardant à la télévision.

Participer à un groupe de travail

Vous est-il déjà arrivé de vous inscrire à un cours quelconque, et d'abandonner rapidement parce que vous aviez le sentiment qu'étudier seul dans son coin requiert trop d'effort ? Et nous vous offrons la réponse à votre problème : participer à des sessions de travail de groupe. Il vous suffit pour cela de vous documenter sur Internet afin de localiser les groupes de PNL les plus proches de chez vous.

Et puis si vous n'arrivez pas à localiser des rencontres de PNL dans votre région, libre à vous d'en démarrer une. Le cadre peut être aussi souple que vous le souhaitez. Vous pouvez inviter des intervenants, moyennant une souscription éventuelle des membres du groupe, ou vous pouvez demander à l'un des adhérents de préparer une présentation sur un sujet donné, en faisant suivre son intervention d'une discussion. Travailler en groupe fournit une formidable opportunité de mettre en pratique vos compétences d'orateur dans un environnement familier, tout en rassurant les autres membres du groupe sur leur courbe d'apprentissage de la PNL.

Index

Disponibles dans la collection « Pour les Nuls »

Culture générale

Histoire

Titre	*Auteur*	*Prix*	*ISBN*
La Culture générale, 2e édition	Florence Braunstein, Jean-François Pépin	22,90 €	978-2-7540-1628-5
La Culture générale illustrée, 2e édition	Florence Braunstein, Jean-François Pépin	29,90 €	978-2-7540-1275-1
La Révolution française	Alain-Jacques Czouz-Tornare	22,90 €	978-2-7540-0811-2
Les Années 60	Stéphane Benhamou	22,90 €	978-2-7540-0610-1
La Mythologie illustrée	Collectif	29,90 €	978-2-7540-0989-8
Les Grandes Civilisations	Florence Braunstein, Jean-François Pépin	22,90 €	978-2-7540-0605-7
La Première Guerre mondiale	Jean-Yves Le Naour	22,90 €	978-2-7540-0616-3
La Ve République	Nicolas Charbonneau, Laurent Guimier	24,90 €	978-2-7540-0620-0
Le Moyen Âge	Pierre Langevin	22,90 €	978-2-7540-0563-0
L'Histoire de la Suisse	Georges Andrey	22,90 €	978-2-7540-0489-3
Paris	Danielle Chadych, Dominique Leborgne	22,90 €	978-2-7540-0168-7
L'Égypte ancienne	Florence Maruéjol	22,90 €	978-2-7540-0256-1
La Mythologie	Christopher W. Blackwell, Amy Hackney Blackwell	22,90 €	978-2-7540-0257-8
L'Histoire de France illustrée	Jean-Joseph Julaud	29,90 €	978-2-7540-0110-6
Léonard de Vinci	Jessica Teisch, Tracy Barr	22,90 €	978-2-7540-0037-6
L'Histoire de France	Jean-Joseph Julaud	22,90 €	978-2-8769-1941-9

Religion

Titre	*Auteur*	*Prix*	*ISBN*
Le Coran	Malek Chebel, Sohaib Sultan	22,90 €	978-2-7540-0982-9
La Torah	Arthur Kurzweil, Victor Malka	22,90 €	978-2-7540-0978-2
Le Christianisme	Richard Wagner, Père Denis Metzinger	22,90 €	978-2-7540-0991-1
L'Islam	Malcolm Clark, Malek Chebel	22,90 €	978-2-7540-0531-9
Le Judaïsme	Josy Eisenberg	22,90 €	978-2-7540-0596-8
La Bible illustrée	Éric Denimal	29,90 €	978-2-7540-0274-5
Le Catholicisme	John Trigilio, Père Pierre Lartigue	22,90 €	978-2-7540-0182-3
La Franc-Maçonnerie	Christopher Hodapp, Philippe Benhamou	22,90 €	978-2-7540-0150-2
Le Bouddhisme	Jonathan Landaw, Stephan Bodian	22,90 €	978-2-7540-0062-8
La Bible	Éric Denimal	21,90 €	978-2-8769-1800-9

Titre	*Auteur*	*Prix*	*ISBN*
Sagesse et Spiritualité	Sharon Janis	21,90 €	978-2-8769-1769-9

Société

Titre	*Auteur*	*Prix*	*ISBN*
L'Instruction civique	Guillaume Bernard, Frédéric Monera	22,90 €	978-2-7540-0979-9
La Chine	Angélina Boulesteix	22,90 €	978-2-7540-1145-7
L'Europe, 2e édition	Sylvie Goulard	22,90 €	978-2-7540-1213-3
L'Écologie	Franck Courchamp	22,90 €	978-2-7540-0554-8
Le Socialisme	Alain Bergounioux, Denis Lefebvre	22,90 €	978-2-7540-0817-4
La Géopolitique	Philippe Moreau Defarges	22,90 €	978-2-7540-0623-1
La Justice	Emmanuel Pierrat	22,90 €	978-2-7540-0553-1
La Philosophie, 2e édition	Christian Godin	22,90 €	978-2-7540-0460-2
L'Économie	Michel Musolino	22,90 €	978-2-7540-0351-3
La Politique	Philippe Reinhard	22,90 €	978-2-7540-0335-3
La Géographie française	Jean-Joseph Julaud	22,90 €	978-2-7540-0245-5

Sciences et techniques

Titre	*Auteur*	*Prix*	*ISBN*
L'Histoire des sciences	Vincent Jullien	22,90 €	978-2-7540-0977-5
La Physique	Dominique Meier (sous la dir. de)	22,90 €	978-2-7540-0915-7
La Conquête spatiale	Michel Polacco	22,90 €	978-2-7540-1143-3
Les Maths	Jean-Louis Boursin	22,90 €	978-2-7540-0093-2
L'Astronomie	Stephen Maran, Pascal Bordé	21,90 €	978-2-8769-1634-0

Beaux-arts

Titre	*Auteur*	*Prix*	*ISBN*
Le Louvre	Daniel Soulié	22,90 €	978-2-7540-1404-5
La Télévision	Marie Lherault, François Tron	22,90 €	978-2-7540-0976-8
Les Séries télé	Marjolaine Boutet	22,90 €	978-2-7540-0912-6
Le Rock	Nicolas Dupuy	22,90 €	978-2-7540-0819-8
L'Histoire de la peinture	Jean-Jacques Breton, Dominique Williatte	22,90 €	978-2-7540-0812-9
La Danse classique	Evelyne Cisneros, Scott Speck, Florence Balique	22,90 €	978-2-7540-1045-0
L'Histoire du cinéma	Vincent Mirabel	22,90 €	978-2-7540-0609-5
Le Jazz	Dirk Sutro, Stéphane Koechlin	22,90 €	978-2-7540-0779-5
L'Histoire de l'art illustrée	Jean-Jacques Breton, Philippe Cachau, Dominique Williatte	29,90 €	978-2-7540-0493-0
L'Histoire de l'art	Jean-Jacques Breton, Philippe Cachau, Dominique Williatte	22,90 €	978-2-7540-0229-5
L'Opéra	David Pogue, Claire Delamarche	22,90 €	978-2-7540-0244-8
La Musique classique	David Pogue, Claire Delamarche	22,90	978-2-7540-0151-9

Langue française

Titre	*Auteur*	*Prix*	*ISBN*
La Littérature française	Jean-Joseph Julaud	22,90 €	978-2-7540-0061-1
Le Français correct	Jean-Joseph Julaud	21,90 €	978-2-8769-1640-1

… en Poche

Titre	*Auteur*	*Prix*	*ISBN*
Sagesse et Spiritualité	Sharon Janis	11,90 €	978-2-7540-1758-9
L'Égypte ancienne	Florence Maruéjol	11,90 €	978-2-7540-1739-8
L'Histoire de France – tome 1 Des origines à 1789	Jean-Joseph Julaud	11,90 €	978-2-7540-0180-9
L'Histoire de France – tome 2 De 1789 à nos jours	Jean-Joseph Julaud	11,90 €	978-2-7540-0181-6
Paris Rive droite	Danielle Chadych, Dominique Leborgne	11,90 €	978-2-7540-0694-1
Paris Rive gauche	Danielle Chadych, Dominique Leborgne	11,90 €	978-2-7540-0695-8
La Culture générale – tome 1 Histoire, géographie, art et littérature	Florence Braunstein, Jean-François Pépin	11,90 €	978-2-7540-0798-6
La Culture générale – tome 2 Sciences, sports, loisirs et spiritualité	Florence Braunstein, Jean-François Pépin	11,90 €	978-2-7540-0799-3
La Franc-Maçonnerie	Philippe Benhamou	11,90 €	978-2-7540-0696-5
Le Bouddhisme	Jonathan Landraw, Stephan Bodian	11,90 €	978-2-7540-03148
La Philosophie – tome 1 Antiquité, Moyen Âge et Renaissance	Christian Godin	11,90 €	978-2-7540-0796-2
La Philosophie – tome 2 Du XVIIe siècle à nos jours	Christian Godin	11,90 €	978-2-7540-0797-9
L'Astrologie	Rae Orion	11,90 €	978-2-8769-1999-0
La Littérature française – tome 1 Du Moyen Âge au XVIIIe siècle	Jean-Joseph Julaud	11,90 €	978-2-7540-0611-8
La Littérature française – tome 2 Du XVIIIe siècle à nos jours	Jean-Joseph Julaud	11,90 €	978-2-7540-0612-5
Le Français correct	Jean-Joseph Julaud	11,90 €	978-2-8769-1924-2

Vie pratique

Cuisine

Titre	*Auteur*	*Prix*	*ISBN*
Les Cuisines du monde	Philippe Chavanne	22,90 €	978-2-7540-0103-8
Le Vin, 4e édition	Laure Liger, Ivan-Paul Cassetari	22,90 €	978-2-7540-0961-4
La Cuisine	Bryan Miller	21,90 €	978-2-8769-1683-8

Santé

Titre	*Auteur*	*Prix*	*ISBN*
Les Maladies cardiovasculaires	Dr Philippe Abastado	22,90 €	978-2-7540-1591-2

Titre	*Auteur*	*Prix*	*ISBN*
Le Sexe, 2e édition	Dr Ruth K. Westheimer, Dr Marianne Pauti	22,90 €	978-2-7540-1497-7
Maigrir avec la méthode Montignac	Michel Montignac	22,90 €	978-2-7540-1586-8
Le Corps humain	Dr Patrick Gepner	22,90 €	978-2-7540-1121-1
La Maladie d'Alzheimer	Christian Derouesne, Jacques Selmes	22,90 €	978-2-7540-1058-0
Améliorer sa mémoire	John B. Arden	22,90 €	978-2-7540-0323-0
Maigrir	Jane Kirby, Dr Jocelyne Raison	22,90 €	978-2-7540-0005-5
Bien s'alimenter	Carol Ann Rinzler	21,90 €	978-2-8769-1897-9

Bien-être

Titre	*Auteur*	*Prix*	*ISBN*
Les Huiles essentielles	Elske Miles	22,90 €	978-2-7540-1596-7
Shiatsu et Réflexologie	Synthia Andrews, Bobbi Dempsey, Michel Odoul	22,90 €	978-2-7540-0981-2
Le Développement personnel	Collectif	29,90 €	978-2-7540-0865-5
Zen ! La Méditation, 2e édition	Stephan Bodian	22,90 €	978-2-7540-0322-3
Le Tai-Chi	Therèse Iknoian	22,90 €	978-2-7540-0137-3
Les Massages	Steve Capellini, Michel Van Welden	22,90 €	978-2-7540-0060-4
La Méthode Pilates	Ellie Herman	21,90 €	978-2-8769-1767-5
Le Yoga	Georg Feuerstein	21,90 €	978-2-8769-1752-1
Le Feng Shui	David Kennedy	21,90 €	978-2-8769-1687-6

Psychologie

Titre	*Auteur*	*Prix*	*ISBN*
L'Adolescence	Michel Fize	22,90 €	978-2-7540-1412-0
Exercices de programmation neuro-linguistique	Romilla Ready, Kate Burton, Béatrice Millêtre	19,90 €	978-2-7540-1593-6
Exercices de thérapies comportementales et cognitives	Rhena Branch, Rob Willson, Béatrice Millêtre	19,90 €	978-2-7540-1592-9
Les Relations amoureuses	Florence Escaravage, Kate M. Wachs	22,90 €	978-2-7540-1499-1
Apprendre mieux	Marie Joseph Chalvin	22,90 €	978-2-7540-1261-4
Le Langage des gestes	Joseph Messinger	22,90 €	978-2-7540-0597-5
La Confiance en soi	Kate Burton	22,90 €	978-2-7540-0647-7
Le Coaching	Jeni Mumford	22,90 €	978-2-7540-0353-7
La PNL	Romilla Ready, Kate Burton	22,90 €	978-2-7540-0169-4
L'Hypnothérapie	Mike Bryant, Peter Mabbutt	22,90 €	978-2-7540-0504-3
Les Thérapies comportementales et cognitives	Rob Willson, Rhena Branch	22,90 €	978-2-7540-0246-2
La Psychologie	Dr Adam Cash	21,90 €	978-2-8769-1802-3

Puériculture

Titre	*Auteur*	*Prix*	*ISBN*
La Grossesse, 2e édition	Dr Joëlle Bensimhon, Dr Eddleman, Dr J. Stone	22,90 €	978-2-7540-1429-8

Droit pratique

Titre	*Auteur*	*Prix*	*ISBN*
L'Assurance	Laurence de Percin	22,90 €	978-2-7540-1073-3
Le Divorce	Martine Valot-Forest	22,90 €	978-2-7540-1479-3
Préparer sa retraite	Laurence de Percin	22,90 €	978-2-7540-0792-4
L'Immobilier, 2e édition	Laurence Boccara, Catherine Sabbah	22,90 €	978-2-7540-0530-2

Finances personnelles

Titre	*Auteur*	*Prix*	*ISBN*
Payer moins d'impôts, 3e édition	Robert Matthieu	22,90 €	978-2-7540-1630-8
La Bourse	Gérard Horny	22,90 €	978-2-7540-0637-8
Les Finances personnelles	Collectif	22,90 €	978-2-7540-0630-9

Maison

Titre	*Auteur*	*Prix*	*ISBN*
Un potager	Charlie Nardozzi	22,90 €	978-2-7540-1675-9
Le Bricolage, 2e édition	G. et K. Hamilton, Frank Lecor	24,90 €	978-2-7540-1426-7
Vivre écolo	Liz Barclay, Michael Grosvenor, Franck Laval	22,90 €	978-2-7540-0707-8

… En Poche

Titre	*Auteur*	*Prix*	*ISBN*
La Cuisine pas chère	Héloïse Martel, André Le Letty	11,90 €	978-2-7540-1772-5
Le Code de la route, édition 2010	DFC Production	14,90 €	978-2-7540-1563-9
L'Armagnac	Chantal Armagnac	11,90 €	978-2-7540-1613-1
Le Diabète	Dr Alan Rubin, Dr Marc Levy	11,90 €	978-2-7540-1436-6
Les Massages	Steve Capellini, Jocelyne Rolland, Michel Van Welden	11,90 €	978-2-7540-1330-7
S'arrêter de fumer	Pr B. Dautzenberg, Dr D. Brizer	11,90 €	978-2-7540-1293-5
Les Tests du Code de la route	DFC Production	14,90 €	978-2-7540-0751-1
Le Vin	Laure Liger, Yvan-Paul Cassetari	11,90 €	978-2-7540-0087-1
La Cuisine	Brian Miller, Alain Le Courtois	11,90 €	978-2-8769-1872-6
Le Sexe	Dr Ruth	11,90 €	978-2-8769-1956-3
Maigrir	Jane Kirby	11,90 €	978-2-8769-1870-2
Zen ! La Méditation	Stephan Bodian	11,90 €	978-2-7540-0000-0
Le Feng Shui	David D. Kennedy	11,90 €	978-2-8769-1871-9

Titre	*Auteur*	*Prix*	*ISBN*
Un bureau feng shui	Holly Ziegler, Jennifer Lawler	11,90 €	978-2-8769-1949-5
La Méthode Pilates	Ellie Herman	11,90 €	978-2-7540-0223-3
Le Yoga	Georg Feuerstein, Larry Pane	11,90 €	978-2-7540-0063-5
Guérir l'anxiété	Dr Martine André, Dr Charles Eliott, Dr Laura Smith	11,90 €	978-2-7540-1195-2
Les Thérapies comportementales et cognitives	Rob Willson, Rhena Branch	11,90 €	978-2-7540-1074-0
La PNL	Romilla Ready, Kate Burton	11,90 €	978-2-7540-0879-2
La Psychologie	Dr Adam Cash	11,90 €	978-2-8769-1957-0
Le Bricolage	Gene Hamilton, Katie Hamilton	11,90 €	978-2-7540-0373-5

Business

Titre	*Auteur*	*Prix*	*ISBN*
Trouver un job	Joyce Lain Kennedy, Nicolas Barrier	22,90 €	978-2-7540-1092-4
Le Marketing, 2e édition	Alexander Hiam	22,90 €	978-2-7540-0688-0
La Comptabilité	Laurence Le Gallo	22,90 €	978-2-7540-0617-0
Créer sa boîte	Laurence de Percin	22,90 €	978-2-7540-0492-3
Le Management	Bob Nelson	21,90 €	978-2-8769-1952-5
Business Plans	Paul Tifany, Steven D. Peterson	21,90 €	978-2-8769-1712-5
La Vente	Tom Hopkins	21,90 €	978-2-8769-1670-8

... en Poche

Titre	*Auteur*	*Prix*	*ISBN*
Le Marketing	Alexander Hiam	11,90 €	978-2-7540-1598-1
Le Management	Bob Nelson	11,90 €	978-2-7540-0454-1
Business Plans	Paul Tiffany, Steven D. Peterson	11,90 €	978-2-7540-0094-9
La Vente	Tom Hopkins	11,90 €	978-2-8769-1950-1

Loisirs

Sports

Titre	*Auteur*	*Prix*	*ISBN*
Le Tennis	Patrick McEnroe, Peter Bodo, Guy Tambon	22,90 €	978-2-7540-1757-2
Les Arts martiaux	Jennifer Lawler, Nicolas Dupuy, Éric Le Cam	22,90 €	978-2-7540-1052-8
Courir	Tere Stouffer Drenth, Philippe Maquat	22,90 €	978-2-7540-1044-3
Gym et Musculation	Cyndi Targosz, Jean-Pierre Clémenceau	22,90 €	978-2-7540-1059-7
L'Équitation	Audrey Pavia, Marie Martin	22,90 €	978-2-7540-0732-0

Titre	*Auteur*	*Prix*	*ISBN*
Le Golf	Gary McCord	22,90 €	978-2-7540-0078-9
La Voile	J.-J. Isler, Peter Isler	22,90 €	978-2-7540-0059-8

Musique

Titre	*Auteur*	*Prix*	*ISBN*
Exercices de piano	David Pearl, Marc Rozenbaum	19,90 €	978-2-7540-1337-6
Exercices de guitare	John Chappell, Mark Phillips, Antoine Polin	19,90 €	978-2-7540-1336-9
L'Harmonica	Winslow Yerxa, Jean-Jacques Milteau	22,90 €	978-2-7540-1210-2
DJ	John Steventon, Nicolas Dambre	22,90 €	978-2-7540-1198-3
La Batterie	Jeff Strong, Laurent Bataille	22,90 €	978-2-7540-0352-0
Le Chant	Pamela S. Phillips, Mariette Jost	22,90 €	978-2-7540-0462-6
Le Solfège	Michael Pilhofer, Jean-Clément Jollet	22,90 €	978-2-7540-0586-9
La Guitare basse	Patrick Pfeiffer	22,90 €	978-2-7540-0288-2
Claviers et Synthétiseurs	Christophe Martin de Montagu	22,90 €	978-2-7540-0118-2
La Guitare, 2e édition	Mark Phillips, Jon Chappel	22,90 €	978-2-7540-0124-3
Le Piano	Blake Neely, Marc Rozenbaum	22,90 €	978-2-7540-0102-1
La Guitare électrique	John Chappell	22,90 €	978-2-8769-1983-9

Loisirs créatifs

Titre	*Auteur*	*Prix*	*ISBN*
Dessiner des personnages	Kensuke Okabayashi	22,90 €	978-2-7540-1322-2
L'Aquarelle	Colette Pitcher	24,90 €	978-2-7540-0934-8
La Peinture à l'huile	Anita Giddings, Cherry Stone Clifton	24,90 €	978-2-7540-0935-5
Dessiner des mangas	Kensuke Okabayashi, Nobuyuki Anzai	22,90 €	978-2-7540-0494-7
La Couture	Janice Saunders Maresh	22,90 €	978-2-7540-0193-9
Le Dessin	Brenda Hoddinott	22,90 €	978-2-7540-0185-4
Le Tricot	Pam Allen	21,90 €	978-2-8769-1705-7

Nature

Titre	*Auteur*	*Prix*	*ISBN*
Un aquarium	Maddy Hargrove, Mic Hargrove	22,90 €	978-2-7540-0917-1
Le Cheval	Audray Pavia, Marie Martin	22,90 €	978-2-7540-0367-4
Éduquer son chiot	Sarah Hodgson	22,90 €	978-2-7540-0372-8
Éduquer son chien	Jack Volahrd, Wendy Volahrd	22,90 €	978-2-7540-0152-6

Jeux

Titre	*Auteur*	*Prix*	*ISBN*
Dungeons & Dragons®	Richard Baker, Bill Slavicsek	22,90 €	978-2-7540-1390-1
Le Casino	Kevin Blackwood, François Montmirel	22,90 €	978-2-7540-0447-3
Le Poker Texas Hold'em	Mark Harlan, François Montmirel	22,90 €	978-2-7540-0448-0
La Magie	David Pogue, Bernard Bilis	22,90 €	978-2-7540-0453-4

Titre	*Auteur*	*Prix*	*ISBN*
Le Bridge	Eddie Kantar, Dominique Portal, Patrice Marmion	22,90 €	978-2-7540-0276-9
Le Poker	Richard D. Harroch, Lou Krieger, François Montmirel	22,90 €	978-2-7540-0123-6

... en Poche

Titre	*Auteur*	*Prix*	*ISBN*
Le Chant	Mariette Jost, Pamelia S. Philips	11,90 €	978-2-7540-1597-4
Le Poker	François Montmirel	11,90 €	978-2-7540-1548-6
La Couture	Janice Saunders Maresh	11,90 €	978-2-7540-1600-1
Un chien	Gina Spadafori, Catherine Collignon	11,90 €	978-2-7540-1320-8
Un chat	Gina Spadafori, Monique Bourdin	11,90 €	978-2-7540-1321-5
Accords de guitare	Antoine Polin	11,90 €	978-2-7540-1009-2
Le Tricot	Pam Allen	11,90 €	978-2-7540-0135-9
Le Dessin	Brenda Hoddinott	11,90 €	978-2-7540-0889-1
La Généalogie	Francis Christian	11,90 €	978-2-7540-0565-4

Langues

Méthodes de langues

Titre	*Auteur*	*Prix*	*ISBN*
Le latin	Clifford Hull, Steven Perkins, Tracy Barr, Danièle Robert	22,90 €	978-2-7540-0881-5
La Grammaire anglaise	Géraldine Woods, Claude Raimond	22,90 €	978-2-7540-0564-7
Le russe	Vincent Bénet, Oleg Chinkarouk, Serafima Gettys, Andrew Kaufman	22,90 €	978-2-7540-0813-6
Le portugais	Karen Keller, Ricardo Rodrigues	22,90 €	978-2-7540-0831-0
L'arabe	Amine Bouchentouf, Sylvie Chraibi, Aboubakar Chraibi	22,90 €	978-2-7540-0312-4
Le japonais	Eriko Sato, Vincent Grépinet	22,90 €	978-2-7540-0495-4
Le néerlandais	Margreet Kwakernaak, Michael Hofland, Annick Christiaens	22,90 €	978-2-7540-0313-1
Le chinois	Wendy Abraham, Joël Bellassen	22,90 €	978-2-7540-0212-7
L'allemand	Paulina Christensen, Claude Raimond	22,90 €	978-2-7540-0038-3
L'anglais	Gail Brenner, Claude Raimond	22,90 €	978-2-8769-1973-0
L'espagnol	Suzanna Wald, Anne-Carole Grillot	22,90 €	978-2-8769-1974-7
L'italien	Francesca Onufri, Sylvie Le Bras	22,90 €	978-2-7540-0039-0

Guides de conversation

Titre	*Auteur*	*Prix*	*ISBN*
L'espagnol du voyageur	David Tarradas	5,90 €	978-2-7540-1709-1
L'anglais des affaires	Claude Raimond	5,90 €	978-2-7540-1519-6

Titre	*Auteur*	*Prix*	*ISBN*
L'anglais du voyageur	Claude Raimond	5,90 €	978-2-7540-1520-2
Le Parler québécois	Marie-Pierre Gazaille, Marie-Lou Guévin, Yannick Resch	5,90 €	978-2-7540-1476-2
Le chti	Pierre-Marie Gryson	5,90 €	978-2-7540-1475-5
Le basque	Jean-Baptiste Coyos, Jasone Salaberria	5,90 €	978-2-7540-1239-3
Le breton	Hervé Le Bihan, Gwendal Denis, Martial Ménard	5,90 €	978-2-7540-1240-9
Le japonais	Eriko Sato, Vincent Grépinet	5,90 €	978-2-7540-0653-8
L'arabe	Amine Bouchentouf, Sylvie Chraïbi, Aboubakr Chraïbi	5,90 €	978-2-7540-0839-6
Le portugais	Karen Keller, Ricardo Rodrigues	5,90 €	978-2-7540-1016-0
Le russe	Vincent Bénet, Oleg Chinkarouk, Serafima Gettys, Andrew Kaufman	5,90 €	978-2-7540-1010-8
L'allemand	Paulina Christensen, Claude Raimond	5,90 €	978-2-7540-0324-7
L'italien	Francesca Onofri, Sylvie Le Bras	5,90 €	978-2-7540-0325-4
Le chinois	Wendy Abraham, Joël Bellassen	5,90 €	978-2-7540-0485-5
Le néerlandais	Margreet Kwakernaak, Michael Hofland, Annick Christiaens	5,90 €	978-2-7540-0484-8
L'espagnol	Suzanna Wald, Anne-Carole Grillot	5,90 €	978-2-7540-0178-6
L'anglais	Gail Brenner, Claude Raimond	5,90 €	978-2-7540-0177-9

Kits audio

Titre	*Auteur*	*Prix*	*ISBN*
Le japonais	Eriko Sato, Vincent Grépinet	17,90 €	978-2-7540-1624-7
Le néerlandais	Michaël Hofland	17,90 €	978-2-7540-1623-0
L'italien	Teresa L. Picarazzi	17,90 €	978-2-7540-1328-4
Le chinois	Mengjun Liu, Mike Packevics	17,90 €	978-2-7540-1329-1
L'anglais	Gail Brenner	17,90 €	978-2-7540-0963-8
L'espagnol	Jessica Langemeier	17,90 €	978-2-7540-0964-5

… en Poche

Titre	*Auteur*	*Prix*	*ISBN*
L'anglais correct	Claude Raimond	11,90 €	978-2-8769-1923-5

Parascolaire

Collège

Titre	*Auteur*	*Prix*	*ISBN*
Maths 6e	Cédric Bertone	7,95 €	978-2-7540-1176-1
Maths 5e	Yann Gélébart	7,95 €	978-2-7540-1178-5
Maths 4e	Jean-Charles Alvado	7,95 €	978-2-7540-1180-8
Maths 3e	Yann Gélébart	7,95 €	978-2-7540-1182-2
Français 6e	Dominique Rat, Anne Lavielle	7,95 €	978-2-7540-1175-4

Titre	*Auteur*	*Prix*	*ISBN*
Français 5e	Nathalie Soihet	7,95 €	978-2-7540-1177-8
Français 4e	Hélène Papiernick	7,95 €	978-2-7540-1179-2
Français 3e	Hélène Papiernick	7,95 €	978-2-7540-1181-5

Lycée

Titre	*Auteur*	*Prix*	*ISBN*
Le Bac Philosophie, édition 2010	Christian Godin	12,90 €	978-2-7540-1633-9
Le Bac Français, édition 2010	Gilles Guilleron	12,90 €	978-2-7540-1631-5
Le Bac Histoire-Géo, édition 2010	Nicolas Arnaud, Hugues Vessemont	12,90 €	978-2-7540-1632-2
Le Bac Philosophie	Christian Godin	12,90 €	978-2-7540-1098-6
Le Bac Français	Gilles Guilleron	12,90 €	978-2-7540-1099-3
Le Bac Histoire-Géo	Nicolas Arnaud, Hugues Vessemont	12,90 €	978-2-7540-1100-6

Cahiers pour adultes

Titre	*Auteur*	*Prix*	*ISBN*
Cahier de français	Gilles Guilleron	6,90 €	978-2-7540-1303-1
Cahier d'Histoire du monde	Jean-Joseph Julaud, Hélène Gest	6,90 €	978-2-7540-1309-3
Cahier de Culture générale	Jean-Joseph Julaud	6,90 €	978-2-7540-1305-5
Cahier de Jeux d'esprit et de logique	Nicolas Conti	6,90 €	978-2-7540-1304-8
Cahier d'Histoire de France	Jean-Joseph Julaud	6,90 €	978-2-7540-1011-5